La Cristiada

Diego de Hojeda

La Cristiada

Diego de Hojeda

Edición crítica y anotada
Ana María González

Volumen II

Chiringa Press
Seguin, Texas

©2011 Ana María González
ISBN: 978-1-61012-008-1

Edición de bolsillo

Volumen I - ISBN: 978-1-61012-007-4
Volumen II - ISBN: 978-1-61012-008-1
Volúmenes I y II - ISBN: 978-1-61012-021-0

Edición de pasta dura

Volumen I - ISBN: 978-1-61012-023-4
Volumen II - ISBN: 978-1-61012-024-1
Volúmenes I y II - ISBN: 978-1-61012-022-7

Edición electrónica: 978-1-61012-009-8
Edición en audio: 978-1-61012-010-4

VOLUMEN I

VOLUMEN II

Libro VI

Argumento

En oración la Virgen recogida,
A Gabriel oye que la sacra historia
De la resurrección a eterna vida
Le hace con suave voz notoria;
Y en tanto aquella gente fementida
Elige a Barrabás, y al Rey de gloria
Pide la muerte de la cruz terrible
Con lengua osada y pecho incorregible.

Octavas 1-22
Oración de la Virgen

Mas ¡oh tú, Virgen, que del sol bañada,[1]
Llena de gracia y gracias milagrosas,
Y de la luna estás los pies calzada,
Y ceñida de estrellas luminosas!

Invocación del poeta

¡Oh Musa de los nueve respetada
Coros de inteligencias amorosas!
Espira en mí tu soberano aliento,
Y un alto y dulce y misterioso acento.

Y primero me di, Reina suave,
Madre del Verbo y madre de la vida,
Pues todo lo pasó y todo lo sabe
Tu alma, en sólo Dios entretenida:
Cuando la tempestad furiosa y grave,
De su paciencia y tu valor vencida,
Al Hijo se atrevió que tú pariste
¿Qué pensaste, Señora, o qué hiciste?

Saca de los certísimos archivos
De tu pecho real la antigua historia,
Y escrita me la da en conceptos vivos,
Para hacerla con mi voz notoria:
Que aunque los tiempos vuelen fugitivos,
No se acabe con ellos la memoria
De hecho tal, no sólo en prosa honrado,
Mas en heroico verso celebrado.[2]

¿Andabas, por ventura, diligente 4
Del palacio, cansándote, al pretorio,
Rogando humilde a la envidiosa gente,
Y siguiendo su indigno consistorio?
¿Hacías de tu pena y daño urgente
Al vulgo vil magnífico auditorio,
Perlas vertiendo de tus ojos bellos,
Y el oro dando al sol de tus cabellos?

La Virgen hace oración por su Hijo

Estaba en su aposento recogida,
Llorando de su Hijo y Dios piadoso
La pasión dada, pero no advertida
Por aquel pueblo en ceguedad famoso:
Sola estaba en su celda y afligida,
Revolviendo en su pecho temeroso
Grandes misterios a su pena iguales,
Y en muda interna voz palabras tales:[3]

La Virgen se dirige al Padre

"¡Oh tú, Padre de aquel Hijo perfeto,[4]
Que en sí tu esencia y tu bondad encierra,
Y como a tu vital digno conceto[5]
Le adora el cielo, y treme dél la tierra!
¿Por qué sufres que ahora esté sujeto,
Si bien mi Hijo, a tan injusta guerra,
Do le ofendan tan mal sus enemigos,
Y tan mal le defiendan sus amigos?

"Hoy su hermoso y apacible cuello
Ciñen cordeles, sogas atormentan;
La barba ilustre y el sutil cabello
Le mesan manos, y uñas ensangrientan;
Hoy su serena frente y rostro bello
Verdugos viles con rigor afrentan;
Y tú, Padre, ¿lo ves? ¡Oh Padre amado!
¿Estás del Hijo igual a ti olvidado?

Recuento de las maravillas que ha hecho el Padre

"Tú al Profeta, en el lago inaccesible 8
De bestias bravas de aguzados dientes,
Cuando más llenas de furor terrible,
Se las volviste mansas y obedientes:[6]
Tú el fuego babilónico invencible
Y armado de relámpagos ardientes,
Cual aura dulce, con amor templaste,
Y a los tres santos niños dél libraste:[7]

"Tú al mancebo David del jayán fiero
Y en armas poderoso defendiste,
Y del otro enemigo más severo,
Suegro suyo, victoria le ofreciste;[8]
Y tú también a Jonatás, ligero
Trepando por peñascos mil, subiste
Al glorioso trofeo que no alcanza
El que no funda en ti su confianza:[9]

"Tú haces, cuando quieres, maravillas:
Al sol detienes y su curso enfrenas;
Abres dentro del mar nuevas orillas,
Sus aguas rompes, muestras sus arenas;[10]
De la zarza y del fuego las rencillas
Vuelves en paces de dulzura llenas;
Conviertes los desiertos en jardines,
Y guardas tu jardín con querubines.[11]

"Guarda, pues, el jardín inestimable
De tu Hijo, y la zarza milagrosa
De su naturaleza venerable
No la abrase esta llama rigurosa;
Y en este mar de penas admirable,
Admirable le muestra y deleitosa
Playa, y del fuerte sol que así le ofende,
Con nube contrapuesta le defiende."

La Virgen termina su oración

Dijo; y en los suspiros vehementes 12
Las lágrimas volaron hasta el cielo,
Y en suspiros y lágrimas ardientes
Subieron sus palabras sin recelo,[12]
Y a todo los afectos convenientes,
Y de todo el ansioso y presto vuelo;
Y cuanto hizo y pronunció María
Fue para Dios suave melodía.

El Padre escucha la oración de la Virgen

Oyendo, pues, el Padre de la gloria
Su llanto y oración dulce y atento,
Llama a Gabriel[13] y hácele notoria
Su mente inescrutable en un momento:
Infórmale con ella la memoria,
Y luz divina de su grave intento

Manda a Gabriel a confortar a la Virgen

Le da, y le dice: "Ve a la Virgen pura,
Y dile, y de mi parte la asegura,

"Que si bien morirá su Hijo amado,
Cual hombre, en una cruz, horrible muerte,
Presto será por mí resucitado
Y subido a feliz y eterna suerte;
Y desde allí gobernará sentado
Su imperio ilustre, poderoso y fuerte:
Ve, y díselo." Calló, y mostróle al punto
Todo su intento en sí explicado y junto.

Postra Gabriel de su inmortal corona
El oro fino y piedras rutilantes;
Humilla al sumo Padre su persona;
Deja su asiento de orlas radiantes:
Del cielo baja, el aire perfecciona,
Y labra dél sus alas importantes;
Joven se muestra y forma lindo aspeto,[14]
Mas a tristeza y a dolor sujeto.

Descripción del ángel

El hermoso cabello al hombro suelto 16
Echa, y despide inmensos rayos de oro,
Y con grave y gentil desdén revuelto,
Cortés guarda al oficio su decoro:
Color rosado y amarillo, envuelto
Con el de su beldad rico tesoro,
Tiñen el rostro, a quien la blanca nieve
Aún imitar, vencida, no se atreve.

La ropa de los varios arreboles
Que a la mañana visten el oriente,
Y parecen oscuros tornasoles,
Hizo a su pena y gloria conveniente;
Y las alas pintó de muchos soles
Puestos en el dibujo al Occidente,
Que tristeza notaban; mas decían,
No sé cómo, que presto nacerían.

Cual cisne alegre en dulce primavera,[15]
Que, descubriendo el vado deleitoso,
Las frescas aguas y gentil ribera
Del templado Caistro caudaloso,
Levanta el cuello, bate la ligera
Blanca pluma con vuelo presuroso,
Y él mismo su tardanza reprehende
Hasta llegar al puesto que pretende;

O cual en sesgo mar la nave alada
Que con la prora el manso puerto mira,
Del animoso céfiro soplada
Que a sus espaldas fresco aliento espira,
El cristal hiende, rompe la argentada
Ventosa espuma por do el mar suspira,
Y aún a la misma rápida presteza
Juzga por floja y tarda y vil pereza;

Rasgó del aire la región más pura, 20
Pasó la helada con gentil denuedo,
Y a la tercera dio su hermosura,
En apariencia triste, en verdad ledo:
Suspendió luego en la montaña oscura,
Que vido[16] al hombre y Dios con pena y miedo,
El largo vuelo, y contempló en su mente
Aquel sudor de Cristo vehemente.[17]

El ángel baja hasta donde está la Virgen

Y adoró las reliquias sacrosantas,
Y de sangre de Dios teñido el suelo,
Y veneró las huellas de sus plantas,
Y otra vez comenzó su limpio vuelo;
Y a la ciudad llegó que fue de santas
Almas antiguamente rico cielo,
Y do la Virgen puesta de rodillas
Estaba, y llenas de agua las mejillas.

Cual finas perlas sobre ardiente grana
Esparcidas a trechos con destreza,
Y como de la cándida mañana
El rocío en la flor de más belleza;
Así vido[18] en la reina soberana
De la maternidad y la pureza,
El ángel las mejillas milagrosas
Bañadas de sus lágrimas hermosas.[19]

Humilde puso en tierra los hinojos,
Tierno pidió para hablar licencia;
Como afligido se limpió los ojos,
Y los labios abrió con reverencia:[20]

Octavas 23-61 Palabras de Gabriel a la Virgen

"Cesen, ¡oh Virgen madre!, tus enojos,
De dolor llena, y llena de paciencia,
Que el Padre eterno y dulce a ti me envía,
Dijo, ¡oh bella y santísima María!

"Al bien del mundo y a tu gozo atiende; 24
Salvar a aquél, y a ti consuelo darte,
Cual Dios y Padre universal pretende;
Que es Padre en todo y Dios en cualquier parte:
En la corona de la gloria entiende,
Como en mayor riqueza, mejorarte;
Mas has de batallar por la victoria
Que alcanza la corona de la gloria.

Le anuncia la Pasión y muerte de Jesús

"Esfuérzate a sufrir del Hijo amado
La pasión dura, la afrentosa muerte;
Que así lo tiene Dios predestinado,
Y no puede trazarse de otra suerte;
Pero si bien está determinado
Que muera cual varón piadoso y fuerte,
También que resucite en paz gloriosa
Está en la mente sacra y poderosa.

"Y el modo ilustre con que Dios procura
Que esto se haga, referirte quiero,
Porque estés, en oyéndolo, segura,
Aunque la fe te lo enseñó primero:
Apenas romperá la muerte dura
Hoy de la humanidad el hilo entero,
No partiendo la unión más que admirable
De Dios al cuerpo y alma venerable;

"Cuando, el cuerpo quedándose en la tierra,
El alma baje al limbo vencedora,
Y al crudo infierno dé piadosa guerra
En pacífico punto y feliz hora.[21]
¡Oh cuánto bien esta bajada encierra!
PIntarla Importa por extenso ahora,
Porque un rato la máquina suspendas
De tu dolor, mientras su gloria entiendas.

Jesús descenderá a los infiernos

"Bajará, pues, el ánima triunfante 28
Por la victoria de la cruz gozosa,
Y como un sol de gracia rutilante
Bañará el centro de la noche odiosa;
Y quebrará las puertas de diamante,
Y espantará a la gente pavorosa,
Que funda su ciudad en los horrores
De atormentados y atormentadores.

"Y cual rompe la nube el rayo ardiente,
Y rasga y luce las tinieblas hondas
Con la improvisa llama refulgente
Que ardiendo finge tremolantes ondas,
Y arma y viste su furia vehemente,
Mas con lumbres tendidas y redondas
Que le rodean; con mayor espanto
El infierno abrirá tu Hijo santo.

"Así saldrán a ver espavoridos
Quién es el nuevo que a su cárcel llega,
Aquellos escuadrones atrevidos,
A quien obstinación y asombro ciega;
Mas con lucientes rayos, esparcidos
En torno, acabará la gran refriega,
El vencedor con obras respondiendo
A lo que así estarán ellos diciendo.

"—¿Quién es aqueste bravo que se atreve
A romper nuestras fuertes cerraduras,
Y generosos resplandores llueve
En las tinieblas para siempre oscuras?
¡Qué tanto un hombre muerto en cruz se eleve,
Que no le espanten las mazmorras duras
De nuestro reino atroz! Si es hombre solo,
No acertó, hizo mal, perdióse, errólo.

"Y si es Dios, de su gloria eterna goce, 32
No baje acá, no luzca, no nos vea;
Su bienaventuranza se reboce,
Pues aun con ella nuestro mal desea.
Pero si es hombre y Dios, y hombres conoce,
¿Para qué se vistió de su librea,
Y morir quiso en cruz para engañarnos[22]
Y de nuestros cautivos despojarnos?—

"Esto murmurarán las arrogantes
Y fieras tropas contra Dios unidas;
Pero a sus armas y obras importantes
Y a sus pies luego se verán rendidas;
Y él, ceñido de ejércitos pujantes
En virtud, y en escuadras bien regidas
De ángeles santos, con glorioso estruendo
Al limbo llegará resplandeciendo.

"Paréceme que veo, Reina cara,
Llenarse aquel lugar de inmensa lumbre
A la presencia de tu Hijo clara,
Y dulce por su afable mansedumbre;
Mayor que si el planeta la causara
Que dora con su luz la cuarta cumbre,
Y con ella mirando al rey de gloria,
Ver en ella los santos su victoria.

"Y que Adán viene cual su siervo y padre,
Y Eva también con dulces alegrías,
A ti alabando su dichosa madre,
Y recibiendo dél los buenos días;[23]
Y porque su contento más le cuadre,
Entre sí con suavísimas porfías
Disputando por ser primero en verle
Cada cual, pues lo fue para ofenderle.

"Y que le dicen regaladamente: 36
—¡Oh eterno bien del mal irremediable!
Y culpa ya feliz y conveniente,
Pues tuvo redentor tan saludable.
¡Oh bien del mundo, y padre de la gente
Por nos puesta en estado miserable,
Y ya por ti linaje esclarecido,
Seas, cual te gozamos, bien venido!—

"Y que los pobladores de la tierra[24]
En el primer diluvio de las almas,
Y los que en el segundo la gran sierra
De Armenia vieron con alegres calmas,
Y los que en santa y peligrosa guerra
Contra el vicio alcanzaron dignas palmas,
Patriarcas, profetas, capitanes
Gozan el premio allí de sus afanes.

"Y que el Bautista, su perfecto amigo,
Le respeta, le abraza, y le venera;
Y como fue de la verdad testigo
Le da su gloria la verdad primera;
Y al fin, postrado el bárbaro enemigo
Que el hielo vengador y llama fiera
Tiene por cárcel, sale Dios triunfando,
Y en orden lleva su dichoso bando.

"¡Oh cómo allí los ángeles tremolan
En cruz pendientes ricos estandartes,
Y sobre el hondo caos los enarbolan
Cual verdaderos victoriosos Martes!
¡Cómo luego los aires arrebolan
De color variado en todas partes,
Y en subiendo a la tierra, hacen salva
Con música a la eterna y feliz alba![25]

"Y ¡cómo allí con ínclitos favores 40
Regalará a sus nobles prisioneros,
Y mostrará en palabras los amores
Que en obras les ha hecho verdaderos!
Cercarlos ha de santos resplandores,
Y ceñirálos de ángeles guerreros,
Y el tiempo aguardará, cuando a la muerte
Vencerá con su vida ilustre y fuerte.

Jesús resucitará

"Apenas, pues, el alba placentera
Aljófar lloverá en el verde prado,
Y alegre esparcirá la primavera
Sus flores a la luz del sol dorado,
Cuando el sol sacro de la empírea esfera,
Que en el Oriente de su Padre amado
Reposa, animará el tercero día
Su cuerpo, al alba y sol dando alegría.

"Afeado aquel cuerpo más hermoso
Que la tierra sostuvo, el cielo vido,[26]
Estará en el sepulcro tenebroso,
Y en varias partes con rigor herido,
Como el que de un afán tan riguroso
Salió muerto, aunque estaba a Dios unido;
Mas luego que lo informe el alma pura,
Se bañará de inmensa hermosura.

"Suele una parda nube que oscurece
Al sol, y al Occidente hace sombra,
Mientras la gran lumbrera no parece,
Parecer que con luto el aire alfombra;
Pero si el sol en ella resplandece,
Ni ya quita la luz ni al cielo asombra;
Antes, como preñada de mil soles,
Revienta en mil hermosos arreboles.

"Así en entrando el alma refulgente 44
De Cristo en aquel cuerpo inestimable,
De oscuro lo pondrá resplandeciente
Con luz rara y belleza inimitable:
No hay acá semejanza conveniente
A aquella perfección incomparable;
Que es tierra lo de acá, y es más que cielo
El cuerpo que es a Dios ornato y velo.

"Mas ¿qué diré de las heridas bellas
Que en los pies y en las manos y el costado
Conservará, para mostrar con ellas
Su amor divino y corazón llagado?
Ni el terso relucir de las estrellas,
Ni el rayar de la luna plateado,
Ni el cielo empíreo con su llama pura
Es huella de su inmensa hermosura.

"Tal, pues, la grande losa penetrando,
Saldrá lleno de ilustres resplandores,
Y gracias y dulzuras desplegando,
Al día prestará luces y flores;
Y al terrible escuadrón y fiero bando
De los muchos soldados veladores
Que le habrán puesto allí los fariseos,
Espantará, admirable en sus trofeos.

"Pero ¡con qué placer las almas pías,
Humildes, le darán dulces abrazos,
Lanzando por sus ojos alegrías,
Y apretándole a sí con firmes lazos!
Tenderán con devotas cortesías
Sus invisibles amorosos brazos,
Cuál por los pies, y cuál por la garganta,
Y cuál por la cintura sacrosanta.[27]

"Y ¡con qué besos tocarán gloriosas 48
Aquellas de su amor seguras prendas,
Que entonces les serán llagas hermosas,
Y ahora son heridas estupendas!
Y ellas, como reliquias victoriosas
Déstas que sufren ásperas contiendas,
¡Cuánto se dejarán besar afables!
¡Cuánto se dejarán gozar amables!

"¡Cómo también los ángeles cantores
Los aires llenarán de voces claras,
Previniendo a los dulces ruiseñores
Y venciendo en cantar sus lenguas raras!
Que si le dieron al nacer loores
Cuando le eran las músicas tan caras,
En la resurrección del cuerpo santo
Más dulce le darán y alegre canto.

"He aquí deshechos, Reina, sus trabajos,
He aquí su carne ya glorificada,
Que afrentas viles y desprecios bajos
Sufriendo va, del hombre enamorada;
Pero escucha los tiernos agasajos
Que ha de hacer a ti su Madre amada,
Y cómo en mar de gozo ahoga en ellos
La gran tristeza de tus ojos bellos.

"¡Oh Virgen! Estarás entonces llena
De dolor grave, de tormento amargo,
De afán cercada, sumergida en pena,
Y un punto juzgarás por tiempo largo;
Si bien con fuerte pecho y faz serena
Harás al Padre tu amoroso cargo,
Pidiendo que a tu Hijo resucite,
Y su gloria y tu amparo solicite.

"Y cuando esté con más razón, Señora, 52
Tu alma triste, oscuro tu aposento,
Antecediendo al paso del aurora
El sol te nacerá de tu contento;
Y con su luz, a quien el cielo adora,
Herirá tu bel rostro macilento,
Y llenará esta cuadra de mil rayos,
De rosas, flores, primaveras, mayos.

"Como la flor de extraña maravilla,
Clicie, se entorna y busca al sol ardiente,[28]
Y cuando se le esconde, se amancilla,
Haciendo en sí por él otro Occidente,
Y abre su faz hermosa y amarilla,
En viendo al sol nacer en el oriente;
Así, en mirando al sol de tu belleza,
Convertirás en gozo la tristeza.

Jesús vendrá al encuentro de la Virgen después de su resurrección

"Vendrá tu Hijo de ángeles cercado,
Y santas almas, en su luz ardiendo,
Su cuerpo ceñirán resucitado
Con regocijo alegre y dulce estruendo:
Al Hijo que miraste ensangrentado,
Le verás fuentes de placer vertiendo:
Diráte: —¡Oh Madre!— y tú dirásle: —¡Oh Hijo!—
Tú en él, y él en tu rostro el rostro fijo.[29]

"Abrazarásle, y él daráte abrazos;
Besaráte, y darásle dulces besos;
Echarásle a su cuello estrechos lazos,
Y él te hará recíprocos excesos.
¡Oh, quién dividirá tan lindos brazos,
A tan gloriosos brazos también presos!
Y ¡quién apartará tan limpios labios,
Que sin hablar palabra son tan sabios!

"Sus manos cogerás, ¡oh Virgen pura!, 56
Y apretaráslas con tus manos bellas;
Y así, admirada de su hermosura,
Tu hermosura mirarás en ellas:
De su costado beberás dulzura,
Y beberás de amor vivas centellas,
Y verás en su alegre y linda cara
Sol, luna, estrellas, cielo, lumbre clara.

"A besar de sus pies las nobles llagas
Te postrarás ante sus pies divinos,
Y allí recibirás gloriosas pagas,
De que tus pies cansados fueron dinos:[30]
Y porque el apetito satisfagas
De regalarte con sus pies beninos,[31]
No te alzará tan presto el Hijo eterno,
Y luego te dará el costado tierno.

"Y bañarás en él con la memoria
De la que sangre fue, tus labios rojos,
Y en su dulzura tocarás tu gloria,
Y en su regalo el fin de tus enojos;
Y con tus mismos ojos la victoria
De la muerte verás, viendo sus ojos,
Pues jamás se pondrá para ti el día,
Mientras claros te dieren su luz pía.

"Pedirásle, Señora, que se quede,
Que se detenga más, que no se vaya,
Que otra vez torne, pues hacerlo puede,
Y que de tu dolor compasión haya:
Dirásle que quien ama nunca excede,
Aunque en el regalar pase la raya.
Mas ¿qué no le dirás de tus amores?
Y él, ¿qué no te dará de sus favores?

"Así estará contigo tiempo largo,
Que a ti parecerá momento breve,
Para endulzar con esto el vino amargo,
Que ahora bebes tú porque él lo bebe.
¡Oh del cargo de Adán justo descargo
Y fiel paga de su culpa aleve!
Pasa volando las nocturnas horas,
Y el día venga de las dos auroras.[32]

"De la que al mundo el sol dará, naciendo,
Y tú al mundo darás, resucitando;
Que si él viniere flores esparciendo,
Tú vendrás gracias de favor sembrando:
Con aquéllas el prado estará oliendo,
Y con éstas el alma estará amando:
Pasa, pues, de la cruz las graves horas,
Y el día venga de las dos auroras."

Gabriel permanece con la Virgen.

Octavas 62-96
Jesús frente a Pilato por segunda vez

Mientras el ángel habla, el rey divino,
Llevado al tribunal del presidente,
Con rostro humilde y traje peregrino,
Y ropa, asiste, blanca y refulgente.
Pilato, viendo el pecho diamantino
De la obstinada y enemiga gente,
Juntando a los pontífices hebreos,
Se opone, así hablando, a sus deseos:

Pilato no le encuentra ninguna culpa

"Causa de peso, culpa de importancia
Ni Herodes la halló ni yo la hallo[33]
En vuestro rey, aunque con grave instancia
Procuráis a la muerte condenallo."
La farisea pérfida arrogancia,
Cierta de que no quiere sentenciallo,
Gritos da, la voz alza, el rostro tuerce,
Porque Pilato la justicia fuerce.

Mirando el presidente su denuedo, 64
Y temiendo su ciega pertinacia,
Muestra con pecho vil injusto miedo
A aquella desmedida contumacia:
Un rato se suspende, estáse quieto;
Que del vulgo apetece al fin la gracia;
Y por otro camino intenta el hecho,
Pensando que le guarda su derecho.

Pilato le ofrece al pueblo la oportunidad de escoger entre Jesús y Barrabás para ser perdonado de sus culpas

Era costumbre desta gente dura,
En la fiesta mayor que celebraba,[34]
Dar a algún reo libertad segura,
Y el pueblo todo la elección trataba;
Y escoger al más digno era ventura,
Pues en manos de vulgo el bien estaba:
Pilato, aprovechándose del uso,
A Barrabás y a Cristo les propuso.

Y habiendo su perversa envidia visto,
"¿Queréis que a Barrabás ahora os libre,
O que os libre a Jesús, que llamáis Cristo?"
Dijo el prefecto del augusto Tibre;
Y esto hacía por quedar bienquisto
Y sacar al Señor de culpa libre.
¡Oh Dios! ¡Quién de los hombres entendiera
Que Dios con homicidas compitiera!

Identidad de Barrabás

El Barrabás[35] a un hombre muerto había,
Y ladrón era, y era sedicioso,
Y el pueblo todos sus delitos vía.[36]
¡Oh ejemplo de humildad maravilloso!
¡Que el mismo autor de la inocencia pía,
Y el sol de la justicia poderoso,
Dios, en suertes compita con un hombre
De torpes hechos y de infame nombre!

¿No bastaba, Señor, que aprisionado 68
Cual reo, te tuviese el mundo en poco,
Y con viles injurias afrentado,
Te hiciese befas, te llamase loco,
Y por las calles sin honor llevado,
Fueses del vulgo novelero el coco,
Sin que en maldad con Barrabás compitas,
¡Oh archivo de virtudes infinitas!

Siempre se van tus penas aumentando,
Y siempre mis ejemplos van creciendo;
Siempre me van tus luces alumbrando,
Y me va mi malicia oscureciendo;
Tú siempre mi provecho procurando,
Y yo siempre mil culpas repitiendo:
Cura mi enfermedad, Médico santo,
Pues por sanarme padeciste tanto.

Actitud de la muchedumbre

Como en alguna guerra peligrosa,
Entre la sangre y polvo, hierro y muerte,
Adonde la victoria está dudosa,
Y pendiente de un fil la instable suerte,
El capitán soberbio no reposa,
Y llamas vivas por los ojos vierte,
Y a los soldados con furor anima,
Al cobarde desprecia, al bravo estima;

O como el ambicioso pretendiente
De cátedra de prima deseada,[37]
Cuando la duda y su peligro siente,
La prisa sola y el bullir le agrada,
Humilde ruega, corre diligente,
Y su razón propone bien trazada,
Y a la ingeniosa juventud provoca
Con manos y ojos, con semblante y boca;

Así la farisaica gente aguda 72
Anda, pretende, solicita, ruega,
Y del pueblo feroz el alma ruda
Con silogismos aparentes ciega;
Porque a su intento pertinaz acuda,
Al más pequeño con amor se llega,
Y le pide y le alaba y le suplica;
Bienes propone y males multiplica.

Entre la turba popular mezclados,
Atraviesan los príncipes hebreos,
Y en transfundir sus ímpetus dañados
Trabajan los protervos fariseos;
Y en todo los escribas ocupados,
Dan a beber sus pérfidos deseos
Al vulgo, menos cauto y ambicioso,
Pero tan contumaz y tan furioso.

Escogen a Barrabás

Preguntándoles, pues, a quién eligen,
Dicen que a Barrabás el homicida:
Con su elección al presidente afligen,
Viendo el indigno a quien se da la vida;
Y por probar si en algo se corrigen,
A su enmienda con traza los convida:

Piden que Jesús muera

"Y de Jesús, les dice, ¿qué haremos?"
Y ellos dicen: "Que muera, respondemos."[38]

Pilato se encuentra confundido ante la decisión de la gente

"Pues ¿qué mal cometió? ¿Qué culpa tiene?"
Confuso el presidente les replica.
Y ellos instan: "Hacerlo así conviene,
Y tu causa mejor se justifica."
Y esta voz penetrando el aire viene,
A Jesús mata, a Cristo crucifica;
Y en todos un espíritu malvado
Le pide puesto en cruz, en cruz clavado.

Comparación entre Jesús y Barrabás a través de la narración de sus actos

Quieren a Barrabás, y a Cristo dejan: 76
Mirad callados, contemplad atentos
A quién se juntan y de quién se alejan;
Qué intentos siguen, huyen de qué intentos:
Defienden a un ladrón, de Dios se quejan,
Dos en uno gravísimos portentos.
¡Oh santo Dios! Concédeme tu lumbre
Porque tu misma luz no me deslumbre.

¿Quién eres, buen Señor? Un mar sagrado,
En cuanto Dios, de sumas perfecciones,
Do el bien sobre sí mismo está elevado,
Y es fuente perennal de inmensos dones:
Con tu poder los cielos has criado,
Con tu saber el curso les dispones:
Todo lo haces, todo lo gobiernas,
Sin salir de tus trazas siempre eternas.

Rico eres, si riquezas pretendemos,
Y santo, si virtudes procuramos,
Y sabio, si adquirir ciencias queremos,
Y omnipotente, si valor buscamos,
Y grato, si servicios te hacemos,
Y amigo, si de serlo nos preciamos:
¿Qué no tienes? Y ¡aquesta ciudad necia
En mucho menos que a un ladrón te precia!

Si cual hombre te vemos, tu querida
Humanidad al Verbo soberano
Está con tan perfecto nudo asida,
Que hace al mismo Dios supuesto humano:
Con mil gracias tu alma esclarecida,
Con ciencias mil tu entendimiento ufano,
Tu voluntad colmada de mil bienes
Está; pero, Dios Hombre, ¿qué no tienes?

Y Barrabás ¿quién es? Un hombre oscuro
Y homicida y ladrón y sedicioso.
Y ¿dale esta ciudad salvo y seguro,
Y a ti el tormento de la cruz ansioso?
Mas ya vengamos a tu pueblo duro,
¡Oh Señor de señores poderoso!
¿Qué no usaste con él de beneficios?
Y esotro ¿qué no usó de maleficios?

A Egipto un mayordomo le llevaste
Porque de hambre vil no pereciese,
Y al más sublime trono lo ensalzaste
Para que en trojes pan le recogiese:
Con extraños prodigios lo sacaste
Cuando convino que de allí saliese,
En mosquitos el polvo convirtiendo,
Manchando el agua, el aire oscureciendo.[39]

Seiscientos mil gallardos combatientes
Le armaste por los bárbaros desiertos,
Que con tu gran poder fueron valientes
Para henchir el ancho caos de muertos;
Y arbolando estandartes eminentes,
Seguros de tu amor, de tu fe ciertos,
Les diste por el mar camino seco,
Y el centro del Jordán dejaste hueco.[40]

Para que ellos pasasen encresparon
Las rojas aguas sus bermejas ondas;[41]
Y helados de cristal muros alzaron,
Y descubrieron sus cavernas hondas;
Mas para los egipcios que anegaron
Vueltas dieron con ímpetu redondas,
Tragando allá en sus vientres carniceros
Armas, carros, caballos, caballeros.

Faltos de pan, lloviste pan sabroso 84
Que dulzura inefable contenía,
Y la frente de un cerro peñascoso
Les dio, en vez de centellas, agua fría:[42]
De nube un pabellón maravilloso
Los amparaba contra el sol de día,
Y una columna, cual ardiente vela,
Les hacía de noche centinela.

La prometida tierra cananea[43]
Les limpiaste de bravos enemigos,
Siendo tus mismos ángeles trinchea
De su real, y de tu amor testigos:
Para darles alcázar en Judea,
¿Qué no hiciste de ásperos castigos
En sus contrarios, muros derribando,
Ejércitos venciendo, al sol parando?

Sus calles adornaste de riquezas,
Su templo de ilustrísimas labores,
Y sus anales de ínclitas proezas,
Y a todos de magníficos favores;
Y para echar la clave a tus franquezas,
Naciste de sus padres pecadores.
Y cuando dellos en Belén naciste,
Y criado después, ¿qué no les diste?[44]

A ciegos vista, a cojos pies ligeros,
Salud a enfermos, a difuntos vida,
De santidad ejemplos verdaderos,
Lumbre de fe y de ciencia esclarecida:[45]
Al fin, de sus oráculos sinceros
Eres la misma gloria prometida.[46]
Y el pueblo, ciego a tan ilustre prueba,
¿Escoge a Barrabás y a ti reprueba?

Lista de hombres que han sido despreciados y humillados de la misma forma que Jesús ante Barrabás

¡Oh consuelo de justos despreciados! 88
Que tal sufriste para su consuelo,
Los dignos y del mundo desechados
En ti hallaron de su paz modelo:
De sus honras y bienes despojados,[47]
Acudieron a ti como a su cielo,
Donde las peregrinas impresiones
No llegan de las bárbaras pasiones.

Por ti san Pedro viendo a Simón Mago[48]
Del vulgo celebrado indignamente,
Y él recibiendo tan injusto pago
De la romana, ingrata y ciega gente;
No hizo en ella el merecido estrago,
Sufriéndola con ánimo paciente;
Que en ti como en espejo se miraba,
Y a Barrabás en él consideraba.

Por ti Atanasio, triunfador divino
De la arriana pérfida herejía,[49]
Ya acosado del grande Constantino,
Ya del fiero Constancio, cruda arpía,
Ya de uno y otro cónclave malino,
Que en nombre de concilio le oprimía;
Viendo al Nicomediense celebrado,
Callaba con espíritu esforzado.

Por ti también el sabio Nacianzeno,[50]
Que levantó en Bizancio tu estandarte,
Y de su estéril bosque un prado ameno
Hizo con dulce modo y sutil arte;
Rico de ciencias, de virtudes lleno,
Del mundo respetado en toda parte,
Sufrió ser del concilio injusto y vario
Depuesto, y puesto en su lugar Netario.

Crisóstomo[51] por ti, sagrado río 92
De suave y clarísima elocuencia
Que el gran vergel de santo regadío
Bañó con aguas de cristiana ciencia,
De la indignada reina el loco brío,
Y el destierro mortal llevó en paciencia,
Por los falsos egipcios condenado,
Y un bárbaro en su silla entronizado.

Jerónimo[52] por ti sufrió animoso
Ver al astuto Juan originista
Recibido del vulgo bullicioso,
Desnudo de valor, falto de vista;
Y al mal Rufino, hereje cauteloso,
Probar la osada y áspera conquista
De su ofensa, alabado en Aquileya
De la imprudente y vil turba plebeya.

Por ti el buen defensor de la fe santa[53]
Por Dióscoro muerto y afrentado,
Con tanto gozo y mansedumbre tanta
Llevó su afrenta y muerte no cansado,
Viendo ser en la Iglesia sacrosanta
Eutiques defendido y aprobado
Por otros fariseos arrogantes,

A los que te acusaron semejantes.
Por ti, Señor, en casos infinitos
Atropellados sin razón los justos,
Y elevados a honores exquisitos
Los pretendientes de sus vanos gustos,
Sufrirán con paciencia los delitos
Y estimación vulgar de los injustos;
Y conformando al tuyo su desprecio,
Lo tendrán por tu amor en sumo precio.

Jesús contempla a Barrabás y permanece callado

Así será; y en esto contemplaba 96
Cristo, en virtud a Barrabás opuesto,
Y a la opinión de aquella ciega y brava
Canalla, en más indigno lugar puesto;
Y despreciado, con valor callaba,
Para daros un vivo ejemplo en esto
De humildad profundísima: que es mucha
Callar vencido en tan sensible lucha.

Octavas 97-152
Continúa el relato de Gabriel a la Virgen María

Mas en tanto Gabriel su dulce historia
A la Virgen contaba dulcemente,
Procurando informarle la memoria
De aquel gozo a su pena conveniente;
Y en partes varias la extendida gloria
De su Hijo, y en tiempo diferente,
Iba contando con suave estilo,
Y así dijo, anudando el roto hilo:

"Como después de tempestad furiosa,
Habiendo a los desiertos arrojado
La manada de ovejas temerosa
El turbio cielo de agua y fuego armado,
El pastor diligente no reposa,
Recogiendo al aprisco su ganado;
Tal tu Hijo, ¡oh Señora!, esclarecido
Su apostolado juntará esparcido.[54]

Las mujeres encontrarán vacía la tumba de Jesús

"Mas como para ungir el cuerpo santo,
Bien de mañana irán las tres Marías,[55]
Irán llenas de lágrimas y espanto,
Vendrán llenas de asombro y alegrías:
Sobre alzar el pesado y duro canto,
Entre sí hablarán tiernas y pías;
Y así hablando, llegarán al huerto
Buscando al vivo que dejaron muerto.

"Habrá venido un ángel excelente,[56] 100
Y el mármol del sepulcro levantado,
Y ellas, con el deseo vehemente
De ungir el cuerpo a su Señor amado,
Llegando allá, lo hallarán patente
Y sin piedra, y el ángel asentado
En él, y con dulcísimas señales
De gozo les dirá palabras tales:

Un ángel se dirigirá a las mujeres y les explicará lo que ha pasado con Jesús

"—No os turbéis. ¿Qué buscáis? ¿Al Nazareno
Jesús muerto en la cruz? Resucitólo
Su Eterno Padre ya de gloria lleno,
Y así veréis que está el sepulcro solo:
Cual lo dijo, pacífico y sereno,
Verdad lo hizo, y lo mostró y cumpliólo
Para el bien de los hombres, a quien ama
Con fuego vivo de amorosa llama.

Ellas saldrán a avisarles a los apóstoles lo sucedido

"Mas id volando, y referid ligeras
A Pedro y sus amigos inconstantes
Que fueron sus palabras verdaderas,
Y serán sus efectos semejantes:
Que le busquen con almas placenteras,
Y se verán del bien participantes
Que él goza, a Galilea caminando,
Donde lo gozarán, su amor probando.—

"Que es tu Hijo, Señora, tan afable,
Que, negado de Pedro, no le niega,
Y dejado del hombre miserable,
Por hacerlo dichoso se le allega:
A Pedro ruega Dios, caso admirable,
Pero verdad que Dios a Pedro ruega;
Con lo cual partirán las tres Marías
A dar a Pedro y Juan los buenos días.

Los apóstoles vendrán a la tumba

"¡Oh qué alegres vendrán ellos corriendo 104
Por ver de su Señor la sepultura!
¡Qué pláticas tan dulces repitiendo
De su amor noble, de su gran ternura!
No la madre que al hijo ve bullendo
Vivo en el agua, tanto se apresura
A abrazarle, si muerto lo lloraba
Y echa de ver que zambullido estaba.

Todos saldrán a comunicar la noticia de la resurrección

"¡Cuál correrá el discípulo querido
Y el amante al sepulcro de la gloria!
El joven llegará más atrevido,
Pero el viejo más presto a la victoria;[57]
Porque el mozo a la puerta detenido
A contemplar con atención la historia,
Pedro allá dentro pasará primero;
Que es mayor, aunque Juan es más ligero.

"La mortaja verán, patente indicio
De que vivo a los muertos ha dejado;
Las mujeres también harán su oficio,
Y con ellos vendrán al huerto amado:
Todos se volverán, y su ejercicio
Será tratar del Dios crucificado;
Y sola quedará la Magdalena[58]
Junto al sepulcro, de congoja llena.

La única que permanecerá será Magdalena

"Lágrimas tiernas de dolor ansioso
Junto al sepulcro quedará llorando,
Que algún ladrón de muertos codicioso
Le robó a su Señor imaginando:
Ya el huerto mira de árboles umbroso,
Y al árbol de la vida no hallando,
Gime y suspira, y ya con pena inmensa,
En pensar que lo vio queda suspensa.

Magdalena buscará a Jesús

"Ya riega con su llanto el verde suelo, 108
Y crecer hace las amigas plantas;
Ya penetrando el aire, sube al cielo
Con tristes voces, con endechas santas:
Ya del sepulcro espera su consuelo,
Y allá camina con ligeras plantas;
Mira y remira, y piensa que sus ojos
Le causan, engañados, sus enojos.

"Jesús dice, y repite el monte hueco
Jesús, y el campo en sus alegres faldas
Lo recoge y lo escribe en lo más seco
Y en lo más verde de sus esmeraldas:
Con lengua de aire le responde el eco,
Y ella entiende que Cristo a sus espaldas
Se nombra, y que el arroyo sesgo y blando
Le está con lengua de cristal hablando.

"Si la liviana hoja se menea,
Que viene su Maestro le parece;
Y si al jardín el viento lisonjea,
La dulce voz del mismo se le ofrece;
Si el sol el verde campo hermosea,
Que del propio la vista resplandece
Imagina, impaciente y deseosa
De hallar a Jesús en cualquier cosa.

"Cuando ve que le engaña su sentido,[59]
En su Señor amado considera;
Ya que en la mesa de Simón la vido,[60]
Y allí la recibió la vez primera;
Ya que estando en su casa detenido,
Bebía de su boca verdadera
Sus divinas razones, elevada,
De sí ajena y en él arrebatada;

Recuento de la forma en que Magdalena conoció a Jesús

"Ya que del fariseo malicioso 112
La defendió con caridad suave;
Ya que de Marta el celo cuidadoso
Alabó y moderó con rostro grave:[61]
Ya que en la cena, ungido y oloroso,
De su mayor defensa echó la clave,
Diciendo regalado y satisfecho
Que el mundo estimaría su buen hecho.

"—Pero vídelo, dice, ¡oh miserable
De mí! Vídelo en cruz. ¡Quién tal pensara,
Que al Señor de la vida perdurable
Muerto en un palo el mundo le mirara!
Y ¡que yo en su tragedia lamentable
Tiñera en sangre de sus pies mi cara!
Teñíla, y aún así quedé con ella,
Y guardé alguna en esta poma bella.

"Mas ¡ay! Sabía que sus pies benditos
Eran el centro de mis turbios ojos,
Y que de mis pecados exquisitos
Llorando allí, aliviaba sus enojos;
Y ya que los dolores infinitos
De su pasión dejaron en despojos
El cuerpo solo, ahora yo venía
A ungir sus pies, y olores le traía.

"Traíalos, y yo con estas manos,
Ya para su servicio diligentes,
Sus pies regalaría soberanos
Con ungüentos y lágrimas ardientes;
Y las llagas que hierros inhumanos
Causaron de enemigos insolentes,
Yo se las besaría con mi boca;
Que a mí el besar sus pies y ungirlos toca.

"Busquélo y no lo hallo. ¿Roban muertos 116
En esta tierra?[62] ¿muertos arrebatan?
De Citia[63] en los más rígidos desiertos
A los difuntos sin ofensa tratan.
Y ¿aquí de los sepulcros ya cubiertos
Sacan los hombres y otra vez los matan?
Más es que Citia, más que Libia[64] cruda,
Ésta mi patria, de piedad desnuda.

"¡Oh gente fiera, oh duros enemigos,
Que con el muerto tal rigor usastes!
¡No dejárades muerto a los amigos
El que vivo en la cruz atormentastes!
¡No fuéramos también dulces testigos
Del reposo en que muerto le dejastes,
Como lo fuimos con los ojos tristes
Del trabajo en que vivo le pusistes!

"Pero llorad, mis ojos afligidos,
Que no veis a la luz que vista os daba;
Llorad, ojos, en agua convertidos,
Pues ya se puso el sol que os alumbraba;
Y vosotros, cabellos esparcidos,
Con que yo a mi Señor los pies limpiaba,
Cortaos, pues no tocáis la excelsa cumbre
De aquellos pies que os dieron gracia y lumbre.

"Mas no: perseverad, los mis cabellos,
Que estáis de la su sangre retocados,
Y con tan rica púrpura más bellos
Que los del sol bermejos y dorados;
Y, ojos, vosotros supliréis por ellos
En dos ríos de lágrimas trocados.
¡Ay! no; porque en sus pies vertistes agua,
Vivid, llorad y acrecentad mi fragua.—

"Así estará hablando la hermosa
En alma y cuerpo, ilustre Magdalena,
Haciendo de su pena lastimosa
Al huerto y monte y valle tener pena:
Cual la viuda tórtola amorosa
En seca rama, de tristeza llena,
Sentada, y al consorte amando muerto,
Hace gemir al valle, al monte, al huerto.

Una vez resucitado, Jesús se dirigirá a Magdalena

"Tu Hijo, ¡oh gran Señora!, que mirando
Su fe por invisible celosía,
Y su amor y sus lágrimas honrando,
Le querrá dar un rato de alegría,
Del huerto el labrador representando;
Ante los tiernos ojos de María
Se pondrá, y le dirá: —Mujer, ¿qué tienes?
¿Qué lloras, o qué buscas, o a qué vienes?—[65]

"Pues, ¡oh Señor!, pudiéramos a Cristo
Decirle, ves su llanto irremediable
Porque ya te ha buscado y no te ha visto,
Y ¿eso preguntas con tu boca amable?
Siguióte cuando al mundo eras malquisto,
Y en la cruz vio tu muerte lamentable,
Y para ungirte con olores viene
Ahora; ¿y tú le dices qué mal tiene?

"Eres tú la más dulce y rica prenda
Y el todo de su alma dolorida;
Contigo estuvo en la mortal contienda,
Y sepultó tu cuerpo ya sin vida;
Y a ti, llorando, ahora se encomienda,
Y a ti perdiendo, juzga por perdida
Su gloria, que está en ti como en rehenes;
Y dícele: —¿Qué lloras, o qué tienes?—

"Cual la mimosa madre al hijo tierno 124
Que buscándola va, su rostro esconde,
Y encubriéndole así su amor interno,
Llamada dél y amada, no responde;
Pero, al fin, el espíritu materno
No sufre mucho tiempo estar adonde
El hijo no la goce, y se declara
Mostrándole risueña y dulce cara:

"Tal Cristo esconderá a los ojos píos
De Magdalena su inmortal semblante,
Dejándolos verter copiosos ríos
De agua al empíreo cielo semejante;
Mas no durarán mucho sus desvíos,
Que es madre Dios del corazón constante;
Y en el ínterin nota la respuesta
De la mujer absorta, y es aquésta:

"—Dímelo tú, Señor, si lo llevaste—
(A un hortelano pobre, señor llama);[66]
Y añádele también: —si lo hurtaste,
Decláramelo.— ¡Oh grande y viva llama!—
Y prosigue: —Que iré do lo guardaste
Y llevárelo.— ¡Oh generosa dama,
Osada y fuerte! dime: ¿si lo hubiera
Cogido el hortelano, así lo diera?

"Y ¿no dices a quién, si vivo o muerto,
O persona o hacienda, te han robado?
¿Ha de estar, Magdalena, el otro cierto
De lo que a ti, sin verlo, te han quitado?
Al parecer del mundo es desconcierto
El hablar de María desatado;
Pero al gusto de Dios es elocuencia
Que de su amor declara la excelencia.

"Imagina quien ama que le entienden, 128
Porque su corazón muestra en los ojos,
Y que sin pronunciar le comprehenden,
En mirando, su gloria o sus enojos:
Piensa que a sólo su cuidado atienden,
Cual después de la guerra a los despojos,
Y que no hay otro mal que los desvele,
Ni en el mundo más bien que los consuele.

"Lo mismo pensará la Magdalena,
Y hablará como quien tal pensare,
Y sólo el Salvador le dará pena,
Y gusto quien de Cristo le tratare;
Y de otro bien y de otro mal ajena,
A quien viere o la viere o le hablare
Pedirá a su Señor dulce y suave;
Que ni otra cosa quiere ni otra sabe.

Magdalena reconocerá a Jesús

"Pero Cristo, cual madre generosa,
Su elevación notando y su ternura,
Alegre volverá su faz gloriosa,
Claramente mostrando su figura:
—María,— le dirá con voz piadosa;
Y ella, absorta de ver su hermosura,
Responderá: —Maestro,— arrebatada
De sí, y en él y en Dios transelevada.[67]

"Cúbrese el rojo sol de pardo velo,
El viento helado al turbio mar azota,
Su verde ropa deja el triste suelo,
Comenzando el invierno su derrota;
Mas aparece el sol y aclara el cielo,
Cesa el viento, el mar calla, el suelo brota
Su alcatifa de flores lisonjera
En mostrando su faz la primavera.

"A Cristo, sol, la muerte con su invierno 132
Cubrió, y a Magdalena el viento helado
Azotó el golfo de su pecho tierno,
Y en su alma secó el verdor pasado:
Aparécele Cristo, sol eterno,
Cesa el viento, y el golfo sosegado
Se ve, y el verde claro de su gloria,
Porque su primavera está notoria.

"Finalmente, a los pies de su Maestro
Se arroja, por besárselos, llorando;
Que es ya su corazón astuto y diestro
En buscar de sus pies el centro blando:
No la deja tocar el Señor nuestro
Los pies que ella atrevida va buscando;
Y, —No me toques, le dirá sentido;
Que aun a mi Eterno Padre no he subido;[68]

Jesús le pedirá que vaya a anunciar su resurrección a los demás

"Pero ve a mis hermanos diligente;
Di que a mi Padre voy y a vuestro Padre,
A mi Dios y al Dios vuestro omnipotente,
Porque vuestra subida y bien le cuadre.—
Así la dejará suavemente
Tu Hijo, Dios y hombre, ¡oh Virgen Madre!,
Y partiráse de su bien María,
Llena de amor, colmada de alegría.[69]

"Cual suele cristalina vidriera,
Del sol herida y de su luz bañada,
Como si ya la hermana del sol fuera,
Lanzar por todas partes luz dorada;
Así aquella purísima lumbrera,
De celestiales rayos traspasada,
Por la boca y los ojos y cabellos
Dando irá a todos clara muestra dellos.

"Apóstola de apóstoles divina 136
Será, que tanto un simple amor merece,
Y vendrá con presteza peregrina
A Salén, do tu pena ahora crece:
¡Oh Virgen!, a quien Dios su rostro inclina,
Y a quien el cielo su corona ofrece,
Contempla con qué celo y con qué gloria
Las nuevas llevará de tal victoria.

Magdalena les comunicará la buena nueva

"Diráles: —Vi al Señor;— y por extenso
Les contará gozosa lo que vido[70]
Si podrá referir el golpe inmenso
De luz de aquel eterno Sol nacido;
Que pues le pagará el Oriente censo,
Aunque de resplandores embestido.
¿Quién para dibujar será bastante
La fuente de mil soles rutilante?

"Pero diráles: —¿Veis el alba roja,
De fúlgidos piropos coronada,
Cuando entre nube y nube luz arroja
Y la tierra esclarece matizada?
¿Veis cuando el rubio sol su fuerza afloja
Y nos deja mirar su faz rosada?
Pues su costado así resplandecía;
No así, más claridad y ardor tenía.

"¿Veis el camino del octavo cielo[71]
Cuando sus bellas lumbres centellean,
Y cuál con ojos de amoroso celo
Y párpados lucientes pestañean?
¿Veis desde el raso y descubierto suelo,
Donde permite el aire que se vean,
Sus bordados celajes con espanto?
Pues más hermoso está su cuerpo santo.—

"Dirá; mas con las otras dos Marías
A su Señor verá otra vez glorioso,
Y dél recibirá los buenos días,
Como alférez del bando religioso;
Do todas, con dulcísimas porfías
Y un competir suave y amoroso,
A besarle los pies bajarán luego,
Y agua vertiendo así, beberán fuego.

Los apóstoles de Jesús estarán juntos otra vez

"Y dello avisarán a los amados
Discípulos también, porque parezcan
En Galilea, do estarán llamados,[72]
Y donde ver a su Señor merezcan;
Y siendo estos misterios acabados,
Para que más en fe y en amor crezcan,
Con claridad será y consuelo visto
De todos en diversas partes Cristo:

"Ya de Pedro cobarde y penitente,
Ya de Cleofás, cual nuevo peregrino,
Ya de todo el senado juntamente,
Ya de Tomás, aunque de verle indino;[73]
Ya en el monte Tabor, de mucha gente
Unida con espíritu divino;
Y en estas regaladas ocasiones
Les dará, franco, generosos dones.[74]

La Virgen tendrá la dicha de ver otra vez a su Hijo

"Pero tú en especial, ¡oh Reina clara,
Y Emperatriz del mundo soberano!
Cual tierna madre, como esposa cara,
Gozarás de tu Hijo y Dios humano.[75]
¡Oh qué de veces a su linda cara,
A su florido pecho y blanca mano,
Que el cielo apenas, respetando, toca,
Tu rostro llegarás, pondrás tu boca!

Jesús visitará varias veces a su Madre

"¡Oh qué de veces estarás comiendo, 144
Y entrará por tus puertas más que afable:
Y su piedad y su dulzura viendo,
Te elevarás en éxtasis admirable!
Y ¡qué dellas, las pláticas oyendo
De aquel archivo en ciencias inefable,
Cual miel suave, de sus bellos labios
Cogerás tierna sus intentos sabios!

"Y ¡qué de veces en tu pobre lecho,
Y rico por tenerte en su regazo,
Te vendrá a ver y te dará su pecho
Abierto, y tú, Señora, un dulce abrazo;
Y partiéndose alegre y satisfecho,
A tu cuello echará su rico lazo,
Y con sus ojos besará tus ojos,
Y tú sus labios con tus labios rojos!

"Y ¡qué de veces, cuando tú le llames
Con voces blandas en su breve ausencia,
Porque en su amor tu espíritu derrames,
Te negará, escondido, su presencia;
Y cuando más llorosa y triste clames,
Te mostrará en un punto su clemencia,
Y tú, devota y a sus pies postrada,
Oficio harás de sierva regalada!

"Y ¡qué de veces en la noche oscura
Te dará con su vista un claro día,
Y naciendo en oriente la luz pura,
Y él yéndose, vendrá tu noche fría;
Y porque su regalo poco dura
Te quejarás con dulce melodía,
Y oyéndote llorar, volverá presto
Con blanda risa en tu presencia puesto!

"Y ¡cuántas, conversando afablemente, 148
Preguntarás llorosa qué sentía
Cuando le vías[76] de la cruz pendiente,
Y él más pendiente de su cruz te vía![77]
Y ¡cuántas él te contará clemente
El gran dolor que, amando, padecía,
Más que sufriendo de la injusta muerte
El afrentoso afán y pena fuerte!

"Y ¡cuántas le dirás que la herida
De su costado tú la recibiste,
Y aunque su pecho penetró sin vida,
Más penetró tu vida y alma triste!
Y ¡cuántas, en su rostro enternecida,
La corona de espinas que le viste,
Viéndola ya de rutilantes flores,

Tus gozos le dirás y tus amores!
"Y ¡cuántas aquella ansia congojosa
Con que le pretendiste sepultura
Le contarás, y la piedad celosa
Del buen Josef en dártela segura!
¡Cuántas, al fin, la pena lastimosa
Con que debajo de la cueva oscura
Enterrado, Señora, le dejaste,
Le tratarás! Y aquesto ahora baste."

Concluye por el momento el relato de Gabriel a la Virgen

Aquí llegó el discreto mensajero,
Cuando la Madre y Virgen elevada
Regalaba su espíritu sincero
Con la historia del Hijo dibujada;
Y aquí paró el legado verdadero;
Y para la ocasión más apretada
Conservó lo restante en la memoria
De la no sucedida y cierta historia.

Gabriel permanece con ella

Y con la santa Emperatriz del cielo, 152
Cual cortesano siervo diligente,
Se quedó para darle algún consuelo,
Si era posible, al caso conveniente;
Que habitan los ángeles el suelo
Que la Madre del Hombre omnipotente
Pisaba, y vergonzosos la servían,
Y aún por indignos dello se tenían.

Fin del libro sexto.

Libro VI - Notas

[1] Obsérvese el paralelo con Apocalipsis: "Y apareció en el cielo una grande señal: una mujer cubierta del sol, y la luna debajo de sus pies, y en su cabeza una corona de doce estrellas." (12, 1)

[2] Lo que quiere decir que el tema de la Pasión y muerte de Jesús, que para entonces era muy conocido en prosa, ahora es desarrollado en verso por Hojeda.

[3] La oración que la Virgen María le dirige al Padre es una muestra más de su fe.

[4] perfeto = perfecto

[5] conceto - concepto

[6] El sueño de Daniel sobre las cuatro bestias. Daniel relata una visión de cuatro bestias que surgen del Mediterráneo, coexisten y la cuarta quiere eliminar a las otras tres. La interpretación que se da es que estas bestias representan los cuatro reinos postalejandrinos de los siglos III a II a.C.

Su descripción general es la siguiente: La primera bestia parece un león con alas de águila; la segunda es semejante a un oso; la tercera es como un leopardo con cuatro alas de ave en el dorso y cuatro cabezas; la cuarta es terrible, espantosa y muy fuerte, con enormes dientes de hierro y diez cuernos. (Daniel 7)

[7] dél = de él

El rey Nabucodonosor hizo erigir una estatua de oro para que fuera adorada por sus súbditos, con la condena de que quien no se postrara sería inmediatamente arrojado a un horno de fuego abrasador. Algunos caldeos vinieron a denunciar a los tres judíos Sidrac, Misac y Abdénago porque ellos no obedecieron las órdenes del rey. Fueron llevados a Nabucodonosor y ellos le aseguraron que sólo servían y adoraban a Yahvé. Fueron entonces puestos en el fuego y para sorpresa del rey no fueron quemados, sino que se paseaban entre las llamas alabando a Dios y bendiciendo al Señor. (Daniel 3) Convencido del poder de su dios, Nabucodonosor los hizo sacar del fuego, prohibió que se hablara mal de su dios Yahvé y los hizo prosperar en la provincia de Babilonia.

[8] David aceptó el desafío del filisteo Goliat y le venció, a pesar de la gran diferencia de tamaño y fuerza. (I Samuel 17, 40-54) Ante el triunfo inaudito de David, su rey Saúl lo envidiaba y deseaba su muerte. Lo mandaba a batallas difíciles y "David ejecutaba con éxito todas sus empresas y Yahvé estaba con él." Saúl decidió entonces hacerlo su yerno para que el odio de los filisteos cayera sobre David. Como no tenía dote, el rey le pidió que le trajera cien prepucios de los filisteos incircuncisos. David aceptó la propuesta y antes de que el plazo se cumpliera, partió a luchar contra los filisteos y regresó con doscientos prepucios. Saúl le entregó a su hija Mical por mujer. Sin embargo, no cesó en sus intentos de matarlo, pero David siempre estaba bajo la protección de Yahvé. Finalmente

Saúl reconoció su falta y se reconciliaron. (I Samuel 18-24)

[9] Jonatás, nombre que significa "Yahveh ha dado." Se escribe también Jonatán, Jonatés o Yehonatán. Es una variante del nombre de Jonatán Macabeo.

Jonatán era el hijo mayor de Saúl, cuando aparece mencionado, era ya un guerrero capaz de notables hazañas. En este pasaje se alude al hecho de que Jonatán llegó hasta la guarnición de los filisteos y mató al gobernador que se hallaba en Guibeá. Con esto se concentraron los filisteos para combatir a Israel y cuando los hombres de Israel se vieron en peligro, se escondieron en las cavernas, en los agujeros, las hendiduras de las peñas, los subterráneos y las cisternas. Posteriormente, Jonatán y su escudero salieron de su escondite para provocar a los filisteos y éstos los invitaron a subir hasta el picacho donde se encontraban. Para Jonatán ésta era una señal de que Yahvé les iba a ayudar a vencerlos. "Subió Jonatán ayudándose de pies y manos, y su escudero le seguía. Caían los filisteos ante Jonatán y detrás de él su escudero los iba rematando." Así comenzó la victoria que Yahvé dio a Israel aquel día. (1Samuel 13; 14, 1-23)

[10] Yahvé hizo que el mar Rojo abriera sus aguas para hacer camino a Moisés y los israelitas en su huída de Egipto. "Moisés extendió su mano sobre el mar, y Yahvé hizo retroceder el mar mediante un fuerte viento del este que sopló toda la noche; el mar se secó y las aguas se dividieron." (Éxodo 14, 21)

[11] En el pasaje de la zarza ardiendo se cuenta que mientras Moisés pastoreaba el rebaño de su suegro Jetró, llegó hasta Horeb, la montaña de Dios. Allí se le apareció el ángel de Yahvé en llama de fuego, en medio de una zarza. Moisés vio que la zarza ardía, pero no se consumía y se acercó a ver el extraño fenómeno. De en medio de la zarza salió la voz de Yahvé y le indicó que estaba en lugar sagrado. (Éxodo 3, 1-6)

[12] La ascensión de sus palabras es similar a la oración de Jesús que alegóricamente sube al Cielo. Ahora corresponde a la oración melódica de la Virgen María.

[13] Del mismo modo en que actuó con Jesús, una vez más Gabriel desempeña el papel de mensajero de Dios que en esta ocasión baja para consolar y confortar a María.

[14] aspeto = aspecto

El poeta resalta el aspecto bello de Gabriel para contrastarlo con los sentimientos de pesadumbre que le embargan.

[15] Gabriel como cisne del Caistro. Caistro, río cerca de la ciudad de Éfeso en Turquía. La referencia aparece en *La Ilíada*: "De la suerte que las alígeras aves —gansos, grullas o cisnes cuellilargos— se posan en numerosas bandadas y chillando en la pradera Asio, cerca del río Caistro, vuelan acá y allá ufanas de sus alas, y el campo resuena..." (Canto II)

[16] vido = vio

[17] Pausa del ángel antes de llegar a su destino final. En este caso, Gabriel se detiene

ante el Huerto de Getsemaní donde hace poco Jesús oraba al Padre. En *La Eneida*, Júpiter envía a Mercurio para aconsejar a Eneas, y en su vuelo, también hace una pausa: "Ahí se paró por primera vez el dios nacido en el monte Cilene, sosteniéndose en sus alas inmóviles." (IV) Y en *Jerusalén libertada* Gabriel de igual manera se detiene antes de llegar hasta Godofredo: "Sus alas detienen un momento el vuelo encima del Líbano." (Canto I)

[18] vido = vio

[19] Aspecto extremadamente doloroso de la Virgen. Hojeda se basa en la técnica descriptiva de composición de escena como parte de la poesía de meditación. Es una muestra de la influencia de los ejercicios espirituales dados a conocer por San Ignacio de Loyola.

[20] La anunciación de la Pasión y muerte de Jesús es una escena creada por Hojeda. Ni en la Biblia ni en los Evangelios Apócrifos se localiza una referencia específica sobre alguna visita de Gabriel a María con este propósito.

[21] El descenso de Jesús a los infiernos se deriva de los Evangelios Apócrifos, donde con gran detalle se narra este pasaje:

> Entonces el santo David montó en cólera contra Satanás y clamó fuertemente: Abre, asqueroso, tus puertas para que entre el Rey de la gloria. Y asimismo todos los santos de Dios se levantaban de igual manera contra Satanás y querían echarle mano y dividírselo entre sí. Y de nuevo se oyó gritar desde dentro: Alzad, ¡oh príncipes!, vuestras puertas, y elevaos, ¡oh puertas eternales!, que va a entrar el Rey de la gloria. Y preguntaron de nuevo el Infierno y Satanás a aquella voz clara, diciendo: ¿Quién es este Rey de la gloria? Y respondió aquella voz admirable: El Señor de las virtudes, Él es el Rey de la gloria.
> Y al momento el Infierno se puso a temblar, y las puertas de la muerte, así como las cerraduras, quedaron desmenuzadas, y los cerrojos del Infierno se rompieron y cayeron al suelo, quedando todas las cosas al descubierto... Y he aquí que el Señor Jesucristo vino rodeado de claridad excelsa, manso, grande y humilde, llevando en sus manos una cadena: con ella ató el cuello de Satanás y, después de ligar de nuevo sus manos por detrás, le arrojó de espaldas al tártaro y le puso su santo pie en la garganta, diciendo: Muchas cosas malas hiciste en el decurso de muchos siglos; no te diste reposo alguno; hoy te entrego al fuego eterno. (Nicodemo, VII-VIII)

[22] Ahora resulta evidente que los demonios han sido engañados por Jesús: su muerte ha representado el triunfo para Él y la derrota para ellos.

[23] En los Apócrifos aparece el encuentro de Jesús con Adán y Eva:

> Entonces Nuestro señor Jesucristo, Salvador de todos, piadosísimo y suavísimo, saludando de nuevo a Adán, le decía benignamente: la paz sea contigo, Adán, en compañía de tus hijos por los siglos sempiternos. Amén. Y el padre Adán

> se echó entonces a los pies del Señor y, levantándose de nuevo, besó sus manos y derramó abundantes lágrimas, diciendo: Ved las manos que me hicieron, dando testimonio a todos. Luego se dirigió al Señor, diciendo: Viniste, ¡oh Rey de la gloria!, para librar a los hombres y agregarlos a tu reino eterno. Y nuestra madre Eva cayó de manera semejante a los pies del Señor, y, levantándose de nuevo, besó sus manos y derramó abundantes lágrimas, mientras decía: Ved las manos que me formaron, dando testimonio a todos. (Nicodemo, IX)

[24] Liberación de los muertos por el descenso de Cristo a los infiernos. La resurrección de los muertos del Antiguo Testamento es un signo de la era escatológica, es decir, del destino último del hombre y del universo. Librados del Hades por la muerte de Cristo esperan ellos su resurrección para entrar con él en la Ciudad Santa, Jerusalén. Mateo es el único evangelista que alude a este pasaje: "Se abrieron los sepulcros, y muchos cuerpos de santos difuntos resucitaron. Y saliendo de los sepulcros después de la resurrección de él, entraron en la Ciudad Santa y se aparecieron muchos." (27, 52-53)

[25] Según la narración de los Apócrifos:

Entonces todos los santos le adoraron y clamaron diciendo: Bendito el que viene en nombre del señor; el Señor Dios nos ha iluminado. Así sea por todos los siglos. Aleluya por todos los siglos; alabanza, honor, virtud, gloria, porque viniste de lo alto para visitarnos. Y, cantando aleluya y regocijándose mutuamente de su gloria, acudían bajo las manos del Señor. (Nicodemo, IX)

[26] vido = vio

[27] Alegría de los fieles por la resurrección de Jesús. Símbolo del triunfo absoluto sobre la muerte.

[28] En la mitología griega Clicie era una ninfa acuática que se enamoró de Apolo. Estaba tan enamorada que todos los días seguía el curso del dios en el cielo. Los dioses se compadecieron de su incondicional amor y la transformaron en heliotropo, una flor que sigue el curso del sol -como el girasol. De la misma manera que Clicie seguía a Apolo, María ha de seguir a Jesús, como una flor enamorada de su luz.

[29] Hay un encuentro de Jesús y María que tiene lugar justo antes de que la Virgen ascienda a los cielos. Aparece en los Evangelios Apócrifos en el libro de San Juan Evangelista. Sin embargo, este encuentro del poema que se describe tiene lugar durante el período que va de la resurrección de Jesús a la asunción de la Virgen.

[30] dinos = dignos

[31] beninos = benignos

[32] El día de la venida de Jesús. Las dos auroras son: la aurora normal del día y la

aurora que causará la luz de Jesús.

[33] En el relato bíblico Pilato no halla culpa en Jesús:

"Me habéis traído a este hombre como alborotador del pueblo, pero yo le he interrogado delante de vosotros y no he hallado en él ninguno de los delitos de que le acusáis. Ni tampoco Herodes porque nos lo ha remitido. Nada ha hecho, pues, que merezca la muerte. Así que le daré un escarmiento y le soltaré." (Lucas 23, 14-16)

[34] En cada Fiesta, el procurador les concedía la libertad del preso que pidieran. Aunque el relato de Barrabás es esencialmente el mismo en los evangelios se notan algunas diferencias. En Marcos por ejemplo, la muchedumbre llega al Pretorio para pedir el indulto de un preso, sin pensar en el caso de Jesús. Pilato es el que aprovecha esta petición para proponer el indulto de Jesús y librarse de ese modo de un caso embarazoso; pero los sumos sacerdotes desbaratan su maniobra contrapo-niéndole el nombre de Barrabás. En el Evangelio de Mateo se han perdido estos matices atribuyendo a Pilato la torpeza de proponer él mismo la elección entre Barrabás y Jesús. (Mateo 27, 15-23; Marcos 15, 6-14; Lucas 23, 13-23 y Juan 18, 39, 40)

[35] El nombre de Barrabás literalmente significa "el hijo del padre" o "el hijo de su padre." Es un término aplicado a menudo a niños encontrados o bastardos. Los evangelios presentan a Barrabás como un preso acusado de homicidio y motín.

[36] vía = veía

[37] Para describir a los fariseos Hojeda los compara con un capitán y ambicioso de cátedra. Al respecto, Pedro José Rada y Gamio, en su discurso sobre *La Cristiada* leído en el Ateneo de Madrid en 1917, pone una nota de pie de página que dice: "Qué fea es la comparación que hace entre la agitación de la canalla que eligió a Barrabás, y los pasos que debía dar el pretendiente de una cátedra de prima." (28)

La referencia alude al hecho de que la cátedra de prima era una posición en la universidad ambiciosamente deseada por los profesores candidatos, más que la cátedra de vísperas o cualquier otra cátedra, principalmente por el prestigio y el salario que se ofrecían, además de la permanencia que garantizaba a su ocupante. De esta manera, Hojeda satiriza el abuso cuando compara los métodos usados por los fariseos para obtener la voluntad del pueblo con aquéllos empleados por los candidatos de la cátedra para asegurar los votos de los estudiantes a su favor.

[38] El pueblo elige a Barrabás, aceptando la responsabilidad de la muerte de Jesús.

[39] Se refiere a la tercera plaga de Egipto. Yahvé ordenó a Moisés que le dijera a Aarón que extendiera su cayado y golpeara el polvo de la tierra, que se convertiría en mosquitos. Aarón así lo hizo y aparecieron mosquitos sobre los hombres y los ganados. Los magos trataron de combatir la plaga pero no lo consiguieron. A pesar de esto, el faraón no creyó en el poder de Yahvé. (Éxodo 8, 12-15)

[40] El relato del paso del Jordán y de la entrada en el país de Canaán presenta un paralelismo con el relato de Moisés sobre la salida de Egipto y el cruce del mar. Yahvé detuvo el curso del Jordán como antes había secado el mar de Suf; el arca de Yahvé guió el paso como la columna de nube o de fuego y Josué desempeñó la misma función de guía que Moisés ejecutó en el Éxodo. (Josué 3 y 4)

[41] En las versiones modernas de la Biblia, "mar Rojo" representa una traducción inadecuada del nombre griego de "mar Eritreo" y del hebreo yam suf (que corresponde al mar de Suf, del relato del Éxodo) o "mar de Papiros." El mar Eritreo comprendía el mar Rojo con sus dos golfos de Suez y de Aqaba o Elat, así como el océano Índico y el golfo Pérsico. El mar Rojo en el sentido moderno del término se extiende del estrecho de Bab el-Mandeb a Suez, en una distancia de 2,240 km.

[42] Toda la comunidad de los israelitas partió por etapas del desierto de Sin, según se los había ordenado Yahvé. Pero continuamente dudaban de Moisés y se arrepintieron de haber salido de Egipto donde tenían comida y todo lo que necesitaban. Yahvé entonces le dijo a Moisés: "Mira, haré llover pan del cielo para vosotros; el pueblo saldrá cada día a recoger la ración cotidiana; así lo pondré a prueba, a ver si sigue mi ley o no." (16, 4-5) Y así sucedió. Israel llamó maná a aquel alimento y lo comieron por cuarenta años, hasta que llegaron a tierra habitada.

Después llegaron hasta Refidín, pero no encontraron agua para beber. Entonces le exigieron a Moisés que les diera agua y se preguntaban si los había sacado de Egipto sólo para dejarlos morir de sed. Moisés invocó a Yahvé para que acudiera en su ayuda y Yahvé le ordenó que se adelantara con algunos ancianos, que golpeara la roca de Horeb con su cayado y le aseguró que brotaría el agua. (Éxodo 16, 4-36; 17, 1-7)

[43] Dentro de las promesas e instrucciones a la entrada en el país de Canaán, Yahvé dijo a Moisés:

"Enviaré mi terror delante de ti y sembraré la confusión entre todos los pueblos donde vayas; haré que todos tus enemigos huyan de ti. Enviaré el pánico delante de ti, que ahuyentará de tu presencia al jivita, al cananeo y al hitita." (Éxodo 23, 27-28)

[44] Para cumplir su promesa, Yahvé hizo que Jesús naciera como Hijo de su propia gente de Israel.

[45] Los milagros de Jesús.

[46] Es decir, es el Mesías anunciado en las profecías.

[47] Hay que recordar que el mismo Diego de Hojeda sufriría este despojo hacia el final de su vida por razones injustificadas.

[48] En los Hechos de los Apóstoles se narra que:

> "Al ver Simón que mediante la imposición de las manos de los apóstoles se daba el Espíritu, les ofreció dinero diciendo: "Dadme a mí también ese poder: que reciba el Espíritu Santo aquel a quien yo imponga las manos." Pedro lo confrontó diciéndole que su dinero había de ser su perdición, porque llegó a pensar que el don de Dios se compra con dinero. (8, 18-24)

[49] Hojeda incluye los siguientes nombres como otros ejemplos en que un injusto es favorecido sobre un justo.

San Atanasio fue el más ferviente enemigo de los arrianos y como fue atacado continuamente por el emperador tuvo que vivir muchos años tanto exiliado como oculto. La herejía arriana niega la naturaleza divina y por tanto, la naturaleza eterna del Hijo de Dios. Atanasio fue uno de los mayores contribuyentes a la formación de los dogmas de la Encarnación y la Trinidad. El emperador Constantino favoreció enormemente al arrianismo y apoyó las acciones del obispo Eusebio de Nicomedia para la propagación del mismo. Los ostrogodos, los visigodos y otros pueblos germánicos se mantuvieron como arrianos por varios siglos.

Una vez muerto el emperador, de sus tres hijos, dos siguieron la fe católica pero su hijo Constancio mantuvo la creencia arriana y se portó aún más severo que su padre hacia Atanasio. Organizó varios consejos para destituírlo y colocar a Gregorio, un obispo arriano, en su lugar. En el consejo de Arles de 353 estrictamente declaró que cualquier obispo que no condenara a Atanasio debería ser eliminado. Atanasio se vio en la necesidad de vivir oculto y sólo hasta la muerte de Constancio en 361, Atanasio volvió a su silla episcopal en Alejandría.

[50] Bizancio era una antigua colonia griega fundada en el siglo VII a.C. en el emplazamiento de la futura Constantinopla. Fue aquí donde llegó San Gregorio de Nacianzo, a decir de los historiadores, misteriosamente. Todavía era obispo de Sasimes, y ya sea que haya sido formalmente nombrado o no obispo de Constantinopla, empezó a fomentar la confianza de la gente. Era un brillante predicador y aunque en un principio lo despreciaron, poco a poco escucharon sus sermones sobre la Trinidad. Sin embargo, también sufrió de acusaciones falsas como en una ocasión durante la vigilia de Pascua, cuando los arrianos llegaron y sacaron a la congregación a pedradas. A San Gregorio lo presentaron ante la corte acusado de provocar un motín. Su intención de poner a otro obispo fue frustrada por Teodosio, quien se puso de parte de San Gregorio. A éste le siguieron varios conflictos y finalmente le sucedió Netario, un viejo senador que aún no había sido siquiera bautizado cuando fue nombrado sucesor de San Gregorio.

[51] En la nota 66 del libro V ya se ha hablado de San Juan Crisóstomo, a quien en el año 398 la emperatriz Euxodia y su esposo Arcadius nombraron como sucesor del patriarca Nicasio, como obispo de Constantinopla. Para su sorpresa, Juan depuso a numerosos obispos indignos, intentó devolver la moralidad a su clero, persiguió a los monjes que no predicaban y proclamó el derecho de los pobres a no morir de hambre. Entonces Euxodia tuvo la ayuda del concilio organizado por Teófilo, patriarca de Alejandría, y Juan fue acusado de herejía y depuesto en 403. Murió en el exilio.

[52] Sobre Orígenes existe una gran controversia debido a la frecuente contradicción

del contenido de sus escritos. Aunque en un principio Jerónimo lo defendió, después pasó a ser uno de sus atacantes.

Rufino fue el traductor de la obra de Orígenes y él mismo llega a confesar que alteró algunas de sus ideas para mitigar los ataques de que era víctima. De cualquier manera, es la traducción hecha por Rufino la que se reconoce y alaba, mientras que se ignoran los ataques teológicamente justificados de San Jerónimo.

[53] San Flaviano, defensor de la fe. Eutiques era visto como un patriarca entre los monjes. Tuvo una gran influencia en la corte e implantó una herejía en oposición a la de Nestorio, conocida con el nombre de monofisismo. Para Eutiques, nuestro Señor fue verdadero dios, pero no de dos naturalezas, por lo que niega su naturaleza humana y afirma únicamente la divina. Dióscoro fue sucesor de Cirilo en Alejandría y apoyó esta herejía.

Flaviano, patriarca de Constantinopla (446-449) asistía al concilio que había convocado el emperador Teodosio II y que se efectuó en 449 en una iglesia de Efeso en Turquía, con el objeto de deliberar sobre Eutiques y su doctrina del monofisismo. Entonces una multitud de soldados, mari-neros y monjes exaltados invadió la iglesia, apaleó a los padres opositores de Eutiques y se encarnizó particularmente sobre Flaviano, quien fue lanzado a prisión. Murió a los pocos días de lo que se llamó "el bandolerismo de Efeso."

[54] El pastor y sus ovejas. Jesús recogerá a sus apóstoles después de la tormenta, es decir, después de su muerte y resurrección.

[55] La tradición oriental distinguía a las diferentes Marías; sin embargo, la tradición occidental las confundió en el grupo de las que ungirán el cuerpo de Jesús.

Las diferentes versiones que aparecen en los evangelios son:

1) "Pasado el sábado, al alborear el primer día de la semana, María Magdalena y la otra María fueron a ver el sepulcro." (Mateo 28, 1)

2) "Pasado el sábado, María Magdalena, María la de Santiago y Salomé compraron aromas para ir a embalsamarle." (Marcos 16, 1)

3) "Las que referían estas cosas a los apóstoles eran María Magdalena, Juana y María la de Santiago, y las demás que estaban con ellas." (Lucas 24, 10)

4) "El primer día de la semana va María Magdalena de madrugada al sepulcro cuando todavía estaba oscuro, y ve la piedra quitada del sepulcro." (Juan 20, 1)

En todo caso, el poeta se refiere a tres mujeres, pero de ninguna manera se trata de la madre de Jesús.

[56] De acuerdo a los evangelistas tenemos:

1) "De pronto se produjo un gran terremoto, pues un ángel del Señor bajó del cielo y, acercándose, hizo rodar la piedra y se sentó encima de ella." (Mateo 28, 2)

2) "Y [las mujeres] levantando los ojos ven que la piedra estaba ya retirada; y eso que era muy grande." (Marcos 16, 4)

3) "Pero encontraron que la piedra había sido retirada del sepulcro." (Lucas 24, 2)

4) "El primer día de la semana va María Magdalena de madrugada al sepulcro cuando todavía estaba oscuro, y ve la piedra quitada del sepulcro." (Juan 20, 1)

[57] La referencia a la llegada de los discípulos hasta el sepulcro aparece tanto en Lucas como en Juan. En el primero únicamente se sabe que Pedro no estuvo solo, pero es en el segundo evangelista en quien el poeta se ha basado para su narración:

> Salieron Pedro y el otro discípulo, y se encaminaron al sepulcro. Corrían los dos juntos, pero el otro discípulo corrió por delante más rápido que Pedro, y llegó primero al sepulcro. Se inclinó y vio los lienzos en el suelo; pero no entró. Llega también Simón Pedro siguiéndole, entra en el sepulcro y ve los lienzos en el suelo, y el sudario que cubrió su cabeza, no junto a los lienzos, sino plegado en un lugar aparte. Entonces entró también el otro discípulo, el que había llegado el primero al sepulcro; vio y creyó, pues hasta entonces no habían comprendido que según la Escritura Jesús debía resucitar de entre los muertos. (Juan 20, 3-9)

El hecho de que el discípulo llegue primero y no entre es porque reconoce en Pedro cierta preeminencia. Nótese que el texto evangélico no menciona el nombre de Juan como lo hace el poeta.

[58] Magdalena es la única que permanece en el sepulcro según el Evangelio de Juan.

[59] Según la interpretación de Hojeda, Magdalena es la mujer que unge los pies de Jesús en casa del fariseo, la misma de quien tiene envidia Judas; es también la hermana de Marta y es la mujer que lo busca en el sepulcro.

Pero por otro lado, en la Biblia hay diferentes identidades de esta mujer. Una es la del relato de la unción en Betania de Mateo (26, 6) que según Juan es María; otra es la mujer pecadora del relato de Lucas (7, 36), casi idéntico al de Mateo; otra es María la de Betania, la hermana de Marta; y que María Magdalena es la mujer adúltera que le presentan a Jesús y que quieren castigar a pedradas.

[60] vido = vio

La unción de Jesús por una mujer se narra en Mateo (26, 6-13); Marcos (14, 3-9); Lucas (7, 36-50) y Juan (12, 1-8). El encuentro de Jesús y Magdalena en casa de Simón se narra específicamente en el Evangelio de Lucas. Se trata de que un fariseo invitó a Jesús a comer con él y cuando la mujer se enteró de que Jesús estaba ahí, llevó un frasco de alabastro de perfume y a sus pies comenzó a llorar, así es que con sus lágrimas le mojaba los pies y con sus cabellos se los secaba, besaba sus pies y los ungía con el perfume. Al ver el fariseo lo que pasaba dijo que si Jesús de verdad fuera profeta sabría que ella es una pecadora. Entonces Jesús la justificó diciendo que al entrar a su casa el fariseo ni agua para los pies le había ofrecido, mientras que ella no con agua sino con sus lágrimas se los estaba lavando, se los había besado y lo había ungido con perfume. De esta manera perdonó a la mujer y la dejó irse en paz. (7, 36-50)

[61] Jesús defendió a María Magdalena de su hermana Marta:

> Yendo ellos de camino, entró en un pueblo; y una mujer, llamada Marta, le recibió en su casa. Tenía ella una hermana llamada María, que, sentada a los pies del Señor, escuchaba su palabra, mientras Marta estaba atareada en muchos

quehaceres. Al fin, se paró y dijo: "Señor, ¿no te importa que mi hermana me deje sola en el trabajo? Dile, pues, que me ayude." Le respondió el Señor: "Marta, Marta, te preocupas y te agitas por muchas cosas; y hay necesidad de pocas, o mejor, de una sola. María ha elegido la mejor parte, que no le será quitada." (Lucas 10, 38-42)

[62] Es decir, en Jerusalén.

[63] Citia es Macedonia. Magdalena habla de la ciudad de los citios, es decir, los quiteos o queteos como se les nombra en 1Macabeos "[los romanos] habían vencido en la guerra a Filipo, a Perseo, rey de los Queteos, y a cuantos se habían alzado contra ellos, y los habían sometido" (8, 5) Filipo, rey de Macedonia, fue derrotado en Cinoscéfalos el 197 y su hijo Perseo en Pidna el 168.

En un fragmento de su poema "A Santiago," Fray Luis de León también se refiere a Macedonia con el nombre de Citia:

Las selvas conmoviera,
las fieras alimañas, como Orfeo,
si ya mi canto fuera
igual a mi deseo;
cantando el nombre santo Zebedeo.
Y fueran sus hazañas
por mí con voz eterna celebradas,
por quien son las Españas
del yugo desatadas
del bárbaro furor y libertadas.
Y aquella nao dichosa
del cielo esclarecer merecedora,
que joya tan preciosa
nos trujo, fuera agora
cantada del que en Citia y Cairo mora. (73)

[64] Para los geógrafos griegos el término "Libia" designaba África, incluido o no Egipto. Los libios se distinguían de las demás etnias africanas por sus ojos azules y sus cabellos rubios, proporcionaban guerreros a los ejércitos egipcios y su clase militar adquirió el poder en el período llamada libio, que duró casi del año 950 al 750 a.C. El primer faraón libio fue Sesonc I, quien invadió Judá e Israel. De ahí que para Magdalena, Libia sea considerada cruda y sin piedad.

[65] El poeta sigue el texto de Juan, el único evangelista que proporciona detalles de la aparición de Jesús a María de Magdala. Toda la narración siguiente es una interpretación poética del pasaje de dicho evangelio. (20, 11-18)

[66] En el evangelio le dice Jesús: "Mujer, ¿por qué lloras? ¿A quién buscas?' Ella, pensando que era el encargado del huerto, le dice: 'Señor, si tú lo has llevado, dime dónde

lo has puesto, y yo me lo llevaré'." (Juan 20, 15)

[67] Obsérvese que en el maravilloso encuentro en que Magdalena reconoce a Jesús, Hojeda emplea el lenguaje característico de los místicos que buscan y encuentran la prenda amada en su relación con Dios.

[68] Jesús no le permite a Magdalena que lo toque porque no ha ascendido al Cielo. "Dícele Jesús: 'Deja de tocarme, que todavía no he subido al Padre'." (Juan 20, 17)

[69] En los dos primeros evangelios se indica que es un ángel quien envía el mensaje sobre la resurrección de Jesús. (Mateo 28, 10 y Marcos 16, 7) Según Lucas son dos ángeles, "dos hombres con vestidos resplandecientes." (24, 4) Sin embargo, en el poema se observan las palabras del Evangelio de Juan: "Dícele Jesús: '... Pero vete a mis hermanos y diles: Subo a mi Padre y vuestro Padre, a mi Dios y vuestro Dios.' Fue María Magdalena y dijo a los discípulos: 'He visto al Señor' y que había dicho estas palabras." (20, 17-18)

[70] vido = vio

[71] El octavo cielo es el de las estrellas fijas. No hay que pasar por alto que para Dante este octavo cielo es el Triunfo de Cristo.

[72] Cuando los ángeles anuncian a las mujeres la resurrección de Jesús, les dicen que deben acudir a Galilea donde Jesús los espera.

[73] indino = indigno

[74] En las últimas instrucciones a los apóstoles, Jesús abre sus inteligencias para que comprendan las Escrituras y les advierte que serán revestidos de un poder desde lo alto. (Lucas 24, 49) Es decir, se les otorgará el Espíritu Santo.

En el Evangelio de Juan, Jesús sopla sobre los discípulos para que reciban al Espíritu Santo. (20, 21) Con esto, los discípulos reciben el poder de perdonar pecados y realizar milagros.

[75] El ángel le anuncia a María que será visitada por Jesús en especial. En el poema se relata la unión mística entre él y María.

[76] vías = veías

[77] vía = veía

Libro VII

Argumento

Ante Pilato el Salvador asiste
Cuando de su mujer oye el mensaje,
Y nota Judas, temeroso y triste,
Del buen Señor el indecente ultraje;
Y a Satanás, tentado, no resiste,
Y ahórcase; y de aquel traidor linaje
Cristo ve la enemiga descendencia,
Y es mandado azotar con inclemencia.

Octavas 1-3
Jesús y Pilato

Mas Pilato el gravísimo semblante
De Cristo y la dulcísima mesura
Del bello rostro y ánimo constante
Notaba, indicios de una gran cordura;
Cuando un aviso le llegó importante,
Que él tuvo entonces por feliz ventura,
En el cual su mujer le daba cuenta
Del sueño en que temió su mal y afrenta.

Pilato recibe un mensaje de su mujer

Habla la mujer sobre su sueño

"A ese justo, decía, ten respeto;
Que esta noche por él he padecido
Un bravo asombro y un horror secreto,
Cual jamás entre sueños he tenido."[1]
Formó con esto dél mayor conceto[2]
Pilato, temeroso y advertido,
Y procuró librarlo de la muerte,
Más firme ya, más valeroso y fuerte.

Pilato se reconcilia con Herodes

Y con Herodes hizo nuevas paces,[3]
Siendo dellas Jesús el medianero:
Que fueron sus injurias eficaces
Para este bien de bienes verdadero.
¡Oh amable Dios! En todo lo que haces,
Un pecho blando, un ánimo sincero
Muestras: si paces das al enemigo,
¿Qué no darás gracioso al caro amigo?

Octavas 4-60
Arrepentimiento y muerte de Judas

Sólo Judas de tanta mansedumbre 4
No quiso aprovecharse, ¡oh Rey eterno!,
Y así bajó, de la sagrada cumbre
Del Atlante apostólico, al infierno;
Y así cerró los ojos a la lumbre
De tu fe soberana y rayo interno,
E hizo con las furias alianza,
De asombro lleno, falto de esperanza.

Aquéste, viendo a Cristo condenado
Por el concilio pertinaz hebreo,
De espantosas tinieblas rodeado,
En ellas mismas vio su mal deseo,
El cual, de luces hórridas cercado,
Como un vestiglo atroz y monstruo feo,
Se le representaba ante los ojos
Llevando inmensos males por despojos.

Judas en las manos de Lucifer

Promete más que da nuestro adversario,[4]
Y búrlanos habiéndonos vencido;
Y al vicio nos ofrece en rostro vario
Del que primero nos pintó lucido:
A Judas fue y a sí mismo contrario,
Para que, de su mal arrepentido,
Y no por Dios, de Dios desesperase,
Y ya desesperado, se ahorcase.

Con este grande horror y sombra obscura
En tristeza elevado, en ira envuelto,
Trocada de su aspecto la figura,
Y el ánimo en matarse ya resuelto,
Ni para en sí, ni en otro se asegura,

Dinero maldito que recibió Judas

Cual mar turbado, el corazón revuelto;
Y en el dinero, de su daño causa,
Hace una lastimosa y grande pausa.[5]

Sácalo afuera y míralo espantado, 8
Y vuélvelo por una y otra cara,
Y dice, en él absorto y asombrado:
"¡Oh caso nunca visto, o culpa rara!
¡Que a tal persona traje a tal estado!
¡Que esta moneda me costó tan cara,
Esta poca, esta indigna, esta vil tierra;
Y que ella ya en su vientre no me encierra!

Jesús y el dinero

"El dinero ¿quién es? Y ¿quién es Cristo?
El dinero un fingido y blanco lodo;
Cristo el oro mejor que el cielo ha visto,
Y el archivo perfecto del bien todo:
El dinero es el pérfido Anticristo[6]
Opuesto a Dios, si no en sustancia, en modo;
Y Cristo es el que vino a ser maestro
De la verdad, y fuelo, en verdad, nuestro.

"El dinero es el único instrumento
De que usa el mundo y se aprovecha el vicio;
Cristo de la virtud el fundamento
Y de Dios el más alto beneficio:
El dinero es un hórrido portento
Que tuvo al caos en su nacer propicio,
Pues pare confusión, causa maldades;
Y Cristo un sol de eternas claridades.

Judas toma conciencia de su pecado

"¿Por esta tierra y polvo congelado
Vendí yo, miserable, al rey del cielo?
¿Por éste cometí tan gran pecado?
¿En dónde hallaré a mi mal consuelo?
No en el cielo, que el cielo está enojado,
Ni en el suelo, que está bramando el suelo,
Porque vendí al Señor que los sustenta,
Por hambre destos polvos avarienta.

"Dárelo de limosna; que me acuerdo 12
Haber oído a mi Maestro sabio,
Que es el ladrón que da limosna, cuerdo,
Y que algo restituye de su agravio.
Mas ¡ay! que en todo con razón me pierdo,
Me ofusco y yerro, me atormento y rabio.
¿Quién tomará dinero tan maldito,
Precio infame de aquel Señor bendito?

"Quiero volver a su principio el daño,
Al mismo que lo dio volverlo quiero:
Mala pascua con él tenga y mal año;
Que tal me la ha causado su dinero.
Mas ¡oh locura grande, o ciego engaño!
¿En pedírselo yo no fui el primero?
Al fin dárselo importa: allá lo goce;
Mi culpa y su dinero se reboce."

Judas se dirige hacia los sacerdotes para devolverles el dinero

Llegando a los pontífices con esto,
Que la pascua en el templo celebraban,
Les declaró el espíritu molesto
Y crudos monstruos que le atormentaban.[7]
"Vuestros bienes tomad, llevadlos presto,
Dijo, avisando que ellos le abrasaban:
Pequé vendiendo por dinero al Justo,
De su inocente sangre precio injusto."

Ellos, pasmados de tan raro ejemplo:
"¿Qué se nos da?, dijeron: tú lo vieras."
Y él vertió las monedas en el templo,
Y admirar hizo a aquellas almas fieras.
¡Oh indignos sacerdotes! Yo os contemplo
Cual furias del infierno carniceras,
Bramando contra el pobre, arrepentido
Desto que contra Dios ha cometido.

Judas les expone sus propias dudas

Decidme, pues: o Cristo es inocente, 16
O no: si no, bien mereció en vendello[8]
Judas; luego, si ahora se arrepiente,
Es porque ve que hizo mal en ello.
Es justo y santo clara y ciertamente;
Y así errastes vosotros en prendello,[9]
Ayudando a su mal con vuestra culpa;
Por donde "tú lo vieras" no es disculpa.

Ni él la juzgó por tal; y así les dijo:
"Escuchad, ¡oh pontífices atroces!,
Que aunque pudiera, no seré prolijo;
Escuchad, escuchad mis tristes voces:
El varón justo, el soberano Hijo
De Dios, a vuestros ánimos feroces
Entregué yo frenético, no viendo
El furor desas almas estupendo.

"Si no, decidme, ¡oh padres!, ¿quién pensara
Que siéndolo, a tan dura y baja muerte
Vuestra envidia proterva condenara
Al que es del mismo Dios el brazo fuerte?
Notoria es mi maldad, mi culpa es clara,
Y el crimen vuestro de la misma suerte;
Y no os salva decir que yo lo viera,
Si ella es traición de todos cruda y fiera.

"Aquí mi mal explicaré patente;
Descargaré, hablando, mi conciencia:
Pues entregué sin causa al inocente,
Declararé con ella su inocencia.
Dios, Dios ¡oh sacerdotes!, no consiente,
Con su divina y sabia providencia,
Que muera yo callando las verdades
De sus virtudes y de mis maldades."

Los sacerdotes no desean escuchar a Judas y lo echan

Decir quisiera más; pero envidiosos
Del honor con aplauso a Cristo vuelto,
Le echaron los pontífices furiosos
De su cabildo, ya entre sí revuelto:
Él los dejó en el templo cuidadosos;
Y en defender a su Señor resuelto,
Por la ciudad aprisa caminando,
A todos desta forma iba hablando:

Confesión de Judas: reflexiona sobre su experiencia con Jesús

"Él es varón cumplidamente santo;
Siempre le vi hacer obras perfetas,[10]
Que me causaban un devoto espanto,
Aún en partes ocultas y secretas:
Sus palabras, que el mundo estima en tanto,
Puras, humildes, graves y discretas
Eran cuando trataba con nosotros,
Como cuando hablaba entre vosotros.

"En hechos de piedad gastaba el día,
La noche en oraciones ocupaba;
Ya milagros clarísimos hacía,
Ya tristes y afligidos consolaba;
Ya, humilde, su sermón nos repetía,
Ya, sabio, de su fe nos informaba:
Y en esto y en aquello, en parte y todo,
La sustancia era santa, y santo el modo.

"¡Qué de veces le vi dejar la mesa,
La mesa pobre y el manjar templado,
Y por la calle caminar aprisa
Por socorrer algún necesitado;
Y acabada una heroica y grande empresa,
Volver con pecho alegre y sosegado,
Y tener por espléndida comida
Favorecer a un ánima afligida!

"¡Qué de veces también de noche acaso, 24
Haciendo él oración en parte oscura,
Fui yo con sordos pies, con mudo paso,
Y entré y le vi cercado de luz pura!
Tanta, que el mismo sol era un escaso
Arroyuelo de gracia y hermosura,
Y él una clara fuente inacabable
De extraña luz y de beldad notable.

"¡Qué de veces los ángeles benditos
Ante él se arrodillaron en el suelo,
Y después con clamores infinitos
En himnos lo ensalzaron hasta el cielo!
¡Qué de veces con gozos exquisitos,
Dulces, nos dieron este gran consuelo,
Como a Señor mirándolo suave,
Y mandándolos él con frente grave!

"Él no; yo fui de aqueste mal suceso
La causa: yo y la mísera codicia
Dese dinero comenzó el proceso
De Cristo, y hoy lo acaba mi avaricia.
Quiero contar en público mi exceso,
Y dar al mundo de mi mal noticia:
Todos la sepan; y es de tal manera
De mi antigua pasión la historia entera:

"Por discípulo entré de mi Maestro,
Y fuílo con verdad algunos días,
Solícito y humilde, simple y diestro
En hacer, buen Jesús, lo que decías;
Y el enemigo del linaje nuestro,
Astuto y envidioso de obras pías,
Acechanzas me puso poco a poco,
En que yo tropecé cual ciego y loco.

"Procurador me hizo de su escuela;[11] 28
Con esto comencé a tener dinero:
¡Oh mal principio! Andaba con cautela
En el servir, y en el sisar ligero.
Quien este vicio infame no recela,
En cepo de oro, más terrible y fiero,
Se halla presto, sin poder salirse;
Porque es fácil entrar, difícil irse.

"Así yo, preso en él de buena gana,
Fui ladrón siempre, y siempre codicioso;
Que no se harta la avaricia humana,
Ni el que la tiene, tiene en sí el reposo.
El buen Jesús, por ciencia soberana
Sabedor de mis vicios, cuidadoso,
Una vez me avisaba con dulzura,
Y otras disimulaba con cordura.

"Yo nunca en la virtud aprovechaba;
Que soy a mil miserias inclinado,
Y en ésta que refiero caminaba
Cual si tuviera el corazón alado:
Una ocasión y otra ocasión buscaba,
Ratero ladroncillo mal usado;
Y en todo lo precioso que venía
Al colegio, ganancia pretendía.

Judas narra el suceso con Magdalena

"Cenó Jesús, ¡oh triste!, en una casa,
Y cenando llegó la Magdalena,
Y como nunca fue con él escasa,
Menos lo quiso ser en esta cena:
Ella en perfecto amor de Dios se abrasa,
Y a mí su amor divino me condena:
De ungüento un vaso derramó precioso
Sobre el cabello de Jesús hermoso.[12]

"Sentílo yo, porque sentí el provecho 32
Que de venderlo yo sacar pudiera;
Murmuré de su ilustre y santo hecho,
Como si perdición pródiga fuera:
Cristo, que penetraba mi mal pecho,
No con airado rostro y faz severa,
Sino con blanda voz y alma suave,
Me templó y corrigió, modesto y grave.

"Decía yo que fuera conveniente,[13]
Vender aquel ungüento y repartillo
Entre alguna afligida y pobre gente,
Pero no con espíritu sencillo;
Y respondió el Señor manso y clemente,
Como que le pesaba de decillo:
—Pobres siempre tendréis unos u otros,
Mas yo no estaré siempre con vosotros.

"Ungirme esta mujer es obra buena,[14]
Y servicio a mi muerte y sepultura:
A nadie cause su cuidado pena;
Que ella tiene su paga bien segura:
Será el prez y el honor de Magdalena
Esta unción de sus manos, blanda y pura,
Y en todo el mundo se sabrá la historia
De su piedad, honrando su memoria.—

"Yo rabiaba de cólera y enojos,
Por no haberme en la venta aprovechado;
Y desde allí con malos ojos
A Jesús y con pecho emponzoñado:
Hícele guerra, y pretendí en despojos,
No el ungüento en su nombre derramado,
Sino de su persona el precio mismo,
De un abismo cayendo en otro abismo.

Narración de los acontecimientos de la noche anterior

"Anoche, pues, cenamos el cordero, 36
Y él un sermón nos hizo milagroso,
Y dijo que su cuerpo verdadero
Nos daba por banquete generoso:
Con alma excelsa y corazón entero
Estuvo y con valor maravilloso,
Y nos lavó los pies, aunque sabía
Que de venderlo yo tratado había.

"Porque en la cena me habló diciendo:
—Haz lo que haces más apresurado.—[15]
Ayer no lo entendí; mas hoy lo entiendo,
Que fue poner delante mi pecado:
Sentí un ardor de llamas estupendo
Cuando pasé al estómago el bocado
Que él dijo ser su cuerpo y sangre noble,
Como entre fuego ardiente el seco roble.

"De allí me levanté, y me parecía
Que un demonio en los hombros me llevaba,[16]
O que yo en mis entrañas lo tenía,
Según era mi prisa y furia brava:
Llegué al concilio desta gente pía,
Que no sé con qué celo me aguardaba.
¡Las piernas ojalá se me partieran
Antes que en su cabildo me pusieran!

"Lo demás que pasó decir no quiero;
Bástame en lo que dije haber mentido:
Recibí por mi mal ese dinero;
Vuélvolo, de mi mal arrepentido:
Recójalo el senado lisonjero
Que con dulces halagos me ha perdido;
Y no basta decir: —Tú lo miraras,—
Siendo mis culpas y las suyas claras."

Así como el que bebe mucho vino,
Y ardiendo se le sube a la cabeza,
Está con un airado desatino,
Y la razón no acaba si la empieza,
Y bravo y triste va por el camino,
Y el paso a varias partes endereza,
Y suspéndese ya, ya se apresura,
Según el fuerte humor de su locura;

O como la feroz sacerdotisa
En el templo de Apolo endemoniada,[17]
Fingiéndose divina profetisa,
Andaba en mente y ojos elevada,
Ya aspacio, ya parándose, ya aprisa,
Y en todo con razón desatinada,
Pues llevaba en su pecho furibundo
Al insolente rey del caos profundo;

Judas se retira del senado

Tal se fue Judas, y dejó medrosos
A los que allí su plática escucharon,
Y en busca de los montes cavernosos
Voló, donde sus furias le aguijaron:
Ya fijaba los ojos codiciosos
Que a hambre de dinero le incitaron,
Y los clavaba atentos en el suelo,
Ya en sí, ya en sus cuidados, ya en el cielo.

Es acosado por Satanás

Satanás, el demonio que en la cena
Después entró del sumo sacramento
En su cuerpo, le daba horrible pena
Y nuevo y asperísimo tormento;
Y el alma triste y de pavores llena
Se la ofuscaba el infernal portento;
Y como que él así su mal decía,
Estas internas voces le infundía:

"¿Qué haces, miserable, o qué pretendes? 44
¿Qué pretendes o intentas, miserable?
¿Conoces tu maldad, tu culpa entiendes,
Y al Señor que ofendiste inexorable?
Si al ofensor y al ofendido atiendes,
Hallarás tu pecado inexcusable,
Y agotado con él la fuente inmensa
Que la gracia y perdón mana y dispensa.

"A Dios vendiste, no vendiste al hombre,
Al hombre solo; a Dios, a Dios vendiste:
Mira y penetra de Jesús el nombre,
Y la culpa verás que cometiste;
Y para que tu ingenio vil se asombre
Y vengas a saber lo que hiciste,
Quién es Dios y Jesús contempla y nota,
Y el mal verás de tu conciencia rota.

"Es Dios el mismo bien. ¿Qué más se puede
O más se debe en tu maldad decirse?
A cuanto se imagina Dios excede;
Que no es sujeto Dios para sentirse;
Y a tu culpa lo mismo le sucede,
Y así no tiene voz con que exprimirse,
Ni tan profundo y tan sutil conceto[18]
Que la dibuje con pincel perfeto.[19]

"Del abismo infinito de la nada
Dios te sacó, y produjo al ser humano;
Alma te dio de bienes adornada,
Y en ti sopló su aliento soberano.
¿Cómo ha sido esta dádiva estimada?
Por tu maldad la recibiste en vano;
Mas ¡ojalá que sólo en vano fuera,
Y contra el bienhechor no se volviera!

"Como el cuervo traidor, al dueño amigo, 48
Después de alimentado, atiende al ojo,
No para ser de su beldad testigo,
Sino para llevárselo en despojo;
Así tú, Judas, pérfido enemigo,
Siguiendo tu alevoso y fiero antojo,
A Dios mirabas, no para estimarle,
Sino para venderle y despojarle.

"Y ¡a Jesús, a Jesús (¿quién tal juzgara?)
Que te admitió a su noble y santa escuela!
¡Intolerable ofensa, culpa rara,
Que al mismo infierno con razón desvela!
¿Qué hallaste en aquella ilustre cara
Que a los supremos ángeles consuela,
Y en aquella mesura y ser, bastante
A enternecer entrañas de diamante?

"Y en aquellos compuestos ojos bellos
Que están por ti escupidos con salivas;
Y en aquellos gravísimos cabellos
Que hoy han mesado manos vengativas;
Y en aquellos sus labios, en aquellos
Labios o puertas de corales vivas,
Ya casi muertas, y en su voz, ¿qué viste,
Y en él todo, que así le aborreciste?

"Bien que no quedarás sin justa pena:
La pena llevarás de tu pecado;
Como tu culpa y la razón ordena,
Serás a eternos males condenado.
¿No te acuerdas que dijo allá en la cena
(Y hablaba contigo lastimado):
—Tuviera por mejor no haber nacido
El que me ha de vender?— Tú le has vendido.

"¿Qué aguardas, oh traidor? ¿Que resucite, 52
Y del sepulcro salga con victoria,
Y vida y fama, vencedor, te quite,
Y en tu sangre y honor bañe su gloria?
¿Esperas que los ánimos incite
De los que han de saber tu indigna historia
A que le venguen todos de ti mismo?
No es tanto bajar vivo al hondo abismo.

"Él dijo, bien lo sabes, que sería
Preso, azotado, y escupido, y muerto:
Ya se llegó, ya se llegó este día:
Parte de lo que dijo, sale cierto;
Y saldrálo también la profecía
Donde avisó que, habiendo en la cruz muerto,
Volvería a la luz resucitado:
Volverá, y pagarásle tu pecado.

"¿Quién podrá los inmensos resplandores
De aquel rostro mirar con ojos vivos,
Que no le opriman rígidos temblores,
Miedos y asombros tristes y nocivos?
Cuantos ahora claman vencedores,
Cobardes, temerosos, fugitivos,
Pedirán a los montes que los hundan,
O en el infierno mismo los confundan.

"Pues no aguardes a ver tan poderoso
Al que tan flaco por tu mal vendiste,
Y en alta dignidad maravilloso
Al que sin ella entre los pies trajiste,
Y Rey de todo el mundo venturoso
Al que para prenderlo traza diste:
No será tan horrible ver la muerte
Como ver su temida y buena suerte."

El crudo Satanás esto decía, 56
Y aquesto Judas con dolor pensaba;
El demonio sutil lo proponía,
Y el confuso traidor lo imaginaba:
El perdón de la gracia le escondía
Aquél, y éste también lo despreciaba;
La culpa sola, y sola la justicia
Pintando con rigor y con malicia.

Desesperación de Judas

Desesperado así, dijo el mezquino
Con voz horrenda y ansia intolerable:
"Dejad, mis pies, el infeliz camino;
Acábese mi vida miserable:
No quiero ver a Cristo, Rey divino,
En silla ilustre y pompa venerable:
Esta soga me apriete la garganta
Y quíteme el asombro que me espanta."

Dijo; y tiñóle el rostro desmayado
Una confusa amarillez horrible;
Todo el cabello se le alzó erizado,
Y el cuerpo le cubrió un sudor terrible:

Judas decide ahorcarse incitado por Satanás

A un tronco de higuera levantado[20]
Se subió, y el espíritu invisible
Le siguió para darle ayuda en ello,
Y echóse una gran soga al triste cuello.

Ató el cordel bruñido al ramo fuerte;
Y contra el cielo y contra sí rabioso,
Suspenderse dejó de aquesta suerte,
Al aire dando el cuerpo contagioso:[21]

Satanás queda satisfecho

Abrazóse con él la fiera muerte;
Y Satanás, contento y presuroso,
Hizo las veces de cruel verdugo,
Poniendo en su cerviz el mortal yugo.

Apenas hubo el alma despedido,
Cuando el aire cercano se alborota;
Y el viento, por el valle sacudido,
Barre el polvo y los árboles azota:
Por medio queda el mísero partido,
Y las entrañas por el medio brota,
Y el suelo apenas sustentarlas puede:
Tanto ellas manchan y el cadáver hiede.[22]

Octavas 61-86

Dolor de Jesús ante la muerte de Judas

Cristo con la sagrada ciencia infusa
Que lo secreto y lo distante mira
Y en su elevado ingenio está difusa,
Duélese en paz, sin novedad se admira:
Dentro en su mente a Satanás acusa;
Por el traidor con lástima suspira
Y gime; que es abismo de paciencia
Y un mar de amor y un cielo de clemencia.

"¡Que de mi escuela presa tal se lleve,
Dice entre sí, aquel lobo carnicero!
¡Que en mi ganado ya su hambre cebe,
Y mi senado no me deje entero![23]
¿Él, cuando yo padezco, a furor mueve
Las almas, por quien yo celoso muero?
¡Ah! ¿No bastaba ver a Dios atado,
Para que su cordel fuese quebrado?

"Mas ¡oh Judas traidor, Judas perverso,
Que así ofendiste mi piedad benina![24]
Falsa opinión y parecer diverso
Sacaste de mi altísima doctrina:
Yo vine a redimir el universo;
Mi pasión a clemencia se encamina;
Mal sentiste de mí, Caín moderno;
Y así te abrasará su fuego eterno."

Esto pensaba el único Dios Hombre, 64
Y de Judas la pérdida sentía;
Que el celo conformando con el nombre,
Salvarle con su sangre pretendía;
Pero en éste, a quien dio justo renombre
Su traición alevosa, otros mil vía[25]
De herejes patriarcas insolentes,
Falsos caudillos de engañadas gentes.

Lista de herejes que lo traicionarán como Judas

A los gnósticos[26] vía[27] deshonestos
Anegados en fuegos detestables,
Y a la cristiana castidad opuestos
Con vicios de lujuria abominables,
Y en nocturnos gravísimos incestos
Las leyes profanando venerables:
Traza del mismo infierno cautelosa,
Para hacer la cristiandad odiosa.

Y a Sabelio[28] también desvanecido
Queriendo penetrar con baja ciencia
El increado consistorio unido
En tres personas, pero en una esencia;
Y soberbio, furioso y engreído
Por no sé qué fantástica insolencia,
Negar la distinción que las divide
Y la unidad purísima no impide.

Y al ambicioso y vil Samosateno,[29]
Padre infeliz del mágico Anticristo,
Que de fe falto, de piedad ajeno,
Por hombre sólo predicaba a Cristo.
Por hombre de verdad y gracia lleno,
Mas en pura y mortal persona visto;
Contra el cual un concilio congregado
Por esto le quitaba el obispado.

Y aquél también que al Padre poderoso 68
Y al Parácleto espíritu que inclina[30]
A amor caritativo y religioso,
Acomodó la Encarnación divina
Y el género de muerte doloroso
Y la pasión de inmensa gloria dina[31]
Que sufrió solo el humanado Verbo,
A tres personas aplicó protervo.

Y Arrio,[32] que un hijo natural fingía
De Dios, menor que Dios en la excelencia,
Que antes del mundo producido había
Dios, pero no de su infinita esencia;
A quien la lumbre del eterno día,
Y sobre el mundo y tiempo la eminencia
Negaba; mas con esto su pecado
Le vio Cristo pagar desentrañado.

Y a Macedonio[33] vio, que al Amor santo,
Y por esencia Dios inaccesible,
No quiso dar el religioso canto
Que ofrece y debe a Dios la fe infalible,
Por no admitir que el uno y sacrosanto
Ser de aquella bondad indivisible
Sin distinción se halla en tres personas,
Y que una así merece en tres coronas.

Y al Catafriga y pérfido Montano[34],
Eunuco torpe, ayunador moderno,
Que enseñó con espíritu profano
Ser del eterno Dios el soplo eterno;
A quien el infeliz Tertuliano,
Áspero en vida, rígido en gobierno,
Siguió, primero insigne y gran maestro
Y en confundir herejes sabio y diestro.

Y a Manes,[35] padre de almas incipientes, 72
Por su loca promesa desollado,
Que fingió dos principios diferentes,
El uno al bien, el otro al mal usado;
Y en muchos siglos y diversas gentes
Fue por sumo profeta venerado;
Y la pasión de Cristo verdadera
Negó, formando della una quimera.

Y Apolinar,[36] que neciamente dijo
Que la Divinidad inestimable,
Naturaleza del eterno Hijo,
Era el alma de Cristo perdurable;
Y condenado, nunca se desdijo,
Si bien, como culebra deleznable,
Vistiendo nueva piel, se deslizaba;
Mas la antigua y herética ocultaba.

Y a Nestorio,[37] que en Cristo dos supuestos,
Accidental y flacamente unidos
Y a la Escritura y tradición opuestos,
Solemnizó con falsos apellidos;
A quien, saliendo con sus armas prestos
Los griegos y romanos más lucidos,
Vencieron y probaron que María
En carne al mismo Dios parido había.

Y al Eutiques[38], no menos extremado,
Que negó en Cristo dos naturalezas,
Después que el Verbo eterno fue encarnado,
Pobre manifestando sus riquezas.
¡Oh cuánto yerra el hombre confiado
En sus vanas y torpes agudezas,
Midiendo con su corto pensamiento
El infinito y sumo entendimiento!

Y el que a Cristo, de Dios propio y nativo 76
Hijo y del Padre altísimo conceto,[39]
Hombre le predicó, Hijo adoptivo;
Que es ser Hijo de Dios, más imperfeto:[40]
Falso maestro y a la fe nocivo,
Y de Nestorio seguidor secreto,[41]
Pues pide la adopción persona extraña,
Y a Cristo la de Dios siempre acompaña.

Y al otro que los mil años gloriosos[42]
Después del grande y general juicio,
Para los hombres en virtud famosos
Inventó por supremo beneficio:
Los cuales en la tierra venturosos
Y libres de cualquier terreno vicio
Habían de vivir en paz segura;
Como si ver a Dios no es más ventura.

Y al lascivo español Prisciliano,[43]
De la gnóstica cepa vil sarmiento,
Y en vano poderoso, y docto en vano,
Pues no tomó en sus penas escarmiento;
Que, de buen caballero cortesano,
Lobo se hizo de almas fraudulento,
Y en España infeliz heresiarca,
De hombres carnales sucio patriarca.

Y al otro mal nacido Vigilancio,[44]
Que al virginal espíritu igualaba
Del santo matrimonio el gran cansancio,
Y él de monje la vida profesaba:
Infame justamente Dormitancio,[45]
Como el dálmata ilustre le llamaba,
Y alma de los apóstatas modernos,
Dignos de arder en fuegos siempre eternos.

Y al que negó a la Virgen excelente,[46]
Madre de Dios y archivo de pureza
Y del Honesto amor cándida fuente,
Su inmaculada y única limpieza:
Contra quien Ildefonso,[47] diligente
Y sabio defensor de su entereza,
Escribió libros de inmortal doctrina,
Y la casulla recibió divina.[48]

Y al que rompió las ínclitas figuras
De los santos en ellas adorados,
Consuelos religiosos de almas puras,
En que ven sus amigos retratados;
Que no adoramos, no, las piedras duras
Y tablas do parecen dibujados;
Sino al santo en la imagen esculpido,
Y a su dibujo con el santo unido.

Y al que negó de la divina gracia
(Tú fuiste, ¡oh mal Pelagio[49] aborrecible!)
El gran poder y altísima eficacia,
A los pequeños sólo inteligible:
Maldiga Él bien tu dura pertinacia,
Bestia indomable, fiera incorregible.
¿No puede Dios prestar, para su intento,
Dulzura y eficacia al movimiento?

Y al que fundó la secta luterana,[50]
Monstruo del mundo, parto del infierno,
Que no creyó la libertad humana,
Viéndola él mismo en su infeliz gobierno;
Azote de la diestra soberana,
Después echado al fuego del infierno.
¡Oh si tu odiosa madre no naciera,
Oh, ya que mal nació, no te pariera!

Y al que ser producida antes del hombre 84
El alma racional dijo protervo,[51]
Y que el varón del saludable nombre
Murió para salvar al ángel siervo,
Y que tiempo vendría que el Dios Hombre
Glorificase al rey del caos superbo,
Allá verá en su daño el miserable
Cómo es siempre el infierno perdurable.

Y al primer enemigo malicioso[52]
De los siete sagrados Sacramentos,
O del más principal y generoso
Que se nos da en divinos alimentos;
Y otro perverso número copioso
De fieros monstruos y hórridos portentos,
Contrarios a su amada Iglesia pía,
Cristo en Judas con ciencia infusa vía.[53]

Víalo,[54] y con dolor al sumo Padre
Favor para su Iglesia demandaba,
Que ha de ser de infinitos hijos madre,
A quien tanto peligro amenazaba:
Al soberano Presidente cuadre
Librarnos siempre de la furia brava
Desta canalla herética insolente,
Pues de la santa Iglesia es Presidente.

Octavas 87-117
Judas en el Infierno

Mas cuando aquesto piensa el Rey benino,[55]
Del infierno la tropa inexorable,
Por un volcán abriéndose camino,
Sale a llevar el alma detestable,
Juzgada ya del tribunal divino
Y condenada al fuego intolerable;
El alma del apóstol avariento,
De injustas almas único escarmiento.

Ciégase el aire de confusa niebla, 88
Hínchese de cometas abrasados,
De noche opaca y hórrida tiniebla
Y de grandes pavores erizados:
De fantasmas también varias se puebla
Y fantásticos cuerpos desalmados;
Y un horrísono asombro el valle ocupa,
Que ahuyenta el vigor, la sangre chupa.

Invocación para describir el Infierno

¡Oh musa!, que el temor de Dios inspiras
Representando al alma justas penas,
Y gloriosa en el cielo atenta miras
Las mazmorras de horror y presos llenas:
Tú, que a enseñarnos la verdad aspiras,
Ardiente ahora infúndete en mis venas,
Y dame un pavoroso y grave canto
Que en voz dibuje el reino del espanto.[56]

Descripción del Infierno, nueva morada de Judas

Dime el lugar de aquella cárcel dura,
Sus hondas plazas, fuertes calabozos,
Su rabia, su dolor, su desventura,
Iras, tristezas, miedos, alborozos;
Y de aquel rey de la infernal clausura
Las crueldades y muertes y destrozos
Que hace, sin matar a los culpados,
Entre hielos y llamas ahogados.

Diré dónde llevaron al mezquino
Que al mismo eterno Dios en venta puso,
Si tú me prestas el favor divino
Que en santas almas suele estar difuso.
Debajo deste mundo cristalino
Que Dios con dulce variedad dispuso,
Hay un lugar que sirve a los furores
De atormentados y atormentadores.

Una ciudad que en vivas llamas arde, 92
Pero sin claridad su ardiente fuego;
Que una perpetua tenebrosa tarde
Hinche sus llamas de un asombro ciego:
La noche sola hace aquí su alarde,
Mas no con blando y general sosiego
Como acá, de mil furias y quimeras
Bravas y oscuridades verdaderas.

Ésta fue de los ángeles superbos
La segunda tristísima morada,[57]
Do viven obstinados y protervos
En muerte para siempre dilatada:
También los hombres de su gusto siervos
Tienen aquí su cárcel preparada;
Que si bien fue para demonios hecha,
Para castigo de almas aprovecha.

El suelo está de puntas mil cubierto
De agudo hierro en brasa convertido,
Cual pellejo de erizo armado y yerto,
Y en cada cual un gran dragón asido,
La fiera boca y el gaznate abierto
Para tragar al mísero afligido
Que en su parte le cabe, y vomitarlo
Al punto, y otra vez vivo tragarlo.

Es un hediondo y esponjado cieno
La materia del suelo tenebroso,
De emponzoñadas sabandijas lleno,
Y él también por sí mismo ponzoñoso:
Él brota llamas, y ellas dan veneno
Con que se ofusca el aire contagioso,
Do aparecen fantásticas visiones
De orcos, briareos, hidras, geriones.[58]

Las paredes en alto levantadas 96
Hacen horrenda y pavorosa sombra,
Y unas con otras entre sí pegadas,
Que el verlas solo con espanto asombra:
Tienen los cuerpos y almas apretadas;
Y esto no obstante, en la fogosa alfombra
Están tendidas con mortal angustia,
Corazón afligido y frente mustia.

Ni se ve cielo aquí, ni luz parece,
Mas en vez de apacible y rico techo,
Sobre la vista lúbrica se ofrece
Un grande monte de peñascos hecho,
Que, pendiente en el aire, se estremece
Y amenaza ruina, y cae derecho,
Y de caer no acaba de su cumbre,
Dando extraño temor y pesadumbre.

De aquí también, como de cielo, llueve
No fácil agua, mas ponzoña cruda,
Que, bebida, el estómago remueve,
Provoca a bascas, y colores muda;
Y porque más rigor consigo lleve,
Baja con tempestad fiera y aguda
De fuertes rayos, negros torbellinos,
Horribles truenos, bravos remolinos.

Están así las almas tiritando
De miedo triste, de pavor confuso,
Y entre ellas los demonios asombrando
Corren en escuadrón largo y difuso;
Y diversas injurias inventando,
Sólo el hacerles mal tienen por uso:
Jamás en esta parte hubo contento,
Ni apariencia de bien paró un momento.

Los siete calabozos del infierno

1. El calabozo de la soberbia

En grandes calabozos dividida,
Y llenos todos de sulfúreo fuego,
Está confusamente repartida
La tenebrosa cárcel del rey ciego:
El primero es de gente envanecida,[59]
Soberbia y obstinada al blando ruego,
Que a los pobres y humildes no estimaba,
Y de su honor el ídolo adoraba.

Ésta pasa la vida o ve su muerte
Allí, pisada con desdén terrible,
En fortuna infeliz y baja suerte,
Llorando su desprecio aborrecible;
Y juzga por mal grande y daño fuerte,
No estar en aquel punto inaccesible
Del honor soberano que tenía,
Cuando alabada en majestad vivía.

Allí moran los ínclitos señores
Que en este mundo fueron adorados;
Y para ser en dignidad mayores,
Como en ella, crecieron en pecados;
E injurias, vituperios, deshonores
Siempre los atropellan despreciados.
¡Oh Césares, Pompeyos, Curcios, Fabios![60]
¿Qué os valió ser tan fuertes y tan sabios?

2. El calabozo de la avaricia

En el segundo están los avarientos,[61]
Que del oro la espléndida materia
Juzgaron por el dios de sus contentos;
Y así por centro infame de laceria
Éstos pasan gravísimos tormentos
En dilatada y última miseria,
Desnudos, tiritando al hielo triste
Que entre rígidas nieves los embiste.

Allí se acuerdan de los breves años 104
Que en púrpura y holanda se les fueron,
Y de los ricos y flamencos paños
Que sus paredes con calor vistieron;
Y viendo ya sus miserables daños,
Lloran lo poco que a los pobres dieron.
¡Oh Midas! ¿qué te importa ya el tesoro,
Si al fin se convirtió en pobreza el oro?[62]

3. El calabozo de la lascivia

En el tercero están hombres lascivos
Que a su carne sirvieron asquerosa,[63]
Y allí de ardientes llamas fuegos vivos
Los encienden con fuerza poderosa:
De duro bronce toros vengativos,
En brasa transformados rigurosa,
Les queman rostro y brazos, pecho y piernas,
En esto edades padeciendo eternas.

Ratos pequeños de infeliz deleite
Con pena extraña en siglos infinitos,
Y el breve gusto de un fingido afeite
Pagan con males ciertos y exquisitos:
Ya en altas tinas de abrasado aceite,
Que encendieron sus mismos apetitos,
Ya en hondas nieves son atormentados:
¡Oh Alcides[64] locamente enamorados!

4. El calabozo de la ira

En la cuarta mazmorra están rugiendo
Hombres airados, rígidos leones,[65]
Sus propias carnes con dolor comiendo,
Y arpando con rigor sus corazones:
Tocan alarma siempre con estruendo,
De rabia llenos, llenos de pasiones,
Voceando contra ti, gran Dios, blasfemias
Porque con ira justa los apremias.

Arrójanles las furias infernales 108
Largas culebras de ásperas escamas,
Que, rompiendo sus pechos desleales,
En ellos soplan furibundas llamas:
La venganza, principio de mil males,
Y el odio cercan sus ardientes camas.
¡Oh modernos coléricos briareos![66]
Con tiempo reprimid vuestros deseos.

5. El calabozo de la gula

Los ricos y golosos avarientos,
Y en regalada mesa inexorables,
En la quinta mazmorra están, hambrientos
De los bienes que usaron deleitables;[67]
Y de aguas turbias con razón sedientos
Los que vinos vertieron admirables,
Fuegos beben, no quedan satisfechos,
Boca y lengua abrasados, vientre y pechos.

¡Oh tú, glotón, de Lázaro enemigo![68]
¿Adónde están las espléndidas holandas
Que te sirvieron de pomposo abrigo
Las dulces mesas y las camas blandas?
Ya eres de todo aquesto vil mendigo,
Agua te niegan, fáltante viandas,
Y llamas son tus ropas halagüeñas,
Y tus tiernos regalos, duras peñas.

6. El calabozo de la envidia

De ponzoñosas víboras ceñidos
Se mantienen los tristes envidiosos,[69]
En pantanos de nieve sumergidos,
De sus mismos venenos ponzoñosos:
Los corazones ásperos mordidos
También de viboreznos contagiosos,
Aúllan como perros lastimados,
De la gloria de Dios apesarados.

Tú, fundador de los soberbios muros 112
Que amasaste con sangre de tu hermano,[70]
Junto a los otros enemigos duros
Y odiados hijos del feroz tebano,
Que, por envidia contra sí perjuros,
Unirlos procuraba el fuego en vano,
De tu mismo Criador tienes envidia,
Y tu alma contigo, ardiendo, lidia.

7. El calabozo de la pereza

Y a los que la pesada y vil pereza
Movió con flojedad el paso lento,
Entre puntas de acero con fiereza
Trae jugando un ejército violento:
Gimen allí, sacuden su tibieza,
Y el suelo empapan en sudor sangriento,
De su profundo sueño arrepentidos,
Y en la séptima cárcel detenidos.[71]

Judas cometió todos los pecados y por eso merece un calabozo aparte

En éstas se reparten siete casas
Los grandes condenados pecadores,
Cubiertos siempre de encendidas brasas
Y llenos de agudísimos dolores;
Pero tú, Judas, que en maldad traspasas
A los portentos en pecar mayores,
Una cárcel ocupas, donde todos
Los males juntan sus diversos modos.

Que tú, en vender a Dios, soberbio fuiste
Y avaro, pues por precio le entregaste;
Y adulterio del alma cometiste,
Pues al divino esposo repudiaste;
Y a la pasión airada te rendiste,
Pues con tal brevedad lo ejecutaste;
Y a gula, pues el único alimento
Profanaste del sumo Sacramento.

Y el honor envidiaste religioso 116
Que hizo al buen Jesús la Magdalena,
Y en alcanzar virtudes perezoso
Fuiste en la escuela de virtudes llena,
Y centro de traidores alevoso;
Y así todo te culpa y te condena.
¡Oh mísero infeliz desesperado!
Que fue a la postre tu mayor pecado.[72]

Por eso aquellas furias infernales
En una cárcel nueva le pusieron,
Donde, mezclados en tropel, los males
De todas las mazmorras le siguieron;
Y porque en su maldad no tuvo iguales,
Solo y siempre cercado le tuvieron;
Y así, entre ardor y hielo, noche y nieblas,
Le confunden horrores y tinieblas.[73]

Judas permanece para siempre en el Infierno

Octavas 118-150
Pilato no sabe qué hacer con Jesús

Mas en tanto, admirado el presidente
Del furor contumaz y entera saña
Y cruda envidia de la hebraica gente
Que al popular estrépito acompaña,
Ni se atreve a seguir el fuego ardiente
De aquel ímpetu loco y furia extraña,
Ni a repugnar su bárbaro deseo;
Y un medio escoge grave, odioso y feo.

Ordena que Jesús sea azotado

Manda azotar a Cristo,[74] imaginando
Templar así la rabia poderosa
De aquel perverso y enemigo bando,
Que, contra Dios rugiendo, no reposa.
Ya vas la santa rectitud doblando
Con débil pecho y alma temerosa,
¡Oh Pilato! Ya tuerces la justicia.
¡Ah! ¿Tanto puede una vulgar malicia?

Tú mismo, ¿no juzgaste su inocencia, 120
Y en público por tal la confesaste,
Su valor viste, y viste su prudencia,
Y encogiendo los hombros, la admiraste?
Tú mismo, ¿no tuviste reverencia
A aquel divino aspecto que alabaste?
¿Cómo a tanto castigo le condenas,
Si solas culpas dignas son de penas?

Pensó Pilato que importaba poco
Romper la soga por lo más delgado,
Y el que de un rey tenido fue por loco,
Ser, aunque contra leyes, azotado.
¡Oh mi Dios! Tu favor ahora invoco,
Ahora, que te miro despreciado;
Y tanto, que no juzga el presidente
Tu afrenta vil por grande inconveniente.

Un corazón devoto, un alma pía
Me presta y un sencillo entendimiento,
Y una amorosa voluntad me envía
Desde tu celestial divino asiento,
Que inflame y gaste la tibieza mía,
Y en mí conciba un alto pensamiento,
Y engendre un singular y nuevo canto
Envuelto en ronca voz y triste llanto.

Pobre consideró Pilato a Cristo,
De condición humilde y pecho afable,
Y con la turba popular malquisto,
Y más con el senado inexorable:
No había de su parte y causa visto
Un defensor siquiera favorable,
Y así entendió que nadie se quejara,
Aunque fuese la injuria enorme y clara.

No Cristo, que un silencio valeroso 124
Opuso en contra de su grave ofensa,
Y un ánimo en sufrir maravilloso,
Juzgó por ilustrísima defensa;
Ni aquél su apostolado religioso,
Que a su amor dio tan mala recompensa,
Ni sus amigos, que cobardemente
Del peligro huyeron aparente.

Atrevióse por esto a sentenciarlo,
Y complacer a la canalla fiera
Que a muerte procuraba condenarlo,
Cual si la muerte en Dios vida no fuera.
¡Oh mal juez! ¿No temes azotarlo,
Y dar pena de culpas tan severa
Al autor inmortal de la justicia,
Porque ni hay quien reclame a tu malicia?

Pilato decide sentenciar a Jesús

Pues quejaráse della el mismo cielo,
Y cubrirá su faz de negro luto,
Y al mundo triste negará el consuelo
De la luz clara, que es su propio fruto:
Quejaráse también sentido el suelo,
Y a tan grave dolor dará en tributo
Piedras partidas con terrible espanto,
Que así hagan en ronco son su llanto.

Quejaránse las hondas sepulturas,
Abriendo a los difuntos venerables
Con llaves de horror las cerraduras,
Por do giman con voces lamentables;
Y quejaránse todas las criaturas
Con muestras de su pena memorables,
Pidiendo contra ti la grande afrenta
Del supremo Señor que las sustenta.

Con todo, manda que azotado sea, 128
Y dice al duro pueblo que, azotado,
Darle cumplida libertad desea,
Con el castigo viéndolo enmendado:
Con esto su injusticia colorea,
Y complacer pretende al mal senado.
¿Qué hallaste, ¡oh loco!, en ese Rey divino,
Digno de corrección, de enmienda dino?[75]

¿Los sermones que hace milagrosos,
Que ablandan pechos, justifican almas?
¿Los prodigios que acaba misteriosos,
Merecedores de perpetuas palmas,
Y que del mar los ímpetus furiosos
Convierte en frescas y apacibles calmas?
¿Que cura enfermos, resucita muertos,
Y multiplica el pan en los desiertos?

¿Dignas de corrección, dignas de enmienda
Son estas obras de su mano santa,
Para que el hombre la verdad aprenda
Que al cielo, de la tierra, lo levanta?
Enmienda, injusto presidente, enmienda,
Con fuerza inclina, con rigor quebranta
El cuello altivo y corazón sañudo
Dese cabildo atroz y pueblo crudo.

Desos patriarcas homicidas,
Que al Profeta evangélico aserraron,[76]
Y las preciosas y admirables vidas
A Jeremías[77] y Abacú[78] quitaron;
Y con sus manos, en crueldad teñidas,
Entre el altar y templo degollaron
Al sabio Zacarías[79] porque dijo
Que Cristo era del Padre Eterno el Hijo.

A esos enmienda, y tus acciones rige, 132
Que te arrojas cobarde a la injusticia;
Tu miedo enfrena, tu ambición corrige,
Y osado sigue la virtud patricia:
A defender al mismo Dios dirige
La vara que él te dio de la justicia,
Y enmendar no procures indiscreto
La igualdad suma y el saber perfeto.[80]

Pero mándalo, y hácese al instante.
Y ¿Cristo va a sufrir tan grave pena?
¿Dios a ser azotado? Al cielo espante
Humildad tal de amor y asombro llena:
Así fue que la casa rutilante,
Rica de gozo, y de pesar ajena,
Se estremeció, y el Rey omnipotente
Llamó a sus cortes a la empírea gente.

La muestra sola de su digno imperio,
En su divina mente declarada,
Al Ártico y Antártico hemisferio
Hizo temblar de la región sagrada;
Y el sol paró su carro al gran misterio,
Y turbóse la luna plateada,
Y el bello coro de la octava cumbre
Con reverencia suspendió su lumbre.

Los seres celestiales sufren ante los azotes de Jesús

Vinieron los espíritus hermosos
Que el río beben de la eterna gloria,
Desde el punto que humildes y animosos
A Lucifer ganaron la victoria;
Y a los palacios de su rey preciosos,
Do vive deste hecho la memoria
En dibujos que de oro se formaron,
Las rodillas devotos inclinaron.

Y el sumo Padre abrió su hondo pecho, 136
Aun a las sacras mentes escondido;
Que es de Dios propio y singular derecho
El ser sólo de sí comprendido;
Y lo que había en Cristo el mundo hecho,
En una idea lo mostró esculpido,
Y la injuriosa y grave y triste afrenta
Que en azotarlo como a siervo intenta.

Encogieron sus alas, admirados
Viendo tal, los ardientes serafines,
Y sus ojos cubriendo avergonzados,
Alto asombro ciñó a los querubines:
Los tronos abatieron, espantados,
Al suelo sus guirnaldas de jazmines,
Y las dominaciones excelentes
Olvidaron sus cetros eminentes.

Los grandes principados se hundieron
En un abismo de humildad notable,
Las sumas potestades voces dieron
Con justo celo y ánimo aceptable;
Y las virtudes más virtud pidieron
Para vengar la ofensa intolerable;
Los arcángeles gloria a Dios clamaron;
Y al hombre paz los ángeles cantaron.

Retumbó el cielo cóncavo al sonido
De la extraña y suave melodía;
Que allí el asombro es luz, gozo el gemido,
El celo paz, y el llanto es alegría:
El Padre, pues, del Verbo esclarecido,
Junta ya la gloriosa compañía,
Moviendo con amor sus corazones,
Estas dijo gravísimas razones:

El Padre envía a los ángeles a consolar a su Hijo

"El hombre azota a mi sagrado Verbo,
Por el hombre a la tierra descendido;
Honrad el espectáculo de siervo
Que hacer a mi Hijo he permitido:
El hombre muestra un ánimo protervo,
Y él para el hombre un ánimo rendido:
Id aprisa, y veréislo; y no cansados,
Le dad mil alabanzas humillados."

Dijo el Eterno Padre y Rey clemente,
Y a cada cual le dibujó en el seno
El consuelo que instaba conveniente
Al Hijo, de mortal congoja lleno;
Y al punto el escuadrón resplandeciente
Que alegre huella el cielo más sereno,
Obedeciendo sale por las puertas
Que están siempre a los ángeles abiertas.

Cual suele en el otoño borrascoso,
Cuando azota los árboles el viento,
Bajar en monte oscuro o valle umbroso
El ejército de hojas macilento;
Que al batir de las ramas presuroso,
Y del cierzo al espíritu violento,
En tierra dan con fuerza, desasidas
De los pezones con que están unidas;

O cual las aves, nuncios del verano
Y de la fraternal fingida pena,
Huyendo, el suelo dejan africano
Con justo miedo de su ardiente arena;
Que en muchedumbre y escuadrón lozano
Las frescas flores de la Europa amena
Vencen y buscan, halagando al día
Con nueva chirriadora melodía;

Tal se descuelga por el aire apriesa[81] 144
La gran tropa de espíritus al suelo,
Que de arreboles una lluvia espesa
Parece, que despide el mejor cielo:
De amar a Dios y de cantar no cesa
En el discurso de su limpio vuelo
La bella escuadra, como a los albores
Del alba roja dulces ruiseñores.

Alaban al que tanto ha padecido
Por el hombre mortal, en carne humana,
Y voz de pena y canto de gemido
Mezclan en su armonía soberana;
Que es suavidad envuelta en un sonido,
Que, causando temor, dulzura mana,
Confección propia de ángeles prudentes
Que imitan nuestros varios accidentes.

Los ángeles llegan hasta donde está Jesús

Van a Salén, y a Cristo maniatado
Ven, y los ojos en la tierra puestos,
Los ojos de aquel rostro mesurado,
Graves y con hermosa luz honestos:
Los ojos en que el sol avergonzado
Se mira como en soles dos modestos;
Los ojos que a las almas enamoran,
Y el cielo de lucientes rayos doran.

Ven los ojos en tierra y ven las manos
Apretadas atrás; las manos fuertes
Que adoran los empíreos cortesanos,
Y donde están del bien las varias suertes;
Las manos que los ínclitos ancianos
Que huellan vidas y desprecian muertes,
Besan, y rinden sus coronas bellas,
Forjadas de purísimas estrellas.

Ven escupido el rostro venerable, 148
El rostro de su Dios ven escupido;
Y el cabello de obrizo inestimable,
Enmarañado ven y escarnecido;
Y el cuerpo de belleza incomparable,
De polvo y sangre y de sudor teñido,
Con sogas preso, atado con cordeles
Y cercado de bárbaros crueles.

Venlo, y de verlo así quedan pasmados;
Y dicen: "¿Es aquéste el Rey Eterno,
Que a nosotros, espíritus sagrados,
Mantiene y rige con feliz gobierno;
Por cuyo gran poder fuimos criados,
Con ser sobre los tiempos eviterno,
Y nos produjo en un instante solo,
Hollando el mismo excelso y grande polo?"

Los ángeles permanecen con Jesús

Esto y más dicen; y del bajo suelo,
Donde Cristo los mira en el pretorio,
Hacen un asombrado y alto cielo
Y un celestial y angélico auditorio:
Y humildes notan con ferviente celo,
Como desde un supremo consistorio,
El mayor espectáculo que han visto
Al santo amor representar de Cristo.

Fin del libro séptimo.

Libro VII - Notas

[1] El sueño de la esposa de Pilato se narra por completo en el libro IV del poema. Aparece mencionado en el Evangelio de Mateo (27, 19), pero en el Evangelio de Nicodemo de los Apócrifos, hay una versión más amplia en la que además, el poder de Jesús se confirma atribuyéndole artes de magia:

> Cuando vio esto Pilato, se llenó de miedo y se dispuso a dejar el tribunal. Pero, mientras estaba aún pensando en levantarse, su mujer le envió esta misiva: "No te metas para nada con este justo, pues durante la noche he sufrido mucho por su causa.: Pilato entonces llamó a todos los judíos y les dijo: "¿Sabéis que mi mujer es piadosa y que propende más a secundaros en vuestras costumbres judías?" Ellos dijeron: "Sí, lo sabemos." Díjoles Pilato: "Pues bien, mi mujer acaba de enviarme este recado: No te metas para nada con ese justo, pues durante la noche he sufrido mucho por su causa." Pero los judíos respondieron a Pilato diciendo: "¿No te hemos dicho que es un mago? Sin duda ha enviado un sueño quimérico a tu mujer." (II, 1)

Por su parte, el argumento que ofrece Vida en *Christiados* es el siguiente:

> Meanwhile the Roman's wife, appalled by nightmares, warned him not to become stained with the youth's blood, but to disengage himself from the prisoner because God threatened great portents in her dreams. "This man," she said, "this noble man was a white lamb. (Never are my dreams insubstantial fantasies.) Dogs closed round it, and a whole band of shepherds attacked it with clubs. Soon all the pastures and meadows and their familiar glades wept for it when it was dead. But the high-thundering Father, stirred to visible wrath, raged from above against the murderers. At once all parts of the sky seemed to collapse in turmoil, and fearful hail beat down on forest and field. Then suddenly a voice was heard from on high, riding the winds: 'Spare God, O Roman, and curb the madness of men.'
> "Assuredly, I believe him to be of the race of the gods, and you too are aware of this. Do not pollute your hands. Do not shed holy blood, my husband, May the serene sky-dwellers themselves ward off these portents from us. May the strike down the Jews alone and threaten only that race." (207)

[2] conceto = concepto

[3] El evangelista Lucas es el único que menciona el pasaje de Jesús ante Herodes, en cuyo final añade: "Aquel día Herodes y Pilato se hicieron amigos, pues antes estaban enemistados." (23, 12)

[4] Esta descripción del poeta corresponde a los rasgos personales de Satanás definidos ya en términos bíblicos:

1) Es un homicida (Juan 4, 44)
2) Es un mentiroso (Juan 8, 44)
3) Es un pecador fijado ya en el pecado (1Juan 3, 8)
4) Es un acusador (Apocalipsis 12, 10)
5) Es un adversario (1Pedro 5, 8)

[5] Sobre la muerte de Judas, el poeta realiza una paráfrasis completa del Evangelio de Mateo en el que aparece narrada de la siguiente manera:

> Entonces Judas, el que le entregó, viendo que había sido condenado, fue acosado por el remordimiento, y devolvió las treinta monedas de plata a los sumos sacerdotes y a los ancianos, diciendo: "Pequé entregando sangre inocente." Ellos dijeron: "A nosotros, ¿qué? Tú verás." Él tiró las monedas en el Santuario; después se retiró y fue y se ahorcó. Los sumos sacerdotes recogieron las monedas y dijeron: "No es lícito echarlas en el tesoro de las ofrendas, porque son precio de sangre." Y después de deliberar, compraron con ellas el Campo del Alfarero como lugar de sepultura para los forasteros. Por esta razón ese campo se llamó "Campo de Sangre," hasta hoy. Entonces se cumplió lo dicho por el profeta Jeremías: Y tomaron las treinta monedas de plata, cantidad en que fue apreciado aquel a quien pusieron precio algunos hijos de Israel, y las dieron por el Campo del Alfarero, según lo que me ordenó el Señor. (27, 3-10)

[6] Es evidente que el poeta condena la ambición de los conquistadores en su búsqueda por tesoros. En su propia concepción, el mejor oro es Cristo, pero la ceguera que les causa su ambición no les permite apreciarlo.

[7] Judas trata de devolver el dinero maldito. Desesperación de Judas. (Mateo 27, 3-10)

[8] vendello = venderlo

[9] prendello = prenderlo

[10] perfetas = perfectas

[11] Judas empieza la confesión de sus pecados.

[12] Jesús es ungido por Magdalena. La primera versión es: "Estando él en Betania, en casa de Simón el leproso, recostado a la mesa, vino una mujer que traía un frasco de alabastro con perfume puro de nardo de mucho precio; quebró el frasco y lo derramó sobre su cabeza." (Marcos 14, 3)

La segunda versión es más breve: "Entonces María, tomando una libra de perfume de nardo puro, muy caro, ungió los pies de Jesús y los secó con sus cabellos." (Juan 12, 3)

Tanto Marcos como Juan especifican la calidad del perfume: nardo, extracto de una planta aromática de la India. En Marcos la abundancia se percibe con el hecho de que la mujer quebró el frasco y en Juan en la cantidad de perfume. Una diferencia que cabe hacer notar es que Marcos habla de los cabellos de Jesús, mientras que Juan habla de los pies de Jesús, secados con los cabellos de María. En el poema se puede ver una combinación de ambas versiones.

[13] Según los evangelistas Mateo y Marcos fueron los discípulos los que se enfadaron con la mujer y consideraron su acción un despilfarro. Mientras que Juan hace hincapié en la envidia de Judas:

> Dice Judas Iscariote, uno de los discípulos, el que lo había de entregar: "¿Por qué no se ha vendido este perfume por trescientos denarios y se ha dado a los pobres?" Pero no decía esto porque le preocuparan los pobres, sino porque era ladrón, y como tenía la bolsa, se llevaba lo que echaban en ella. Jesús dijo: "Déjala, que lo guarde para el día de mi sepultura. Porque pobres siempre tendréis con vosotros; pero a mí no siempre me tendréis." (12, 4-8)

[14] Ante el enfado de los discípulos, Jesús responde:

> "¿Por qué molestáis a esta mujer? Pues una 'obra buena' ha hecho conmigo. Porque pobres tendréis siempre con vosotros, pero a mí no me tendréis siempre. Y al derramar ella este ungüento sobre mi cuerpo, en vista de mi sepultura lo ha hecho. Yo os aseguro: dondequiera que se proclame esta Buena Nueva, en el mundo entero, se hablará también de lo que ésta ha hecho por memoria suya." (Mateo 26, 10-13)

Los judíos dividían las "buenas obras" en limosnas y acciones caritativas, a éstas últimas se les consideraba superiores, y entre otras cosas, comprendían la inhumación de los muertos. Por lo tanto, al preparar a Jesús para la sepultura, la mujer ha hecho una obra más importante que dar limosna.

[15] La advertencia de Jesús a Judas aparece en el libro I del poema. Se localiza en los cuatro evangelios: Mateo (26, 21-25); Marcos (14, 18-21); Lucas (22, 21-23) y Juan (13, 21-27).

[16] Al parecer, una de las obras de Satanás con relación a la misión redentora de Jesús, fue tomar posesión del cuerpo de Judas para la traición: "Entonces Satanás entró en Judas, llamado Iscariote, que era del número de los Doce." (Lucas 22, 3) y "Y entonces, tras el bocado, entró en él Satanás." (Juan 13, 27)

[17] Judas actúa como la profetisa de Apolo. En la tradición griega, las sibilas se consideraban relacionadas con Apolo, dios de la profecía: en el oráculo de Delfos, en Grecia, la profetisa, llamada pitia o pitonisa, era sacerdotisa de Apolo. Masticaba hojas de laurel, el árbol de Apolo, para sumirse en trance profético; o bien se sentaba en un trípode sobre una grieta del terreno con el propósito de inhalar vapores volcánicos tóxicos. Sea cual fuere el método empleado, se creía que el dios era su inspiración directa, enunciando a través de ella sus ambiguos oráculos.

En *La Eneida*, la sibila de Cumas aparece como guía. Ella le entrega a Eneas la Rama Dorada, credencial mágica para el más allá, y luego les guía, a él y a sus hombres, a las puertas del mismo, en el lago Averno. (VI)

[18] conceto = concepto

[19] perfeto = perfecto

[20] Hojeda se basa en una de las leyendas de la tradición post-bíblica en la que se afirma que Judas se ahorcó en un tronco de higuera. No se conocen con precisión los orígenes de esta leyenda.

[21] La muerte de Judas: "Él tiró las monedas en el Santuario; después se retiró y fue y se ahorcó." (Mateo 27, 5) Con esto, Judas comete uno de los seis Pecados contra el Espíritu Santo que es la "Desesperación de la misericordia de Dios." De acuerdo a la doctrina católica, los otros cinco son:

- Presunción de salvación sin ayuda de Dios.
- Impugnación de la verdad.
- Envidia de los bienes espirituales del prójimo.
- Obstinación en el pecado.
- Propósito de morir sin penitencia.

[22] Hay una versión en el Libro de los Hechos que alude a las entrañas de Judas:

> Hermanos, era preciso que se cumpliera la Escritura en la que el espíritu Santo, por boca de David, había anunciado ya acerca de Judas, que fue guía de los que prendieron a Jesús. Porque era uno de los nuestros y obtuvo unpuesto en este ministerio. Éste, pues, con la paga de su crimen compró un campo y cayendo de cabeza, reventó por medio y todas sus entrañas se esparcieron." (Hechos 1, 16-18)

[23] Como buen pastor, Jesús se duele de ver que una de sus ovejas ha sido perdida y arrebatada por el lobo, en este caso, por Lucifer. Las palabras del buen pastor en el Evangelio de Juan son:

> Yo soy el buen pastor.
> El buen pastor da su vida por las ovejas.
> Pero el asalariado, que no es pastor,
> a quien no pertenecen las ovejas,
> ve venir al lobo,
> Abandona las ovejas y huye,
> Y el lobo hace presa en ellas y las dispersa,
> Porque es asalariado
> Y no le importan nada las ovejas.
> Yo soy el buen pastor;
> Y conozco mis ovejas
> y las mías me conocen a mí. (10, 11-14)

[24] benina = benigna

[25] vía = veía

[26] El gnosticismo fue un movimiento religioso de los primeros siglos de la era cristiana. Fue considerado herético por la Iglesia Católica Antigua. Aunque no existe consenso acerca de sus orígenes, se sabe que sus raíces vienen del helenismo grecorromano.

Los gnósticos insistían en la salvación mediante una sabiduría secreta o gnosis. Proclamaban el conocimiento superior basado especialmente en principios filosóficos, misterios de iniciación, ciertas doctrinas cristianas y elementos de magia. Fue gracias a este carácter ecléctico que penetraron a las comunidades cristianas. Se caracteriza por su dualismo ontológico, la lucha entre el Dios trascendente y un demiurgo. La creación del mundo material es el resultado de la caída de la "Sofía." Un redentor enviado por Dios trae la salvación mediante la gnosis secreta.

Se ha hablado de tres tipos importantes de gnosticismo: mitológico, filosófico-religioso y mágico vulgar. También se señala su mixtura con la fe cristiana, con ciertas creencias orientales y judías, y su presunción de alcanzar un conocimiento intuitivo y misterioso acerca de los asuntos divinos.

[27] vía = veía

[28] Sabelio. Fue residente en Roma alrededor de 215, negaba el dogma de la Trinidad en el sentido admitido por la Iglesia. El sabelianismo fue un movimiento teológico del siglo III que enseñaba que la Trinidad forma una sola persona manifestada bajo tres aspectos sucesivos: Padre, Hijo y Espíritu Santo. En cierta forma era una versión de un movimiento teológico anterior: el monarquianismo del siglo II en Asia Menor y Roma.

A pesar de ciertas apariencias de ortodoxo, el término monarquianismo se aplicó a partidarios de un punto de vista unipersonal y no trinitario. La palabra "monarquía," utilizada por algunos para describir esta posición, tiene relación con la primacía de Dios como Padre, mientras que el Hijo y el Espíritu Santo serían modos reveladores y temporales de la autorrevelación del Padre. Los sabelianos fueron objeto de fuertes críticas por parte de Tertuliano.

Por su parte, Sabelio insistió en aceptar la deidad de Cristo a la vez que se mantenía la unidad de Dios. Para él, las personas de la Trinidad eran en realidad modos o manifestaciones de Dios.

[29] Samosateno. Es el padre de Simón Mago que se hizo pasar por Mesías.

[30] Parácleto. Paráclito. El sustantivo griego parakletos sólo se emplea en los escritos de Juan (14,16-26; 15, 26; 16, 7, 13-15) y 1Juan (2, 1). Primitivamente, parece que tuvo sentido pasivo (aquel que es llamado en ayuda, advocatus); pero en los textos citados de Juan la palabra tiene sentido activo "ayuda, defensor, protector." El título de "Paráclito" no es ningún nombre propio del Espíritu Santo, pues en 1Jn 2,1 designa a Jesús como intercesor de sus fieles ante el tribunal celestial; en Juan 14,16 se llama al Espíritu "otro paráclito" por comparación con Jesús. El título no indica el nombre, sino la función de

Jesús o del Espíritu concebido como una persona.

[31] dina = digna

[32] El arrianismo fue un movimiento teológico en el cristianismo. Arrio, (ca. 256-336), presbítero de la iglesia de Alejandría, aceptó de cierta forma la divinidad de Cristo, pero afirmó que la Segunda Persona de la Trinidad no era coeterna con el Padre, sino que fue engendrada y no existía con anterioridad a ese hecho. Arrio estuvo bajo la influencia de Luciano de Antioquía y de Eusebio de Nicomedia. Para Arrio, el hijo de Dios no era eterno y por tanto no era Dios por naturaleza ya que fue "engendrado," sino que era una criatura que recibió la alta dignidad de Hijo de Dios por su condición de justo y de su fidelidad incondicional.

[33] Macedonio fue obispo de Constantinopla durante seis años a mediados del siglo IV. Los macedonianos sólo reconocían dos personas en Dios y, por tanto, negaban la doctrina de la Trinidad. Sus puntos de vista fueron condenados por el Concilio de Constantinopla en 381 y esta secta dejó de existir.

[34] Montano. Siglo II. Sacerdote Frigio de Cibeles en el Asia Menor, convertido al cristianismo. Se presentó como enviado del Espíritu Santo para completar la Revelación de Jesús. El montanismo, llamado también herejía frigia, fue un movimiento cristiano de la antigüedad conformado por los seguidores de Montano, quien proclamó la inminencia del fin del mundo y el advenimiento de la Nueva Jerusalén. Montano se opuso a cierto relajamiento de las estrictas normas que caracterizan al cristianismo original. Sin embargo, el rigorismo ético de los montanistas provocó reacciones negativas entre otros grupos. Montano y dos mujeres de su iglesia afirmaban tener el don de la profecía. La mayor dificultad de otros cristianos fue que algunos de sus seguidores le consideraban el "Consolador" que Jesús había prometido.

Entre sus partidarios estuvo el famoso teólogo Tertuliano (c. 207), quien se unió a los montanistas durante los últimos años de su vida.

[35] Manes o Manetos, del siglo III. Fundador del maniqueísmo, religión dualista del Oriente. Esta religión combinaba elementos de cristianismo, religiones babilónicas y mitraísmo. En el maniqueísmo se encuentran elementos mezclados de ritos, organización, teología y metafísica de ésas y otras religiones.

Los maniqueos se caracterizaban por enseñar acerca de dos raíces o principios básicos: la luz y las tinieblas. El reino de la Luz se vio invadido por Satanás, procedente de la región de las Tinieblas. El Hombre primordial, engendrado por el dios de la Luz, fue vencido y el Eterno tuvo que rescatarlo por intermedio de un Enviado. Por otra parte, la especie humana es descendiente de Adán, supuestamente engendrado por Satanás, y por Eva, la sensualidad seductora encarnada. Tanto los Mensajeros de la Luz como Manes (el mayor Enviado, el Paráclito o Consolador), han tratado de hacer más accesibles a la humanidad el beneficio de la Luz y el sendero de la virtud.

El maniqueísmo fue destruído gradualmente por el Imperio Bizantino, y perseguidos por la Iglesia Romana. San Agustín fue partidario del maniqueísmo antes de convertirse al cristianismo.

[36] Los esfuerzos por relacionar la humanidad y la deidad de Cristo dieron lugar a varias herejías: eutiquianismo, monoteísmo y apolinarismo.

Apolinar, el obispo de Laodicea, insistió en la verdadera y absoluta deidad de Cristo como reacción contra los que insistían en su verdadera humanidad. También afirmó que Cristo tuvo un cuerpo humano espiritualizado. Para Apolinar, el Logos sustituyó a la inteligencia humana en Cristo. Como herejía cristológica, se trataba de una reacción contra el arrianismo y el gnosticismo. Esta doctrina fue condenada por el segundo Concilio de Constantinopla (381 d.C.)

[37] Nestorio. Fue discípulo de Teodoro de Mopsuestia elevado al Patriarcado de Constantinopla en 428 d.C., rechazó el título de Theotokos (madre de Dios) otorgado a la Virgen María insistiendo en el de Christotokos (madre de Cristo). Nestorio enseñó que en Cristo existían dos naturalezas no unidas entre sí: la divina y la humana. En la teología nestoriana a la humanidad de Jesús se le otorgó la forma de la deidad y la humanidad asumió forma de siervo, con el resultado del prosopon de Jesús de Nazaret, una persona con dos naturalezas. Es decir que el Verbo había habitado en la carne sin haber sido hombre. Sus principales opositores fueron los partidarios del monofisismo.

El Concilio de Éfeso (431) lo declaró hereje y fue depuesto como Patriarca y deportado de Antioquía. Los obispos orientales que rechazaron las decisiones del concilio se organizaron aparte y se les dio el nombre de nestorianas a sus iglesias y al movimiento se le conoció como Iglesia Siríaca Oriental de Mesopotamia. En el siglo XVI un sector se unió a Roma con el nombre de cristianos caldeos. Otros adoptaron una teología jacobita o monofisita, y un sector todavía permanece activo con las doctrinas originales, especialmente en Kurdistán.

[38] Eutiques. Eutiques era visto como un patriarca entre los monjes. Tuvo una gran influencia en la corte e implantó una herejía en oposición a la de Nestorio, el monofisismo. Para Eutiques, nuestro Señor fue verdadero dios, pero no de dos naturalezas, por lo que niega su naturaleza humana y afirma únicamente la divina. Dióscoro fue sucesor de Cirilo en Alejandría y apoyó esta herejía.

[39] conceto = concepto

[40] imperfeto = imperfecto

[41] La herejía de Nestorio, en que se niega a la Virgen María como madre de Dios, contó con muchos seguidores.

[42] Cerinto fue un egipcio judío que fundó una escuela en Asia. Sus doctrinas eran una mezcla de gnosticismo, judaísmo, ebionismo y milenarismo. El milenarismo dice que Cristo reinará en la tierra por mil años y luego vendrá el fin. Cerinto creía en un milenio feliz que se realizaría antes de la Resurrección y del reinado espiritual de Dios en el cielo.

[43] Prisciliano fue obispo de Ávila, España en el siglo IV. De origen hispanorromano, era natural de Galicia. Sus seguidores, llamados priscilianistas, se extendieron por diversos lugares además de su bastión en Galicia en el norte de España. Lo apoyaron

varios obispos españoles, entre ellos Instancio, Higino y Salviano. Fueron acusados de maniqueísmo, sabelianismo, gnosticismo y de opiniones erradas acerca de la naturaleza de Cristo, aunque en realidad no puede llegarse a conclusiones definitivas aceptables.

Prisciliano fue decapitado en Tréveris en 385, pero sus partidarios continuaron su labor por mucho tiempo en medio de persecuciones de todo tipo.

[44] Vigilancio subestimó la vida virginal, el celibato y el monaquismo. Su escandalosa vida y su libro escrito contra la veneración de imágenes, el celibato y la vida monástica, fueron el punto controversial de uno de los tratados más de San Jerónimo, el Contra Vigilantium.

[45] Dormitancio es el sobre nombre burlesco que San Jerónimo utiliza para referirse a Vigilancio, es una clara oposición al significado de su nombre: es el que duerme, no el que vigila.

[46] El que negó a la Virgen como madre de Dios, es decir, Nestorio.

[47] San Ildefonso, patrón de Toledo y uno de los santos eruditos, como Jerónimo. Nacido en 606 y muerto en 669. Estudió en Sevilla bajo la dirección de San Isidoro. Entró a la vida monástica y fue elegido abad de Agalia, en el río Tajo, cerca de Toledo. En el 657 fue elegido arzobispo de esa ciudad. Unificó la liturgia en España; escribió muchas obras importantes, particularmente sobre la Virgen María. San Ildefonso tenía una profunda devoción a la Inmaculada Concepción doce siglos antes de que se proclamara dogmáticamente. Se sabe que la Virgen le favoreció con grandes milagros.

[48] De entre los varios milagros que se le atribuyen a la Virgen, Hojeda escogió precisamente éste en que se cuenta que San Ildefonso recibió una vestimenta divina de la Virgen en gratitud por la defensa de su virginidad perpetua.

Según la leyenda, una noche de diciembre, Ildefonso, junto con sus clérigos y algunos otros, fueron a la iglesia, para cantar himnos en honor a la Virgen María. Encontraron la capilla brillan-do con una luz tan deslumbrante, que sintieron temor. Todos huyeron excepto Alfonso y sus dos diáconos. Éstos entraron y se acercaron al altar. Ante ellos se encontraba la María, La Inmaculada Concepción, sentada en la silla del obispo, rodeada por una compañía de vírgenes entonando cantos celestiales. María le hizo una seña con la cabeza para que se acercara. Habiendo obedecido, ella fijó sus ojos sobre él y dijo: "Tú eres mi capellán y fiel notario. Recibe esta casulla la cual mi Hijo te envía de su tesorería." Habiendo dicho esto, la Virgen misma se la puso, dándole las instrucciones de usarla solamente en los días festivos designados en su honor.

Esta aparición y la casulla, fueron pruebas tan claras, que el Concilio de Toledo ordenó un día de fiesta especial para perpetuar su memoria. El evento aparece documentado en el Acta Sanctorum como El Descendimiento de la Santísima Virgen y de su Aparición.

En la catedral, los peregrinos pueden observar la piedra en que la Virgen Santísima puso sus pies cuando se le apareció a San Ildefonso.

[49] Pelagio, monje y teólogo británico de los siglos IV y V. Dio origen al pelagianismo,

que negaba el pecado original. Creía que los humanos pueden producir, por cuenta propia y sin el auxilio de la gracia, las buenas obras mencionadas en las Escrituras. Los niños sin bautismo podían salvarse, lo que se contradijo en el Concilio de Cartago en 418. Su principal enemigo fue Agustín de Hipona, quien enfatizaba la necesidad de la gracia para la salvación.

El Concilio de Orange de 529 condenó esta herejía del pelagianismo, que prácticamente desapareció en el siglo VI.

[50] Martín Lutero, monje agustino y doctor en Sagrada Escritura. Inició una reforma religiosa en Alemania, especialmente a partir de 1517 cuando clavó sus "Noventa y cinco tesis" en la puerta de la capilla de la Universidad de Wittenberg. Después de comparecer ante la Dieta de Worms y publicar infinidad de libros y folletos, Lutero logró formar iglesias nacionales en varios principados alemanes. Su rompimiento con la sede romana fue definitivo y su énfasis en el libre examen y la promoción de la lectura bíblica le convirtieron en el gran reformador de la Iglesia y en un pionero de la libertad intelectual como ésta se entiende actualmente. Lutero tradujo la Biblia a la lengua alemana, lo que lo convirtió en figura central de ese idioma.

La doctrina del luteranismo se encarna en el Libro de Concordia (1580), que consta de los credos ecuménicos de la Iglesia Antigua, de la Confesión de Augsburgo y su Apología, los Catecismos Breve y Grande de Lutero y la Fórmula de Concordia. El énfasis luterano radica en la justificación por fe, la gracia suficiente de Dios y la autoridad de la Biblia como única fuente de revelación divina. En relación con la presencia real de Cristo en la comunión, enseña la "consustanciación" es decir, Cristo está presente únicamente por la fe en el pan y el vino durante el momento de la ceremonia, pero no al terminar la misma.

[51] Aunque no menciona nombres, la fuente original de estas doctrinas heréticas se encuentra en los trabajos de Origen y su teoría de la preexistencia del alma. Las propuestas relacionadas con la preexistencia del alma del hombre antes de la creación del cuerpo y la redención universal son condenadas en los Cánones I, VII y IX.

[52] Es decir, el mismo Lucifer.

[53] vía = veía

[54] Víalo = Veíalo

[55] benino = benigno

[56] Invocación a la musa para describir el reino del espanto, es decir, el Infierno. Es un vocablo que procede del latín y designa lo que está debajo, subterráneo, constituye la tercera parte del mundo, siendo la primera el cielo y la segunda la tierra. Con la palabra "infierno" se relacionan dos grandes categorías: el infierno como perdición de los pecadores y el infierno como morada de los muertos.

El judaísmo se vio obligado a preguntarse sobre la distinción entre el destino de los buenos y de los malos. Lo cual condujo a la concepción de dos partes en la morada de los muertos, una para los buenos (paraíso) y otra para los malos, sin precisar el carácter temporal o eterno de la pena de éstos.

[57] Es la segunda morada para Satanás después de haber habitado en el Paraíso.

[58] Semejanza con el Infierno de Dante. (XVII, 1-136; XXXI, 98) La base de ambos es clásica, aunque comparado con el de Dante, el Infierno de Hojeda es menos intrincado y elaborado.

[59] Hojeda se refiere ahora a los siete calabozos del Infierno que mantienen una correspondencia paralela con los siete pecados capitales enlistados en el libro I, descritos a través de las vestiduras de Jesús mientras está en la oración del Huerto de Getsemaní. Se les llama capitales porque dan origen a otros pecados. El orden de aparición es el mismo manejado en el catecismo católico: soberbia, avaricia, lujuria, ira, gula, envidia y pereza.

[60] Los que están en el primer calabozo son los dictadores soberbios como Julio César, Pompeyo, Curcio y Fabio. (Véanse las referencias biográficas que aparecen en las notas del libro I)

Curcio se refiere a Marco Licinio Craso (Roma 115-Carres 53 a.C.) Político romano quien formó parte junto con César y Pompeyo del primer triunvirato. Cónsul en 55, gobernó Siria y murió en la guerra contra los partos. Uno de sus logros fue mandar a crucificar a más de dos mil esclavos que se unieron a Espartaco, en una carretera de tortura que llegó hasta las puertas de Roma.

[61] En el segundo calabozo se encuentran los avarientos, los que desean el oro como los españoles.

[62] Midas. Rey de Frigia (738-696 ó 675 a.C.) Su reino fue destruído por los cimerios. Según la leyenda, Dionisio le concedió el poder de convertir en oro todo lo que tocaba. No pudo ya comer, pues los manjares se volvían oro al tomarlos en sus manos. Desesperado pidió a Dios el remedio y él le mandó lavarse en el río Pactolo, que desde entonces arrastra arenas de oro.

[63] El tercer calabozo es el de los lascivos.

[64] Alcides. Epíteto aplicado a Hércules por ser descendiente de Alceo. Alceo fue padre de Anfitrión, supuesto padre de Heracles o Hércules. En realidad fue producto de la seducción de Zeus a Alcmena, hija de Electrión. Su padre se la prometió a Anfitrión, pero ella no aceptó tener relaciones conyugales hasta que él vengara la muerte de sus ocho hermanos. Mientras eso sucedía, Zeus se le apareció tomando la figura de su esposo Anfitrión y la sedujo. Después regresó el esposo y también la embarazó. Nacieron gemelos, Heracles o Hércules, hijo del dios e Ificles, hijo de Anfitrión.

[65] En el cuarto calabozo se encuentran los que se someten a la ira.

[66] Briareo. Es uno de los gigantes que escalaron el cielo. Los hecatonquires eran tres: Briareo, Gies y Coto. En algunas fuentes figura Giges en vez de Gies. Eran hijos de Urano y Gea. Literalmente hecatonquires quiere decir centimanos o centibrazos. En tamaño y fuerza eran insuperables por tener cada uno cien brazos y cincuenta cabezas.

Los hombres según Homero (*La Ilíada* I), llaman a Briareo, Egeón. En unión de sus hermanos ayudará a los olímpicos contra los titanes y sólo acudirá a ayudar a Zeus cuando Hera, Atenea y Poseidón pretendan encadenarlo. (*La Eneida*)

[67] Los golosos se encuentran en el quinto calabozo.

[68] Se trata del rico que se hartaba de manjares mientras a la puerta de su casa, Lázaro, un pobre no tenía ni qué llevarse a la boca, y hasta los perros venían a lamerle las llagas. (Lucas 16, 19-31)

[69] El sexto calabozo corresponde a los envidiosos.

[70] Caín, quien mató a su hermano Abel por envidia al ver que Yahvé prefirió su ofrenda a la de él. (Génesis 4, 9-12)

[71] En el séptimo calabozo se encuentran los perezosos.

[72] Reitera que Judas cometió todos los pecados.

[73] Dante, al igual que Hojeda, considera que Judas sufre la mayor de las penas en el infierno: "—El alma que está sufriendo la mayor pena allá arriba —dijo el Maestro— es la de Judas Iscariote, que tiene la cabeza dentro de la boca de Lucifer, y agita fuera de ella las piernas." (Infierno, XXXIV)

[74] Pilato manda azotar a Jesús: "Pilato entonces tomó a Jesús y mandó azotarle. Los soldados trenzaron una corona de espinas, se la pusieron en la cabeza y le vistieron un manto de púrpura; y, acercándose a él, le decían: 'Salve, rey de los judíos.' Y le daban bofetadas." (Juan 19, 1-3)

[75] dino = digno

[76] El profeta evangélico es Isaías. Hojeda se refiere a él en el libro X como al que el "serafín purificó los labios." Isaías habla de sí mismo cuando relata la visión en la que sus labios fueron purificados con un carbón ardiente traído hasta él por un serafín.

Según la tradición, fue aserrado por mandato del rey Manasés después de que había profetizado en Jerusalén cerca de setenta años.

[77] San Jeremías. Se ha visto en él la figura de Cristo. Ejerció su ministerio profético durante un largo período de 40 años. Estuvo implicado en los acontecimientos políticos de su tiempo hasta el momento del fin de Jerusalén. Se desconocen a ciencia cierta las

circunstancias de su muerte, pero la vieja tradición de los hebreos de que Jeremías fue muerto a pedradas por los judíos que se habían instalado en Egipto, es recordada por varios autores hagiográficos.

[78] Hojeda incluye a Abacú entre los profetas mártires que fueron ejecutados por los judíos, sin embargo, no hay información definida acerca de su muerte.

[79] En esta relación, Zacarías es el cuarto profeta mencionado por Hojeda, quien fue ejecutado entre el altar y el templo, pero no se identifica con precisión de quién se trata. Es probable que este pasaje se base en el Evangelio de Mateo, en el cual Jesús les dice a los judíos: "para que caiga sobre vosotros toda la sangre inocente derramada sobre la tierra, desde la sangre del inocente Abel hasta la sangre de Zacarías, hijo de Baraquías, a quien matasteis entre el Santuario y el altar." (23, 35)

En la identificación del profeta, existe la posibilidad de que Hojeda siga la vieja tradición de San Jerónimo quien afirma que Zacarías, el padre de Juan Bautista, al recuperar la voz declaró que Jesús es el Mesías y por eso lo mataron.

[80] perfeto = perfecto

[81] apriesa = aprisa

Libro VIII

Argumento

Despacha Lucifer su tropa aguda,
Y al mundo sube el escuadrón molesto;
Y Cristo en el pretorio se desnuda,
Y alábanle sus ángeles por esto;
Es azotado con fiereza cruda:
Súfrelo con espíritu modesto;
Y san Miguel, en su alabanza y gloria,
Le canta de los mártires la historia.

Octavas 1-34
Participación de los demonios

Mas Lucifer en el profundo averno
Su mal publica, su dolor pregona,
Entre abrasado estío y crudo invierno,
Donde sustenta su infeliz corona:
Las bravas furias del odioso infierno
Junta, y así confuso les razona,
Lleno de espanto y con pavor terrible,
Y en pensamientos, pero en son horrible:

Desconcierto de Lucifer

"Mucho se encubre aqueste Dios humano,
Mucho se encubre, no lo he conocido:
Ya me parece un hombre soberano,
Ya un Dios a mil bajezas abatido:
En vano he transtornado el mundo, en vano
Estorbarle la muerte he pretendido:
Si es Dios, parece que morir procura,
Si es hombre, de la vida no se cura.

"Sea quien fuere, claramente vemos,
En lo que habéis con trazas intentado,
Que impedirle la muerte no podemos,
Pues todas, todas nos las ha frustrado:
Triste, confuso y entre dos extremos

Los demonios deciden que Jesús debe morir

De su vida y su muerte me ha dejado;
No sé qué me hacer; la muerte quiere:
Muera, pues, con mil muertes, ya que muere.

"Tomemos dél una mortal venganza; 4
En él hagamos un furioso estrago;
De quitarle el morir no hay esperanza:
Muera, y de sangre vierta un grande lago.
Cada cual tiña en su dolor su lanza;
Del mal que nos ha hecho lleve el pago.
¡Sus! mis bravos leones; id apriesa[1]
Al mundo en tropa oscura y banda espesa.

Lucifer manda a su escuadrón de demonios a la tierra

"Ejecutad las más agudas artes
De darle pena, de hacerle daño,
Aunque le cerquen gruesos baluartes
De exquisito favor, de auxilio extraño,
Que Dios se le dará por todas partes;
Mas vosotros, por fuerza o por engaño,
Mi voluntad cumplid, caminad luego
Como a la esfera propia el veloz fuego."

Dijo; y los furibundos escuadrones
De espíritus a rabia condenados
Suben a las diáfanas regiones
De los aires en clara luz bañados,
Y en centurias, cohortes y legiones
Partidos van, sin orden concertados;
Y todos juntos al pretorio llegan,
Y allí alborotan cuerpos, y almas ciegan.

Se mezclan entre la gente para que estén en contra de Jesús

Corren a los pontífices hebreos,
Y mézclanse con ellos de repente,
Y para transfundirles sus deseos,
Dícenles delicada y vivamente:
"En fin, levantará grandes trofeos
De vosotros, ¡oh noble y sabia gente!,
Viéndose sano y de prisiones suelto,
Jesús, y a su grandeza y gloria vuelto.

Obra de los demonios

"Será con cuatro azotes castigado, 8
Y saldrá luego de la cárcel libre,
Y a fe que del pequeño mal curado,
En vuestro daño ardientes rayos vibre.
¿Hárale por ventura estar callado
Este gran senador del vano Tibre?
En saliendo veréis cómo su lengua
Poderoso ejercita en vuestra mengua.

"Ya me parece que arrogante habla,
Asentado en su cátedra pomposa,
Y poco a poco su negocio entabla
En la gente del vulgo temerosa;
Y con su voz devota y dulce habla,
Y con algún milagro o tal que cosa,
Lenguas se hace al punto en su alabanza
Este poblado vil que más no alcanza.

"¿Consentiréis que hipócritas os llame,
Ya si de la verdad mártir divino?
¿Que honre su escuela, y que la vuestra infame,
Y que todos le den aplauso indino?[2]
¿Sufriréis que en el templo a voces clame:
—El que quisiere, siga mi camino,
Y la cruz de prisión que yo he pasado
Tome luego en sus hombros esforzado—?

"¿Llevaréis en paciencia que os argulla
Sobre quién es, o cuyo hijo, Cristo,
Y altivo, en dos palabras os concluya,
Por esto en la república bienquisto,
Y que el más docto de encontrarse huya
Con él habiendo su agudeza visto,
Y cabizbajo y pensativo quede,
Porque en ciencia le gana, en ser le excede?

"¿Llevaréis en paciencia que, llegando 12
A preguntarle si ha de dar tributo
El israelita religioso bando
A César, diga con donaire astuto:
—Esta imagen ¿qué está representando?—
Y os cubra el corazón de negro luto,
Infiriendo: —Lo que es de César dadlo
A César, y lo que es de Dios pagadlo—?[3]

"¿Llevaréis en paciencia que se abaje,
Y que escribiendo no sé qué en la tierra,
De vuestra pretensión el curo ataje,
Y con polvo no más os haga guerra?
Y ¿que un plebeyo vil, de mal linaje,
Y que su misma patria le destierra,
A tantos nobles sin razón afrente,
Y quitarles la vida y fama intente?

"¿Sufriréis que la fiesta sacrosanta
Profane más curando enfermedades,
Y al tiempo que sin orden la quebranta,
Defienda voluntarias falsedades,
Y con tanto rigor, con fuerza tanta,
Que ofusque las clarísimas verdades,
Y pruebe sin disputa sus intentos
Los hombres comparando a los jumentos?

"¿Consentiréis que el vulgo variable
Sobre los cielos con favor lo empine,
Y a todo este concilio venerable
Con aplausos magníficos indine,[4]
Y otra vez en triunfo incomparable,
Postrándole sus ropas, desatine?
Y si os parece ya que le desprecia,
Mirad que es pueblo rudo y gente necia.

"Ni en mudar bultos la triforme luna, 16
Ni en turbulento mar veloz galera,
Ni en rodar con presteza la fortuna,
Ni al recio vendaval hoja ligera,
Ni a la corriente de aguas importuna
Delgado junco en húmeda ribera
Es tan presto, tan fácil, tan instable,
Como es el vulgo en elegir mudable.

"Muera, muera, pontífices fieles,
Si no, como intentáis, crucificado,
A lo menos con látigos crueles
Y mortales azotes desangrado:
Romped procesos y dejad papeles;
Ya está, cual importaba, sentenciado:
En el castigo muera; en el castigo
Infame, caiga muerto el enemigo."

Así hablan, callados, los terribles,
Representando inciertas fantasías,
Y arrojan luego víboras horribles
En las entrañas de piedad vacías;
Y ellas, en el moverse imperceptibles,
Emponzoñando van las venas frías;
Éntranse en las médulas más secretas,
Y alborotan las partes más quietas.

Llegan al corazón, soplan envidia,
Vomitan ira, y ambición encienden:
El un afecto con el otro lidia,
Y todos a dañar a Cristo atienden:
Fuera el sosiego va, fuera la acidia;
Con ardiente furor la causa emprenden,
Su gravedad olvidan espaciosa,
Y procúranle muerte presurosa.

Cual suele trompa de París[5] ligera, 20
De valientes mozuelos azotada,
Que en rueda juntos, con veloz carrera
Bailando, no la dejan sosegada;
Tal la canalla del averno fiera[6]
Trae a la de Salén alborotada,
De verdugo en verdugo pretendiendo
Que Jesús muera en el castigo horrendo.

Danles dinero y hácenles promesas
Mayores, con que a furia los incitan,
Y ellos, movidos con las mandas gruesas
Y con los dones, más y más se irritan;
Y cual si fueran ínclitas empresas
Matar a Dios, sus fuerzas habilitan,
Azotes buscan, látigos componen,
Y a la feroz hazaña se disponen.

Los demonios también ocultamente
A una sed los provocan insaciable
De la sangre del Hombre omnipotente,
Que a su furor se rinde inexorable.
Vélos el Padre Eterno y los consiente.
¡Ay Dios! aqueste golpe intolerable
¿Adónde parará si los hebreos
Y gentiles dan fin a sus deseos?

Llegan, pues, los verdugos cohechados,
Y comienzan con ímpetu furioso
A desnudar los miembros delicados
Del Señor de señores poderoso;
Con modo vil y agravios nunca usados
El vestido le quitan religioso
Y hecho por las manos virginales
De la Reina de reyes inmortales.

Allí le dan crueles empellones 24
Y le dicen palabras desmedidas;
Offéndenle con duros bofetones
Y desprecios y burlas atrevidas:
Afrentas buscan, buscan invenciones
Nunca pensadas y jamás oídas,
Con que darle dolor, causarle pena,
Y el infierno las halla y las ordena.

Todo lo sufre con amor suave,
Y callado, el mansísimo Cordero
Que del supremo bien tiene la llave
Y es de Dios puro el resplandor sincero;
Y con sereno rostro y pecho grave,
Del mismo ser archivo verdadero,
Jesús acepta su dolor
Obedeciendo a la canalla cruda
Que desnudar le manda, se desnuda.

Descubre aquellos brazos admirables
Que de los orbes ciñen la gran rueda,
Y los divinos hombros incansables
Adonde está como en su centro queda;
Y aquellos pechos a la esposa amables,
Do mora la beldad graciosa y leda,
Y las columnas sobre basas de oro,
Fábrica celestial, sumo tesoro.

Bien así cual doncella generosa
Que al limpio estanque de su carne pura,
En el agua se mira vergonzosa
Cuando retrata en ella su figura;
Y si tropa de gente maliciosa
La vido y codició su hermosura,
Torna, con la vergüenza que la mueve,
En grana carmesí la blanca nieve;

Así Cristo, mirándose desnudo 28
A los ojos de aquella infame gente,
La gran vergüenza reprimir no pudo,
Y a la faz le salió sentiblemente:
Habló con lengua roja el licor mudo
Que comenzó a teñir su blanca frente
Y cuerpo bello de marfil preciado,
Ya con ardiente púrpura ilustrado.

Los ángeles, que a Dios desnudo vieron,
En la tierra temblando se postraron,
Humildes gracias por su amor le dieron,
Y dignas alabanzas le cantaron:
A aquella santa desnudez sirvieron,
Y los divinos miembros adoraron
Con aquestas dulcísimas razones,
Nacidas de admirados corazones:

"Salve tú, que de luz hermosa el cielo
Y de arreboles vistes la mañana,
De flores varias el pintado suelo,
Y de ilustre candor la nieve cana:
Salve, desnudo y general consuelo
Del alma pobre y con su Dios ufana,
Que por vestir al hombre despojado
Desnudas hoy tu cuerpo venerado.

"Los pájaros te den sacros loores,
De ricas plumas viéndose vestidos;
Y los montes con bellos resplandores,
Mirándose en el alba esclarecidos;
Y los campos de finos mil colores,
Cual de ropas de fiesta revestidos;
Y el mundo que adornaste de tus bienes,
Pues tu cuerpo desnudo al aire tienes."

Tal los prudentes ángeles decían; 32
Y mucho más suspensos contemplaban
Cuando a Cristo los pérfidos asían
Y a la columna en peso le llevaban;
En el rostro y el cuerpo le herían,
Y con nuevas injurias le afrentaban.
¡Oh Dios! ¡Cuánto padeces por el hombre,
Que altivo huella tu bendito nombre!

Es cierta fama y tradición constante
Que era el mármol tan grueso y poderoso,
Que él solo, como entero y firme Atlante,[7]
Después un templo sustentó espacioso:
Aquí la turba fiera y arrogante
Llevó al humilde celestial Esposo,
Y le ligó con ásperos cordeles.
Mas ¡oh! ¡tened, tened, brazos crueles!

No reventéis la sangre más ilustre
Que ennobleció jamás hidalgas manos;
Que no son dignos de tan sacro lustre
Esos cordeles que apretáis, profanos:
Bastará que la cruz al fin se ilustre
Con sus rojos esmaltes soberanos,
Y resplandezca así; mas ¡ay! feroces,
Que ni aguardáis razón ni escucháis voces.

35-103
Flagelación de Jesús: es atado a una columna de mármol

Llegan a la columna el cuerpo santo,
Y átanle con rigor los brazos nobles,
Y los estiran y adelgazan tanto,
Que a fuerza tal rompieran secos robles:
El humor de las venas sacrosanto
Revienta, y tiñe los cordeles dobles,
Y las manos se hinchan abrasadas,
Y gimen las muñecas apretadas.

La columna salpican venerable 36
Las gotas finas de la sangre roja,
Que ya con el licor inestimable
Más se enriquece cuanto más se moja:
Pero en ellos la saña inexorable
No se amansa por esto ni se afloja;
Antes le echan al cuello blanco y puro
Otro nuevo cordel más grueso y duro.

Cíñenlo desta suerte al pilar frío,
Y por detrás lo anudan desta suerte:
No sé si el alba vierte su rocío
Más aprisa que Cristo sudor vierte:
Suda y levanta el rostro amable y pío,
Y ofrece al Padre Dios su pena fuerte;
Y sin mover los amorosos labios,
Aquesto dijo en pensamientos sabios:

"¡Oh Padre natural y Dios benino,[8]
Por cuyo santo amor bajé a la tierra,
Y mi persona, que es tu ser divino,
Puse ya humana en tan prolija guerra;
Y este cuerpo, de gloria inmensa dino,[9]
Por la que el alma unida al Verbo encierra,
De paz y de consuelo fue privado!
Oye a tu Hijo y hombre así afrentado.

"Y por el hombre, por el hombre fiero,
Que así me afrenta, mi aflicción recibe;
Que por el hombre que la da, la quiero
Padecer, pues con ella el hombre vive:
Azotes de su cruda mano espero,
Ya a dármelos sañudo se apercibe:
Aunque son de tu Hijo dura ofensa,
Admítelos, ¡oh Padre!, en su defensa."

Es azotado a latigazos

Dijo; y ya dos verdugos rigurosos,
De fuertes hombros y robustos pechos,
Dos azotes alzaban espantosos,
De gruesas varas cimbradoras hechos:
Mostrábanlos alegres y furiosos
En los brazos blandiéndolos derechos,
Y a la bendita carne amenazaban,
Y a los divinos miembros se encaraban.

Con bravo son crujieron, sacudidos
De aquellas manos por su mal valientes,
Y llegaron a dar, descomedidos,
En los miembros de Dios resplandecientes:
¡Parad, parad, verdugos atrevidos,
Parad, parad los brazos insolentes;
Que no es razón que ese castigo infame
Su furia sobre el mismo Dios derrame!

Si prohibido está que al ciudadano
De Roma se le dé tan baja pena,
¡Cómo darla queréis al soberano
Señor que leyes en el cielo ordena!
¿Es menos ser el sumo cortesano
De aquella patria de excelencias llena,
Y Rey del mundo, que de Roma un hombre
De nobleza común, de oscuro nombre?

Mas ¡ay, que baja por el aire apriesa
Sobre el cuerpo de Cristo el fiero azote!
¡Ay, Dios, que llueven, cual de nube espesa,
Golpes en el supremo Sacerdote!
¡Ay, Dios, que de sacar sangre no cesa,
Para que toda en el dolor se agote
La cruel disciplina! ¡Ay, Dios amado!
¡Ay, Jesús, por mis culpas azotado!

Yo pequé, mi Señor, y tú padeces; 44
Yo los delitos hice, y tú los pagas;
Si yo los cometí, tú ¿qué mereces,
Que así te ofenden con sangrientas llagas?
Mas voluntario, tú, mi Dios, te ofreces;
Tú del amor del hombre te embriagas;
Y así, porque le sirva de disculpa,
Quieres llevar la pena de su culpa.

Pues en los miembros del Señor desnudos
Y ceñidos de gruesos cardenales,
Se descargan de nuevo golpes crudos,
Y heridas de nuevo desiguales:
Multiplícanse látigos agudos
Y de puntas armados naturales,
Que rasgan y penetran vivamente
La carne hasta el hueso transparente.

Brota la preciosa sangre de Jesús

Hierve la sangre y corre apresurada,
Baña el cuerpo de Dios y tiñe el suelo,
Y la tierra con ella consagrada
Competir osa con el mismo cielo:
Parte líquida está, parte cuajada,
Y toda causa horror y da consuelo:
Horror, viendo que sale desta suerte,
Consuelo, porque Dios por mí la vierte.

Añádense heridas a heridas,
Y llagas sobre llagas se renuevan,
Y las espaldas, con rigor molidas,
Más golpes sufren, más tormentos prueban:
Las fuerzas de los fieros desmedidas
Más se desmandan cuanto más se ceban;
Y ni sangre de Dios les satisface,
Ni ver a Dios callar miedo les hace.

Alzan los duros brazos incansables, 48
Y el fuerte azote por el aire esgrimen,
Y osados, más y más inexorables,
Braman con furia, con braveza gimen:
Rompen de Dios los miembros inculpables,
Y en sus carnes los látigos imprimen,
Y su sangre derraman, sangre dina
De ilustre honor, de adoración divina.

Venid, pues, hombres, con devotos pasos
A coger sangre de la eterna vida,
Y vacíos traed y grandes vasos
De amor, do pueda ser bien recogida:
Corred, no tengáis ánimos escasos,
Que por el suelo a rodo está vertida;
Sin dinero henchid, llevad sin plata;
Al que quiere se da; ved qué barata.

La sangre, al fin, de Cristo generosa,
Que el linaje fundó de ilustres santos,
Y en aquesta batalla rigurosa
Para el cielo ganó despojos tantos,
Corre por las espaldas presurosa,
Y baja por los miembros sacrosantos
De Cristo, e hinche el suelo, y con interno
Dolor él se la ofrece al Padre Eterno.

Y cuando así padece por los hombres,
Los hombres (si lo son los fariseos)
Dél hacen burla con infames nombres,
Y burlan dél con ademanes feos;
Mas, por su amor, con ínclitos renombres
Le levantan los ángeles trofeos;
Y los demonios viéndolo se admiran,
Y cansados los impíos, se retiran.

Termina la tortura de los dos primeros verdugos

Queda Cristo sin fuerza respirando, 52
Que al un aliento alcanza el otro aliento,
Y pobre ya de anhélito, acechando,
Del resuello le priva el sentimiento:
Aún el aire, ¡oh gran Dios!, te va faltando
Para el usado y propio movimiento.
¡Qué más pobreza, oh Rey, qué más pobreza!
Y para el hombre ¡qué mayor riqueza!

¿No bastaba, Señor, haber nacido
En un pesebre solo y despreciado,
Y vivir por los hombres abatido
Cinco lustros, y dellos olvidado,
Y haber tantas ofensas padecido
Por los mismos que así te han agraviado,
Sin que el aire común te haga falta,
Y el mérito nos des de aquesa falta?

Dícese más (por cierta y grave historia,[10]
Y en archivos sellada verdaderos),
¡Oh sumo Rey de la perfecta gloria!
Que te azotaron seis verdugos fieros;
Pues aquesto no es fama transitoria
De las que en plumas traen vientos ligeros.
¿Qué sentiste, mi Dios, cuando llegaron
Otros dos, y de nuevo te azotaron?

Los primeros con varas espinosas,
Largas, fornidas, recias y crueles
Penetraron tus carnes religiosas
Y desgarraron tus benditas pieles;
Y cuando menos del dolor reposas;
Se aperciben con ásperos cordeles
Y almas crudas y fieras intenciones,
Otros dos tigres, otros dos leones.

Cambian a Jesús de posición para continuar con azotes en el pecho

Llegan, pues, y del mármol le desatan, 56
Que estaba el rostro a la columna vuelto,
Y con dichos y hechos le maltratan
Y burlan dél mientras le tienen suelto:
Y al revés luego y de otra suerte le atan,
Con ánimo en matarle ya resuelto,
El pecho descubriéndole florido,
Sano de azotes, mas de amor herido.

De nuevo aprietan las hidalgas manos
Y para enriquecernos liberales,
Y de nuevo los dedos más que humanos
Sienten más duros y violentos males.
Alzó Cristo los ojos soberanos
Y atravesó los coros celestiales,
Y a su Padre pidió suavemente
Perdón para la inicua y fiera gente.

"Por esta noble sangre, ¡oh Padre mío!,
Con mi persona y su valor unida;
Por esta voz cansada que te envío
Apenas de los labios despedida;
Por este de mi rostro sudor frío,
Y por mi caridad jamás vencida

Jesús pide perdón por sus verdugos

Te suplico, buen Dios, que los perdones,
Y ablandes con amor sus corazones."

Dijo; mas los verdugos carniceros
Los látigos con ímpetu vibraron,
Y cerca dél los estallidos fieros,
Crujiendo, el aire cóncavo atronaron;
Y aquí los brazos y ánimos severos
Su fortaleza y su crueldad mostraron,

Vuelve a recibir azotes

Uno hiriendo el pecho casto y bello,
Y otro el hombro de Dios y el santo cuello.

Saltó la sangre, y cual collar precioso
De encendidos rubíes adornado,
El cuello y pecho blanco y amoroso
Ornó del Rey de reyes adorado;
Ni el tusón de Borgoña generoso[11]
Ni la cruz del Apóstol esforzado[12]
Honró cuello real y pecho ilustre,
Cuanto su sangre a Cristo le dio lustre.

Levantan otra vez las duras manos,
Y los azotes otra vez sacuden,
Y a los lugares que descubren sanos
Del noble cuerpo, con rigor acuden;
Porque los golpes no les salgan vanos,
Ni ya verdugos nuevos les ayuden,
Los pies afirman y los brazos cargan.
¡Ay, qué heridas sin temor descargan!

Cual fingen que los cíclopes valientes
Yunques de hierro en Mongibel golpean
Sobre masas de acero refulgentes
Que, de chispas cercadas, centellean;
O cual nubes de agosto vehementes,
Cuando los secos trigos apedrean,
Congelado granizo aprisa arrojan,
Y mieses, plantas y árboles despojan;

Tal aquellos membrudos y arrogantes,
Con bruñidos cordeles anudados,
A cíclopes y nubes semejantes,
Hieren de Dios los miembros fatigados:
Sus fuerzas muestran con furor pujantes,
Y abren surcos de sangre colorados
En los muslos y piernas, pecho y hombros,
Que horror pone, da miedo, hace asombros.

Todo lo sufre el ánimo invencible 64
Y cuerpo santo del Señor Eterno,
Y aunque por ser más noble es más sentible,
Calla y sufre con pecho humilde y tierno.
Hombre, por ti aquel Dios inaccesible
Del cielo y de la tierra y del infierno
Lleva esta pena, y esta injuria pasa,
Y este dolor su corazón traspasa.

No te digo, ¡oh cobarde!, que padezcas
Semejante pasión, igual trabajo,
Ni que a la muerte por su amor te ofrezcas,
Si eres de ánimo vil, de pecho bajo;
Sólo pido, ¡oh cristiano!, que agradezcas,
Y será un breve y provechoso atajo,
Su gran pasión, y pienses con gran pausa
Quién la lleva, y por quién y por qué causa.

La grandeza de Dios

¿Quién? Levanta los ojos altaneros
Y contempla esos globos celestiales
Cuajados de clarísimos luceros
Que están lloviendo rayos inmortales:
Los polos mira en su firmeza enteros,
Sobre que dan sus vueltas siempre iguales
Orbes tan anchos, tan pesadas bolas.
¿Veslos? Pues Dios los hizo y rige a solas.

Mira por la mañana el sol dorado
Que baña de luz nueva el rojo Oriente,
Siguiendo, como alegre desposado,
Al aurora gentil, con paso ardiente:
Ella de flores, y él de luz cercado,
Ella hermosa, y él resplandeciente.
¿Ves lo que agradan con su garbo bello?
Pues el Dios azotado es causa dello.[13]

Mira los arreboles encencidos 68
Y orlados de bellísimos colores,
Que parecen carmines esparcidos
Sobre cristal de blancos resplandores;
Y en los montes los rayos esculpidos,
Cual puntas de diamantes entre flores.
¿Veslo? Pues el que está en la piedra dura
Es el autor de tanta hermosura.

Mira la tierra con beldad preñada
De cerros altos y sublimes cuestas,
Y en partes, cual parida y descargada,
En valles honda, fértil en florestas,
Que por industria natural sangrada,
Hace sus venas de oro manifiestas
En agua dulce y líquidos cristales.
¿Vesla? Pues Dios le da riquezas tales.

¿Ves que ruge el león, que el toro brama,
Que pía la perdiz, que el perro late,
Arremete el lebrel, huye la gama,
Y el hombre atiende al desigual combate;
La oveja bala, el corderito mama,
Teme la garza, y el halcón se abate?
Pues el que sufre azotes con paciencia
Crió tan linda y sabia diferencia.

¿Ves levantarse el mar tempestuoso
Y amenazar al cielo con su espuma,
Y hundirse al abismo tenebroso,
Y el aire entapizar de espesa bruma,
Y que, cuando más bravo y animoso,
Sobre un arena más no se rezuma
Del término sin muros señalado?
Pues enfrénalo el Hombre aquí azotado.

¿Ves en ocultas minas fértil oro, 72
Y en blancas conchas perlas relucientes,
De tierra aquél, y éste del mar tesoro,
Y dioses ambos de diversas gentes?
¿Ves lo que estima el indio y precia el moro
Finos corales piedras excelentes,
Sedas, paños y plumas? Todo aquesto
Hizo el que ves a la columna puesto.

¿Ves cómo abrasa el fuego, el hielo enfría,
Es fresco el aire, el agua placentera,
El triste invierno da melancolía,
Y placer la florida primavera;
Causa la noche horror, aliento el día,
Aquél ama, éste goza, el otro espera?
Pues de todo es autor el que te mira
Ligado al mármol, y por ti suspira.

¿Ves los varios magníficos imperios,
Que acaban unos, y otros se levantan,
Y que, servidos de altos ministerios,
Sus grandes reyes con atruendo espantan?
¿Ves, en fin, los gravísimos misterios
Que oyen los rudos, y los sabios cantan,
De la naturaleza perdurable?
Pues son efectos deste Dios amable.

Y si quieres subir el pensamiento,
Y desde acá mirarlo en su grandeza,
Los ojos tiende por el ancho asiento
De aquella empírea majestad y alteza:
Sus pies mira en el sacro firmamento,
Sobre todos los cielos su cabeza,
Y con sus brazos dos ceñido el orbe,
Sin que a su inmensidad cosa le estorbe.

Mira que nueve coros soberanos 76
De ángeles puros y almas escogidas,
Postrando pechos y rindiendo manos,
Siempre le alaban con gloriosas vidas;
Y, aunque santos y amigos cortesanos,
Las plumas de sus alas encogidas,
Tiemblan del mismo a quien están amando,
Y el propio amor les hace estar temblando.

Mira que del vacío más profundo
Y vano de la nada indiferente
Sacó a perfecta luz este gran mundo,
Parto feliz de su divina mente;
Y lo conserva en variedad fecundo,
Y lo gobierna con saber prudente,
Y en su castigo junta y en su gracia,
Poder y amor, dulzura y eficacia.

Y baja atento, y mira en el infierno
El triste horror y universal tiniebla,
La inmensa confusión y fuego eterno,
De que, abrasado en impiedad, se puebla;
Y allí verás lucir su gran gobierno
En la noche inmortal de opaca niebla,
Penando a sus rebeldes enemigos,
Cual premiando en el cielo a sus amigos.

Mira también que un solo y vil pecado,
Que se conoce y pasa en un momento,
Es con perpetuas llamas castigado,
Y a su maldad no iguala su tormento:
Míralo; y si quedaras asombrado,
Desciende el temeroso entendimiento,
Y a este tal Dios a la columna mira,
Y visto allí, verás cuánto te admira.

Detente, y considera qué padece,
Y padeciendo le verás baldones.
¡Ay, Dios! El que infinito honor merece,
¿Injurias sufre, sufre bofetones?
Mas; que a llevarlos con amor se ofrece,
Y por manos de seis fieros sayones
Azotes cinco mil y más recibe.
¿Quién esto ve que espanto no concibe?

Y advierte que por ti, que un hombre triste
Eres y al cieno vil por padre tienes,
Padece Dios; y ahonda en qué consiste
El origen primero de tus bienes:
Es la sangre real de que naciste
Y la prosapia ilustre de que vienes,
De ti ambiciosamente celebrada,
Tierra y polvo y ceniza y humo y nada.

Crióte Dios, produjote de aquesto:
No te encarames porque estás criado;
Que eres campo de humores mal compuesto
Y sepulcro de horrores blanqueado,
A la virtud y a la razón opuesto,
Y a ti mismo enemigo declarado;
Y si para gozar de Dios nacido,
De males lleno, en culpas concebido.

Y tú, lo que es peor, acrecentaste
Con tus mismas acciones tu vileza,
Y al no ser del pecado te abajaste;
Que es de la nada la mayor bajeza:
Tal fuiste, y eres tal, y en tal paraste:
Nada, hombre pecador: ¡ve qué nobleza!
Y ¡este gran Dios por ti padece tanto!
Pues ¿qué movió su pecho afable y santo?

Interés no; que no puede tenello,[14] 84
Ni acrecentar su bienaventuranza.
Pues qué: ¿pretende recibir en ello
Más gusto, más contento, más holganza?
No. ¿Pues qué? Echar de su bondad el sello;
Esto procura solo y esto alcanza:
Quiere (¡oh fuente de gracias inmortales!)
Darte sus bienes y tomar tus males.

Infinita bondad, virtud inmensa,
Que males toma para darte bienes;
Aquésta fue su caridad intensa,
Que aquí verás, si luz perfecta tienes:
Paga azotado la común ofensa,
Y por tu culpa está como en rehenes,
Por librarte, amarrado a la columna:
Adora, pues, sus llagas una a una.

El poeta indica cómo debe orar el hombre al cuerpo maltratado de Jesús

Diles: "Llagas de Dios, bocas divinas,
Lenguas del mismo bien, que con dolores,
Más que con elocuencias peregrinas,
De amor me descubrís altos primores;
Frescas rosas, ardientes clavellinas,
Rojos, claros, suaves resplandores
Del sol de gracia y campo de la gloria,
Vuestro olor me haced y luz notoria.

"Llagas o llamas de sagrado fuego,
Que encendéis corazones amorosos,
Que éste abraséis con caridad os ruego,
Y con mil rayos lo alumbréis piadosos:
Frío está, calentadlo; y está ciego,
Esclareced sus ojos tenebrosos
Para que vea lo que amar desea,
Y no rehuse amar lo que en vos vea."

Hombre, diles así, y atentamente 88
Las mira, las venera y las halaga;
Que heridas de Padre tan clemente
Y de tal Dios bien piden esta paga:
Adóralas con pura humilde frente;
Vete con pies de amor de llaga en llaga;
Háblale, aguarda y nota qué responde;
Que cada cual tu gracia y gloria esconde.

Mas ¡ay! que los verdugos no cansados
Golpes nuevos le dan, nuevas heridas,
Y los miembros, en púrpura bañados,
Lo están en más sangrientas avenidas:
Salen de madre arroyos dilatados
De aquellas blandas carnes encogidas,
Y anégase la eterna hermosura
En el mar rojo de su sangre pura.

Heridas de Jesús

No son ya rosas, no son ya claveles;
Fina escarlata son, ardiente grana,
Que en vez de sus hermosas blancas pieles,
De Dios adornan la belleza humana:
Ropa es que los bárbaros crueles
Rasgaron a José, ropa galana
Para la fiesta del Amor divino:
Cual la fiesta, el ornato es peregrino.

Mas ¿quién dijera, ¡oh Dios!, que te adornaras,
Y con tanto placer, de tal arreo,
Y vestiduras con razón tan caras
Hubieran sido el fin de tu deseo?
Tú, que ceñido estás de lumbres claras,
Y dellas haces tu menor trofeo,
¿Quieres y precias hoy estar ceñido
De tan vil y tan áspero vestido?

Pero trazólo tu saber grandioso 92
Por los intentos de tu amor profundos,
Y sufriólo tu pecho generoso,
Bastante a redimir otros mil mundos:
Sufriólo, y con esfuerzo valeroso,
A los terceros como a los segundos
Bravos sayones, que, de saña armados,
Los brazos levantaban obstinados.

Unas llagas estaban descubiertas,
Y otras con el dolor latiendo estaban,
Y otras medio hinchadas, medio abiertas,
Y sangre todas y piedad manaban;
Y así abrieron los impíos anchas puertas
Que los huesos de par en par mostraban,
Sacudiendo los látigos atroces,
Pesados antes, pero ya veloces.

Como a noble y odiado caballero
Que a solas cogen ásperos villanos,
Que ni miran razón ni guardan fuero,
Hieren aprisa con robustas manos;
Y el odio y el furor anda ligero
En sus almas y pechos inhumanos
Y en sus ojos y brazos, y se alejan
Cuando por muerto al parecer le dejan;

Tales aquellos últimos hirieron
El cuerpo del Señor atormentado;
Y herido, de nuevo le molieron
Hasta dejarle roto y desangrado:
Padeció Cristo, y ellos se partieron,
Habiéndolo del mármol desatado,
Por entender que presto moriría.
¡Ahora contemplad cuál quedaría!

Imagen de Jesús después de haber sido azotado

Era una sangre todo, era un quebranto,[15] 96
Sin distinción, sin talle, sin aspeto,[16]
Objeto ya de compasivo espanto,
El que de reverencia era el objeto:
A horror movía, provocaba a llanto
El mancebo gentil y hombre perfeto[17]
Que entre millares era el escogido,
Más que por bello ya, por afligido.

Procuró, desatado, en pie ponerse
Y los ojos alzar llorando al cielo;
Si procuró, mas no pudo tenerse,
Y un golpe de repente dio en el suelo:
Tocó en su sangre, y quiso entretenerse
Con ella y recibir algún consuelo;
Sí quiso, mas los bárbaros a coces
Lo levantaron crudos y feroces.

Y así, ya por la tierra tromplcando,
Y ya de los furiosos pies cayendo;
Ya codos y rodillas arrastrando,
Y ya el furor con el sufrir venciendo;
Ya el suelo con sus lágrimas regando,
Y otra vez con su sangre humedeciendo;
Fue a buscar su vestido. ¡Oh fuerte caso,
Que tanto a Dios le cuesta dar un paso!

Jesús busca sus ropas y se viste con gran dificultad

Llegó, pues, y cogiólo mansamente,
Y alzólo así en las manos entumidas,
Y fuéselo a poner, y el vehemente
Dolor se lo impidió de las heridas:
Sobre una piedra se asentó doliente,
Y lloró algunas lágrimas sentidas,
Con un ¡ay, Padre!, apenas pronunciado,
Mas con semblante y ojos declarado.

Vistióse, al fin, la ropa como pudo,
Y con dificultad pudo hacello;[18]
Que era el cansancio, era el dolor agudo
Que el alma atravesaba y cuerpo bello:
Medio vestido, pues, medio desnudo,
Levantó un poco el lastimado cuello,
Y los ojos al cielo, y así dijo
Al dulce Padre el amoroso Hijo:

Jesús se dirige al Padre

"Esta sangre en el suelo derramada,
Que sangre de Dios es y sangre mía,
De hombres vertida y de sus pies hollada,
Voces a ti de compasión envía:
No pretende, ¡oh mi Padre!, ser vengada
Como del justo Abel la sangre pía;[19]
Que la derrama Dios por su criatura,
Y así pide perdón y paz segura."

Le pide que su sangre no sea vengada

Dijo; y vistióse y pusóse encogido
Y solo en un rincón. ¡Oh Dios perfeto![20]
¡Oh Dios arrinconado y conocido
Tanto más cuanto fuiste más secreto!
Alábete la misma luz que vido
El sumo sol a oscuridad sujeto,
Y tus nuncios, que vieron y notaron
Que a la ropa tus llagas se pegaron.

Cual se sabe de aquellos tres amigos[21]
Del rey oriental de Dios amado,
Y humilde y obediente a sus castigos,
Más por traza de Dios que por pecado,
Que, habiendo sido de su mal testigos,
Y viendo el muladar do estaba echado,
Con asombro callaron siete días,
Explicando en callar sus almas pías;

Octavas 104-150 Miguel y los ángeles acompañan a Jesús en su dolor

Tal los amigos ángeles y siervos, 104
Sintiendo de Jesús el triste llanto
Y los dolores sumamente acervos,
Se quedaran suspensos del espanto;
Y viendo aquellos ánimos protervos
Y arrinconado a Dios, callaran tanto
Por darle con silencio digna gloria;
Mas cantarle quisieron cierta historia.

Y tomando vihuelas invisibles
En invisibles, pero diestras manos,
Con voces más suaves que sentibles
Le entonan sus conceptos soberanos:
De los muchos varones invencibles,
En fe destos azotes inhumanos,
De Dios, piensan contarle algunos hechos
Y armas, y amores de sus fuertes pechos.

En un cántico, le cuentan la historia de los futuros mártires

Bien saben que los sabe, mas pretenden
Entretener y honrar el dolor grave
Con que ha de parir hijos; de que entienden
Componer esta música suave:
A contar el linaje ilustre atienden,
Que en número infinito apenas cabe,
De los mártires santos que murieron
Por seguir la pasión que en Cristo vieron.

Miguel lleva el compás, maestro noble
De la capilla del palacio eterno,
Y con voz dulce y con vihuela doble
Otros ángeles siguen su gobierno.
¡Oh coronados de valiente roble,
Gloria de Dios y asombro del infierno!
Caballeros invictos, animadme,
Yo cómo allí os honraron declaradme.

Los que vuestras hazañas refirieron, 108
¿Por dónde su proemio comenzaron?
¿Qué lumbres de retórica infundieron
En la oración ligada que cantaron?
¿Con qué afectos a Cristo enternecieron?
¿De qué ardimiento y gloria le bañaron?
Decídmelo; que todo lo supistes
Cuando a gozar de Dios al cielo fuistes.

"Señor, cantó Miguel, Señor, escucha
La historia de los ínclitos varones
Que en fe desta tu nueva y santa lucha[22]
Han de vencer mil bárbaras naciones:
Si es grande tu aflicción, tu pena mucha,
El bien es grande, y muchas las razones
Por qué alegrarte, viendo las hazañas
De los que engendras hoy en tus entrañas.

"Que si pusieres, y pondrás gozoso,
Esa vida mortal por el pecado,
Un linaje verás maravilloso
Y en hijos infinitos dilatado;
Y de Dios el intento cuidadoso
Cumplido en un ejército sagrado
De mártires que sigan tu victoria,
Cuya es aquesta dulce y grave historia.

Relación de los mártires que ofrecerán su vida por Jesús

"Vendrá tiempo, Señor, cuando el primero
Mártir Esteban,[23] defendiendo altivo
El ser de tu persona verdadero,
Le abrase de tu amor un fuego vivo;
Y con alma valiente y pecho entero
Sufra de aqueste pueblo vengativo
Piedras mil, de mil brazos despedidas,
Y con su noble sangre esclarecidas.

"Y él postrado en la tierra, y tú en el cielo 112
En soberana gloria entronizado,
Le mirarás con amoroso celo,
De resplandor y piedras rodeado;
Y puestas las rodillas en el suelo,
Perdón piadoso, en lágrimas bañado,
Te pedirá para esta cruda gente,
Cual brasa viva de tu fuego ardiente.

"Y habrá sazón que Pedro[24] valeroso,
Y Pablo[25] a tu fe santa convertido;
Aquél, que anoche te negó medroso,
Y éste, que contradice tu partido;
El uno con espíritu animoso,
Y el otro con amor jamás vencido,
Mueran en Roma, aquél crucificado
Los pies arriba, y éste degollado.

"Y que a los otros diez,[26] en varias partes
Dilatando tu nombre y fe suprema,
Como a piadosos y cristianos Martes,
El mundo huya y el infierno tema;
Y que en el cielo arbolen estandartes,
Habiendo hecho de su fuerza extrema
Prueba inmortal, muriendo por tu gloria,
Y ganando a la muerte la victoria.

"¡Oh buen Señor!, paréceme que veo
Al gran Laurencio,[27] de su ardiente llama
Hacer un carro de feliz trofeo
Y un trono excelso y una dulce cama;
Y no cual bajo y temeroso reo,
Sino cual digno de perpetua fama
Gallardo capitán, decir: —Volvedme;
Que bien asado estoy; fieros, comedme.—

"Y que a Vicente[28] predicando miro 116
Con libre voz y denodado aliento,
Y cuanto más le noto, más admiro
Su frente osada en el feroz tormento:
Ni una querella da, ni da un suspiro,
Aunque le rasga el escorpión violento
Con largas uñas y con garras dobles
El religioso pecho y carnes nobles.

"Y el cristífero Ignacio[29] alegre atiendo
Cómo provoca contra sí las fieras,
Porque, su cuerpo sin temor comiendo,
El trigo muelan de las santas eras:
En Roma hace un generoso estruendo,
Vienen a verle con razón ligeras
Varias gentes, y habiéndoles hablado,
Se entrega a ser molido y amasado.

"Y al viejo Policarpo[30] venerable,
De santas canas y divino aspeto,
En su martirio por la fe admirable,
Como a sagrado capitán respeto:
De llamas forma un arco favorable
O un templo insigne y un jardín perfeto[31]
El fuego, por su honor y en su defensa,
Donde acaba la vida sin ofensa.

"Alza los ojos de su ciencia pura,
Suspende tu dolor, tu pena impide;
Mira de flechas una nube oscura
Que contra Sebastián[32] el aire mide;
Y un robusto escuadrón de gente dura
Que aladas puntas de metal despide,
Y al santo plumas da de amor sincero,
Con que al reino de Dios sube ligero.

"Y a Clemente,[33] pontífice romano,
Sumergido en el mar, y en el mar puesto
De mármol un sepulcro soberano,
Por traza y obra de ángeles compuesto:
De sepultura le privó el tirano,
Y honróle tu divino Padre en esto:
Hablo como si hubiera sucedido,
Por ser tan cierto cual si hubiera sido.

"Junta con éste un número increíble
De sus claros y dignos sucesores,
Que muestras dieron de ánimo invencible,
Siendo de tu fe sacra defensores;
Y en ella con espíritu inmovible,
Entre manos murieron de traidores,
Por tu nombre y tu gloria. ¡Oh Rey bendito!
Consuélete este número infinito.

"Y otro Clemente[34] mira valeroso
Que cinco lustros padeció martirio,
Coronado de roble victorioso
Y ceñido de casto y fresco lirio:
Renovarále el cuerpo religioso
(En que, deshecho como ilustre cirio,
Volverá a padecer) tu Padre santo,
Porque dé en cuerpo nuevo nuevo espanto.

"Y a Ciríaco[35] atiende, ya cortada
La mano, y en la boca plomo ardiente
Recibiendo, y su carne fatigada
Puesta en llamas de fuego vehemente;
Y en una cueva de pavor cercada,
Donde le reverencia una serpiente,
Y al fin alanceado el firme pecho,
Ir al cielo su espíritu derecho.

"Y a Trifón[36] con agudos escorpiones 124
Rasgado, y con dos clavos encendidos
Abiertos ya sus pies, y tres sayones
Azotando sus miembros encogidos.
¡Oh archivo de paciencia y de pasiones!
Otros cien mil contempla no rendidos
A la muerte cruel, que en toda parte
Llevan tu cruz y siguen su estandarte.

"Entre los cuales, dignos de memoria
Diez mil soldados son, ya capitanes,
Que la insignia honrarán de tu victoria,
Y serán tus carísimos Guzmanes:[37]
Éstos, hollando la terrena gloria,
Sufriendo injurias, padeciendo afanes,
Y amándote, serán crucificados,
Nobles por tu encomienda y estimados.

"Considera también a Hermenegildo,[38]
Príncipe santo de la excelsa España,
Que por su injusto padre Leovigildo
Prisión padece indigna y muerte extraña.
¡Oh vos, reyes del cielo!, recibildo;
Que es el primero rey que os acompaña,
Dejando en el martirio el cetro ilustre,
Blasón soberbio del humano lustre.

"Mas ¿quién podrá juntar los grandes hechos
De infinitos varones memorables?
¿Quién los robustos y esforzados pechos
De niños y mujeres admirables?
El que los rayos que al cenit derechos
El sol despide y lanza innumerables
Contare y las estrellas refulgentes,
Contará sus hazañas excelentes.

"Si no, mira la virgen Catarina,[39] 128
De pocos años, mas de gran prudencia,
Que la rueda de filos peregrina
Quebranta con amor y con paciencia,
Y una escuela de sabios encamina
Al gran Maestro de la eterna ciencia,
Y por sangre da leche, degollada,
Y es en sacro monte sepultada.

"Y a Cecilia[40] contempla cuidadosa
De guardar su purísima entereza,
Y cual valiente hermana y casta esposa,
A su esposo ceñir de fortaleza;
Y constante, invencible, generosa,
Dar al baño en aljófar su belleza,
Y a la espada cruel su lindo cuello,
Y al incorrupto ser su cuerpo bello.

"Y a la pequeña Inés,[41] de miembros santos
Y de alma valerosa, considera,
Deshaciendo los hórridos espantos
Del fuego bramador y alta hoguera:
Cubran de rosas, llenen de amarantos,
Con dulce afecto y caridad sincera,
Vírgenes mil su ilustre sepultura
Que mártir ha de ser y virgen pura.

"Y a Lucía[42] también, cual grande roble,
Columna firme o roca excelsa y fuerte,
O soberbio castillo o polo inmoble,
Fija en la tierra por tu amor, advierte;
A quien doble corona y palma doble
La castidad será, y será la muerte,
Óleo y resina y fuego y pez venciendo,
Mas al cuchillo el corazón rindiendo.

"Y aquella Margarita[43] refulgente, 132
Más que oro fino, más que tersa plata,
Más que limpio rubí, topacio ardiente,
Y perla neta en fúlgida escarlata
Estímala; que al fiero presidente
Con desdén mira, con desprecio trata,
Y degollada por tu amor, padece,
Y roja con su sangre resplandece.

"Y la luz de tu ciencia infusa vea
En el potro sin miedo atormentada
A la hermosa virgen Dorotea,[44]
En tu amor altamente confiada;
Que para que Teófilo[45] la crea
Y fuerte muera por tu fe sagrada,
Del jardín de tu gloria verdadero
Le envía frescas rosas en febrero.

"Y cortados los pechos virginales
A Ágata[46] considera en cárcel dura,
Y en carbones y tejas desiguales
Arrastrada su carne santa y pura;
Y dar a tus abrazos inmortales
Su ánima bendita en paz segura,
Absorta en oración, en ti suspensa,
Y transportada en caridad intensa.

"Y dos Eulalias, una en Barcelona[47]
Y otra en Mérida,[48] ve martirizadas;
Aquélla en cruz ganando la corona,
Y ésta llamas bebiendo ensangrentadas:
España con alegre voz pregona,
Y eterniza en columnas levantadas
Su constancia y valor con letras de oro,
Y sus reliquias guarda en gran tesoro.

"Rufina santa y Justa valerosa[49] 136
Se ofrezcan a tus ojos venerables,
Una muriendo en cárcel tenebrosa,
Y otra en dolores della intolerables;
Y ambas de la ciudad maravillosa,
Y reina de ciudades admirables,
Que Betis besa el pie y abraza el muro,
Gimiendo al rico peso de oro puro.

"Y Úrsula[50] no se esconda, pues parece
Clara luna entre lúcidas estrellas,
Que, ardiendo en amor casto, resplandece
Entre once mil castísimas doncellas:
Ella a la muerte sin temor se ofrece,
Y émulas de su fe se ofrecen ellas.
¡Oh cándida beldad, rojos martirios,
Purpúreas rosas entre blancos lirios!

"Pero será imposible referirlas
Todas, ¡oh buen Señor! Tú verlas puedes,
Y en tu divina mente repetirlas,
Pues tú les has de hacer tales mercedes:
Sólo en bosquejo quise descubrirlas;
Tú, que en sabios conceptos nos excedes,
Acabarás de dar a sus loores
Propias sombras y vivos resplandores.

"Y así miradas, padecer gozoso
El duro trance de la muerte amarga;
Que ha de pudrirse el trigo fructuoso,
Para brotar la espiga gruesa y larga;
Y si él no muere, el fruto provechoso,
Que cual suave peso y dulce carga
Sobre la tierna caña está inclinado,
Es antes de nacido malogrado.

"Muere, pues, ¡oh buen Dios!, muere, y veremos
Bellas espigas de copioso trigo,
Que ocupen cuanto ciñen los extremos
Del mundo, hasta aquí pobre y mendigo;
Y aquellos montes en virtud supremos,
Do gocen de aire puro y sol amigo,
Seguramente transplantadas sean,
Y asidas con tu amor a ti se vean."

Cantaba así Miguel, y así cantaban
Con dulce, pero interna melodía,
Los ángeles que a Dios música daban
En aquel lastimoso y triste día;
Y en tarjas de conceptos dibujaban
Al Verbo de inmortal sabiduría,
Los hechos de los mártires valientes
De varios tiempos y diversas gentes.

A ninguno dejaron escondido
En sombras negras de infeliz pintura,
De cuantos nobles mártires ha habido
En la Iglesia bañados de luz pura;
Y entre ellos con su ingenio esclarecido
Formaron, cual en ínclita escultura,
¡Oh Madre!, las clarísimas hazañas
De los que a Dios parieron tus entrañas.

Pedro allí parecía dibujado,
Y perseguido de asesina gente,
Y con tres aureolas coronado,
De virgen, mártir y doctor prudente;
Y su buen compañero al diestro lado,
Por los mismos herido mortalmente,
Y Conrado Teutónico,[51] el primero
De la Germania inquisidor severo.

Juan[52] desollado, Nicolás[53] cubierto 144
De piedras, Berengario[54] mal herido,
Boninsiño[55] aserrado, y Pablo muerto
Por un bando de herejes fementido;
Y con veinte y seis más, el grave Alberto,[56]
En cruz por fieros turcos extendido;
Y Poncio,[57] atosigado con veneno,
Pero de gracia y gloria y ciencia lleno.

Y seis predicadores de Tolosa,[58]
Trayendo sus cabezas en las manos,
Y echados treinta y dos[59] en la espumosa
Corriente del Busín por los paganos;
Y noventa[60] en la tierra belicosa
De Hungría, por los tártaros profanos
Alcanzando corona de martirio,
Y triunfantes subiendo al cielo empíreo.

Sadoc[61] y otros cuarenta degollados
Y ardiendo en viva fe resplandecían,
Y en Cumas otros dos atravesados[62]
Con lanzas, por su Dios muertos, se vían:[63]
Y Cerverio[64] y Antonio[65] atropellados,
De herejes mil vencidos, los vencían,
Y quebrado el cerebro Paulo[66] estaba,
Y su linaje ilustre así ilustraba.

Cristiano,[67] patriarca venerable
Y espejo de los nobles antioquenos;
Y Guido,[68] de valor inespunable
Muertos por los incultos sarracenos,[69]
Con otros cuatro más de fe admirable,
Su sangre daban, de temor ajenos;
Y Bernardo[70] y Guillermo[71] y Cadereta[72]
A Dios cantaban gloria en paz perfeta.[73]

Y los que en este siglo trabajoso 148
Santos murieron por la ley romana,
Un escuadrón formando victorioso,
Muestra de sí hicieron soberana:
Tú, Renato, maestro valeroso
De ciencia pura y de doctrina sana,
Herido el cuerpo con tenazas fieras,
Manifestabas con verdad quién eras.

Y el prior de Tolosa, Malcaserio,
Con plomo ardiente y hierro atormentado;
Y el buen Guiloto y el feliz Sarberio,
Éste preso y aquel precipitado;
Y Picarcio también, digno de imperio
Por su valor y espíritu esforzado,
Después de mil martirios, parecía
De nuevo defender la Iglesia pía.

Los mártirtes glorificarán a Dios

Todos, al fin, tus hijos obedientes
Y mártires invictos se mostraron,
Con palmas y coronas refulgentes,
Y antes de ser, a Dios glorificaron:

Los ángeles se humillan ante Jesús

Los ángeles aquí sus bellas frentes
A su afligido Príncipe humillaron,
Y los demonios tímidos en tanto

Los demonios huyen

Huyeron a los reinos del espanto.

Fin del libro octavo.

Libro VIII - Notas

[1] apriesa = aprisa

[2] indino = indigno

[3] César. Pasaje localizado en el tributo rendido al César:

> Los fariseos trataban de sorprender a Jesús en alguna palabra y decidieron preguntarle si era lícito pagar tributo a César o no. Les pide que le muestren una moneda y él replica: "¿De quién es esta imagen y la inscripción?" Dícenle: "Del César." Entonces les dice: "Pues lo del César devolvédselo al César, y lo de Dios a Dios." Al oír esto, quedaron maravillados, y dejándole, se fueron. (Mateo 22, 19-22)

De lo que se deriva que el poder romano no tiene nada que ver con la autoridad superior de Dios.

[4] indine = indigne

[5] La trompa de París era un instrumento usado en las fiestas de carnaval o en alguna otra celebración que implicara la participación de una muchedumbre. En "El celoso extremeño" de las *Novelas ejemplares* de Cervantes tenemos:

> Y la suerte, que de bien en mejor encaminaba los negocios de Loaysa, trujo a aquellas horas, que eran dos después de la media noche, por la calle a sus amigos, los cuales, haciendo la señal acostumbrada, que era tocar una trompa de París, Loaysa los habló y les dió cuenta del término en que estaba su pretensión, y les pidió si traían los polvos o otra cosa, como se la había pedido, para que Carrizales durmiese; díjoles asimismo lo de la llave maestra. (31)

[6] En el *Sermón del Viernes Santo* de Cabrera leemos: "Y los sayones que se lo tenían a cargo debieron ser sobornados de los judíos, para que le diesen azotes de muerte, temiendo no le soltase Pilatos." (427)

[7] Es la segunda vez que Hojeda compara a Jesús con la figura de Atlas, la primera vez aparece en el libro III.

[8] benino = benigno

[9] dino = digno

[10] El sermón de Cabrera continúa de esta forma:

> Dice San Jerónimo (como se refiere en la glosa y es ya comúnmente recibido), que seis sayones, de dos en dos, azotaron a cristo entrando de refresco. Los primeros con varas de espinas y abrojos, con que abrieron su sacratísimo cuerpo, agujereándole todo y rompiéndole. Los segundos, con unos azotes de nudos, con aguijones al cabo, que entrando en la carne virginal la surcaban y rompían. Los terceros, con unas cadenas que en el fin tenían unos garfios a manera de uñas, con que despedezaban la delicadísima carne y la arrancaban de los huesos. (427)

[11] El tusón de Borgoña es el símbolo de la Orden del Vellocino de Oro, que fue la orden más importante del imperio austríaco y el decorado principal de la Corona Española.

[12] Además del Vellocino de Oro, España tiene varios decorados antiguos, algunos de ellos derivados de las órdenes de Alcántara, Calatrava y Santiago, cuyos orígenes datan de mediados del siglo XII. En estas órdenes se admitía solamente a aquéllos que pudieran probar su limpieza de sangre y nobleza. La cruz roja en forma de espada de Santiago es la "cruz del Apóstol."

[13] dello = de ello

[14] tenello = tenerlo

[15] Jesús ha sido desfigurado por la crueldad. "Así como se asombraron de él muchos –pues tan desfigurado tenía el aspecto que no parecía hombre, ni su apariencia era humana." (Isaías 52, 14)

[16] aspeto = aspecto

[17] perfeto = perfecto

[18] hacello = hacerlo

[19] La sangre de Jesús no pide ser vengada como la de Abel. Los cuatro pecados que sí claman venganza de Dios son:

- Homicidio voluntario
- Pecado impuro contra la naturaleza
- Opresión del pobre
- Defraudar al obrero de su jornal

[20] perfeto = perfecto

[21] Se trata de Job y de sus amigos ante el dolor de todo el mal que había sufrido:

Y tres amigos de Job, Elifaz temanita, Bildad suhita, y Zofar naamatita, luego que oyeron todo este mal que le había sobrevenido, vinieron cada uno de su lugar; porque habían convenido en venir juntos para condolerse de él y para consolarle.
Los cuales, alzando los ojos desde lejos, no lo conocieron, y lloraron a gritos; y cada uno de ellos rasgó su manto, y los tres esparcieron polvo sobre sus cabezas hacia el cielo.
Así se sentaron con él en tierra por siete días y siete noches, y ninguno le hablaba palabra, porque veían que su dolor era muy grande. (Job 2,11-13)

[22] desta = de esta
Según Tertuliano: "la sangre de los mártires se transformará en la semilla de cristianos." Aquí se refiere a la historia de los mártires de la iglesia. "Martyros" significa testigo mártir, quien es puesto a muerte por no renunciar a su fe o a sus principios cristianos.

El modelo de los mártires es el mismo Jesús: "Por eso me ama el Padre, porque doy mi vida, nadie me la quita, yo la doy voluntariamente." (Juan 10,17-18)

[23] San Esteban. Su martirio marca los principios de la ruptura entre judaísmo y cristianismo. Este judío helenizante de la Diáspora "lleno del Espíritu Santo" convirtió a muchos de sus correligionarios. Otros por el contrario, lo acusaron de "blasfemar contra el Templo y contra la Ley," y lo llevaron ante el Sanedrín. Esteban dirigió un extenso discurso ante los doctores de la ley y los notables que componían la asamblea, para probar que Jesús era el Mesías anunciado por los profetas, y que ya no era en el templo, sino en toda la tierra en donde quería el Altísimo que se le adorase. Los asambleístas acabaron por irritarse tanto que se lanzaron sobre él y lo llevaron fuera de la ciudad para lapidarlo. Sin embargo, hasta el último momento, Esteban siguió orando por sus verdugos.

Su lapidación fue particularmente eficaz para Saulo, que no participó en la lapidación, pero que cuidaba la ropa de los que lo hacían. Se trata de Saulo, el futuro Pablo, que poco después se convirtió e hizo triunfar el mensaje universalista de salvación y libración por el que Esteban había muerto. (Hechos 7, 54-60)

[24] San Pedro. Considerado el primer papa, fue pescador de oficio. Simón Pedro vivía con su mujer en la orilla norte del lago Tiberíades cuando "dejó todo para seguir a Jesús." Apóstol espontáneo, generoso, con absoluta confianza en su maestro, aunque tuvo momentos de cobardía durante la Pasión. Su relevancia aumenta a partir de Pentecostés, cuando empieza a actuar como jefe, habla como doctor y ya no teme a nada. Es apresado y amenazado de muerte por el Sanedrín por haber predicado a Cristo resucitado, pero desde el momento que sale de prisión predica con mayor ahínco la resurrección del Salvador. Fue él mismo quien, dispensando los ritos de la antigua Ley, abrió a los gentiles la puerta de la Iglesia. Después de Jerusalén fue a predicar a Samaria, Antioquía y Roma donde encontró la muerte martirizado por Nerón. Estableció la silla papal, primero en Antioquía y luego en Roma.

[25] San Pablo. Después de su conversión, viajó por todo el Imperio predicando la palabra de Jesús a los paganos. De 45 a 48 está en Chipre, en Panfilia, en Pisidia, en Licaonia. Después fue con Pedro y Santiago a Jerusalén (49). De 50 a 52 recorrió Frigia, Macedonia,

Filipo, Salónica, Atenas y Corinto. Del 53 al 58 se dirigió a Efeso, Macedonia, Corinto, las islas del mar Egeo y los puertos de la costa asiática, para finalmente volver a Jerusalén en Pentecostés el año 58. Ahí los judíos, que habían intentado matarlo, lo hicieron arrestar por las autoridades romanas. Lo mantuvieron cautivo por dos años en Cesárea, después lo enviaron a Roma donde pasó otros dos años más en cautiverio. Una vez puesto en libertad Pablo visitó Creta, Efeso, Troas, Lacedonia, Epiro y probablemente España. Fue arrestado en Asia Menor bajo el poder de Nerón y murió decapitado en Roma.

[26] Se refiere a los otros diez miembros del apostolado aparte de Pedro y Pablo. En sustitución de Judas, Matías se incorporó al apostolado.

[27] San Laurencio de Roma. (Siglo III) Posiblemente uno de los más celebrados mártires de Roma. Los españoles lo claman como compatriota, fue archidiácono del papa San Cisto II, y como tal administró los Temporales de la Santa Sede. Cuando Cisto fue puesto a muerte con la mayoría de sus clérigos bajo el poder de Valeriano (258 d.C.), Laurencio fue obligado a declarar dónde se encontraban los supuestos tesoros de la iglesia. Una vez que se supo que todo había sido repartido entre los pobres, el diácono santo fue torturado y finalmente asado en vida en un escorial. Su cuerpo descansa en el Campo Varanus, el Cementerio de San Laurencio, aunque algunas de sus reliquias se encuentran en toda Europa, principalmente en el Palacio de los Reyes de El Escorial, en España.

[28] San Vicente de Zaragoza. Muerto en Valencia, España en 304. Como Vicente era un excelente orador, Valerio, el anciano obispo de Zaragoza que se había vuelto un poco tartamudo, lo ordenó diácono para que lo reemplazara en el ministerio de la predicación.

Un día ambos fueron arrestados y los condujeron a Valencia, en donde comparecieron ante Daciano, gobernador de la provincia. Éste empezó por interrogar a Valerio con violentas amenazas, pero el anciano sólo mascullό algunas palabras y luego calló. El gobernador se sintió triunfar, interpretando ese silencio como el principio de su apostasía, pero Vicente intervino y con su habitual elocuencia y los ánimos que le daba su maestro, protestó que jamás nada destruiría su fe en Cristo ni su común fidelidad. Este discurso exasperó tanto a Daciano, que olvidando momentáneamente al obispo, mandó a Vicente al tormento, ordenó que se le arrancara la carne con pinzas de hierro y que se le quemara a fuego lento. Nada dio resultado, el torturado siguió firme y lleno de gozo. El gobernador pensaba que terminaría por dar muestras de debilidad, o que al menos moriría entre terribles dolores. Pero aquí también sus expectativas se frustraron, ya que su víctima oró y cantó hasta el final y fue en pleno gozo espiritual como Vicente entregó su último suspiro.

[29] San Ignacio de Antioquía. Murió como mártir en el coliseo romano devorado por dos leones. Véase la nota 60 del libro V.

[30] San Policarpo. Muerto en Esmirna (Izmir, Turquía) en 155.

Aparte del martirio de San Esteban, la historia no conoce otro más antiguo que el de Policarpo. Su fiesta es la primera que se haya celebrado en memoria de un confesor de la fe.

Su discípulo San Ireneo dice que Policarpo había conocido a San Juan y a aquéllos que habían visto al Señor. Durante largos años había sido obispo de Esmirna cuando se le dio muerte. Se dice que Policarpo se había refugiado en una granja de los aledaños de la ciudad, pero fue traicionado por un sirviente joven que habló al ser torturado. Cuando llegaron a apresarlo, el obispo descendió del granero y se entregó a ellos. Lo llevaron ante el precónsul Quadratus, quien en ese momento presidía los juegos del circo. Al descubrir al anciano, la multitud empezó a gritar que murieran los cristianos y exigieron que fuera juzgado ahí mismo. Quadratus le prometió perdonarle la vida si renegaba de Cristo pero Policarpo se resistió. Querían atarlo de manos y pies antes de arrojarlo a la hoguera, pero Policarpo aseguró que Jesús le daría la fuerza para soportar el sufrimiento e hizo una oración de alabanza. Como las llamas lo tocaban sin poder quemarlo, fue preciso clavarle un puñal para darle muerte.

[31] perfeto – perfecto

[32] San Sebastián. Martirizado en Roma en fecha desconocida. Originario de Mi lán, era un brillante y hermoso soldado que socorría a las víctimas de la persecución. Se encontraba presente en Roma cuando fueron juzgados los hermanos Marcos y Marcelino, por lo que iba a visitarlos a prisión y les hablaba tan bien de Cristo que todos los prisioneros se convirtieron: Tranquilino, padre de los hermanos, el escribano Nicostrato, el carcelero Claudio y otros trece paganos, incluyendo a Cromacio, gobernador de Roma, quien después de abrazar la fe se apresuró a liberar a los cristianos cautivos.

Cuando Diocleciano volvió a la ciudad eterna, la persecución se reanimó y muchos de los nuevos conversos perecieron. Diocleciano entregó a Sebastián a los arqueros, quienes lo acribillaron con flechas hasta que cayó casi muerto al pie del cadalso.

Una piadosa viuda lo recogió, lo llevó a su casa, lo cuidó y lo curó. Sebastián, con una fe más ardiente que nunca, fue a donde pasaba el emperador para suplicar que se diera libertad a los cristianos. Diocleciano se sorprendió de encontrarlo vivo todavía y esta vez ordenó que se le abatiera a bastonazos como a un perro, hasta que lograron matarlo.

[33] San Clemente. Romano de nacimiento y convertido tal vez por San Pedro o San Pablo. Acompañó a éste último en algunos de sus viajes misioneros, como el mismo San Pablo lo señala en su carta a los Filipenses "También te ruego a ti, Sícigo, 'compañero' mío, que los ayudes, ya que lucharon por el Evangelio a mi lado, lo mismo que Clemente y demás colaboradores míos, cuyos nombres están en el libro de la vida." (4, 3)

San Clemente es considerado el tercer sucesor de San Pedro (88-98). Su noble espístola a los corintios es uno de los más preciosos monumentos de la edad sub-apostólica. Según la tradición, murió bajo Trajan (100 d.C.) en exilio y como mártir en Crimea. Se conoce muy bien la historia de que fue sumergido en el mar Negro con un ancla a su cuello y que a su muerte los ángeles le hicieron un templo bajo las olas. Sus reliquias se encuentran en Roma, en la famosa basílica dedicada en su honor.

[34] San Clemente. (Siglo IV) Obispo de Aneyra en Galacia, Asia Menor. Fue puesto a la muerte bajo Diocleciano y Maximiniano (303) Se le describe en sus actos como víctima de la persecución por veinticinco años. Sus reliquias fueron llevadas a Constantinopla en el siglo VI y posteriormente a Europa occidental por los cruzados.

[35] San Ciríaco. Obispo y mártir. Muerto en 303. Según un texto apócrifo, conocido por San Gregorio de Tours, cuando se llevaron a cabo los trabajos para el hallazgo de la Cruz de Cristo en la ciudad santa, por iniciativa del obispo de Jerusalén y de la piadosa madre del emperador Constantino, Helena, estaba presente un hebreo de nombre Judas. Entre los primeros milagros obrados por la santa cruz habría que citar la conversión de este hebreo.

Cambió su nombre por el de Ciríaco (nombre de origen griego que quiere decir "patricio", muy difundido en todo el mundo romano.) Recorrió Palestina y después fue elegido obispo de Jerusalén, en donde fue martirizado junto con su madre, Ana, durante la persecución de Julián el Apóstata. Pero la tradición de Ancona concuerda con el texto apócrifo sólo en la primera parte.

Según otra tradición, Judas, ya con el nombre de Ciríaco recibido en el bautismo, para huir de sus antiguos correligionarios, abandonó a Palestina y se refugió en Ancona (Italia). Aquí fue elegido obispo de la ciudad, en una época de extraordinario florecimiento del cristianismo, que desde hacía poco había salido de la clandestinidad con el edicto de Milán. Después de un largo tiempo de episcopado, lleno de méritos, Ciríaco fue en peregrinación a Tierra Santa para volver a ver la patria de Jesús y la suya propia. Aquí lo esperaba la espada del perseguidor romano, Julián el Apóstata, y el santo anciano recibió la palma del martirio. Más tarde las reliquias del obispo regresaron a Ancona en una caja llevada por las olas hasta el puerto de la ciudad. Para recordar esta leyenda, el 4 de mayo, en la catedral de Ancona se distribuyen manojos de juncos bendecidos.

[36] San Trifón. Se dice que nació en Kampsade en Frigia y que de niño cuidaba gansos. Durante la persecución Deciana fue llevado a Nicfa alrededor del año 250 y puesto a la muerte en una horrible manera después de que había convertido al Prefecto Licio. Es sumamente venerado en la iglesia griega como patrono de los jardineros. Muchas iglesias llevan su nombre.

[37] Los Guzmanes es una de las familias heroicas de España, descendientes de Guzmán el Bueno, en la época del Cid. Aún existe el palacio de los Guzmanes en León. Por antonomasia, Guzmanes son los héroes.

[38] San Hermenegildo. (Siglo VI) Príncipe visigodo, hijo del rey Leovigildo, y criado como arriano en la corte de Sevilla. Fue convertido al catolicismo por el santo obispo Leandro. Debido a su conversión, su furioso padre lo encarceló y ante su persistente rechazo de recibir comunión de un obispo arriano, le hizo cortar la cabeza (586 d.C.) Su hermano sucedió a su padre en el trono visigodo y su conversión trajo la fe católica a su nación.

[39] Santa Catalina de Alejandría (Siglo IV: 287-305). La pusieron en un tormento de una rueda de metal y milagrosamente la rompió; pero después murió degollada. Durante varios siglos fue considerada patrona de los estudiantes de filosofía y lo fue hasta la reforma de la liturgia después del Concilio Vaticano II. Se le celebra el 25 de noviembre.

[40] Santa Cecilia. Durante más de mil años, Santa Cecilia ha sido una de las mártires de la primitiva Iglesia más veneradas por los cristianos. Las "actas" de la santa afirman

que pertenecía a una familia patricia de Roma y que fue educada en el cristianismo. Solía llevar un vestido de tela muy áspera bajo la túnica propia de su dignidad, ayunaba varios días por semana y había consagrado a Dios su virginidad. Pero su padre la casó con un joven patricio llamado Valeriano. El día de la celebración del matrimonio, en tanto que los músicos tocaban y los invitados se divertían, Cecilia se sentó en un rincón a cantar a Dios en su corazón y a pedirle que la ayudara. Cuando los jóvenes esposos se retiraron a sus habitaciones, Cecilia, armada de todo su valor, le dijo dulcemente a su esposo que un ángel del Señor velaba por ella. Su esposo le pidió que se lo mostrara y ella accedió con la única condición de que se convirtiera al cristianismo. Aceptó ser bautizado inmediatamente y cuando Valeriano regresó a donde estaba Cecilia, vio a un ángel de pie junto a ella. El ángel colocó sobre la cabeza de ambos una guirnalda de rosas y lirios. Poco después llegó Tiburcio, el hermano de Valeriano y los jóvenes esposos le ofrecieron una corona inmortal si renunciaba a los falsos dioses. Tiburcio se mostró incrédulo al principio pero también recibió el bautismo, y al punto vio muchas maravillas.

Después Cecilia fue llamada para que renunciara a su fe, pero ella no aceptó y fue martirizada. Su poder religioso era tal que logró convertir a sus verdugos y otros cuatrocientos paganos.

Desde el siglo XVI los pintores la han representado entregada a la música vocal e instrumental. Es la patrona de los músicos.

[41] Santa Inés. Aunque es difícil precisar la fecha, se sabe que existió en Roma entre 250 y 306. Hay dos versiones sobre su martirio. Según los latinos, una vez arrestada, Inés fue puesta a sacrificar a los dioses. Como no había forma de doblegarla, se le ató a un poste, después se le laceró la carne con uñas de hierro. Los asistentes lloraban, pero ella no cesaba de manifestar su alegría. Para liberarla, se presentaron jóvenes que se ofrecían desposarla pero ella respondió que eso era ofender a su amado y prometido celestial. Y el verdugo le cortó la cabeza.

Para los griegos, Inés pertenecía a una familia de gran linaje y el gobernador de Roma se había propuesto él mismo hacerla apostatar. Ante la resistencia de ella la condujo al lupanar. Ahí nadie osaba acercarse a ella por respeto a su aire angelical, excepto un bruto, que cayó muerto a sus pies. Ella lo resucitó por caridad y después se dirigió gozosa a la hoguera en donde fue quemada viva.

[42] Santa Lucía. Murió por la fe en Siracusa, Sicilia. Se ha comprobado que ya se veneraba en esta ciudad a principios del siglo V. Santo Tomás de Aquino habla de ella en dos ocasiones en su *Suma Teológica*. Denunciada como cristiana por un pretendiente rechazado, se rehusó a apostatar y fue conducida de inmediato a un mal establecimiento, pero quedó clavada en su sitio y no se le pudo hacer entrar. Ni siquiera un par de bueyes que jalaron de ella lograron moverla. La arrojaron a una hoguera, pero las llamas no la tocaron. De este modo, hubo que clavarle una lanza en el cuello para hacerla morir. Santa Lucía es representada a menudo con los dos bueyes mencionados.

[43] Santa Margarita. De época desconocida. Fue echada de su casa por haberse hecho cristiana. Se volvió pastora y cuidaba sus ovejas cerca de Antioquía cuando un día, pasó a su lado el gobernador Olibrius. Este se enamoró inmediatamente de ella. "Si es libre, la desposo; si no, la hago mi concubina." La interrogó y ella le hizo saber que era

noble, que se llamaba Margarita y declaró ser cristiana. "Las dos primeras cosas te quedan bien, le dijo; todo en ti es noble, y no hay perla (margarita) en el mundo que iguale tu belleza. Pero es indigno de ti adorar un dios crucificado vergonzosamente." Lo que ella le contestó en la audiencia del día siguiente lo irritó tanto que él hizo que le cortaran la cabeza.

Santa Margarita fue una de las voces que le hablaron a Juana de Arco, que la guiaron en su misión y la ayudaron a subir a la hoguera.

[44] Santa Dorotea. (Siglo IV) Virgen mártir de Cesárea en Capadocia, quien fue estirada, dada de latigazos y decapitada bajo el poder de Diocleciano (300). Sus reliquias son ahora veneradas en Roma. Convirtió a las mismas personas que fueron a persuadirla para que renunciara a la fe cristiana. Se le representa con fruta y flores en alusión a un abogado que burlonamente le pidió que le mandara "rosas y manzanas" del jardín de su boda celestial, y que misteriosamente las recibió el día de su martirio a pesar de la nieve del invierno de Capadocia.

[45] Teófilo. Nombre del abogado que le pidió las rosas y manzanas a Santa Dorotea.

[46] Santa Ágata. (Siglo III) Tanto Palermo como Catania se disputan el lugar de nacimiento de esta santa siciliana, cuyo nombre aparece en la antigua martirología de Cartago, así como en la griega y la latina. Se le representa con un par de tenazas u otros instrumentos de tortura a los que ella fue sometida. Los detalles de su amarga pasión se dan en el breviario romano. Se sabe que después de haber sufrido tremendas torturas, murió a causa de sus heridas en una prisión en Catania, bajo la persecución de Decius (250 d.C.)

[47] Santa Eulalia de Barcelona. (Siglo IV) Santa patrona de Barcelona, venerada también en el sur de Francia. Desde que era apenas una niña, se caracterizaba por la compasión hacia sus correligionarios que perecían en los tormentos, la animosidad contra aquéllos que se los inflingían y un gran amor por Cristo. Un día, saliendo secretamente de la casa paterma corrió al pretorio. Ante todos, insultó al magistrado que impartía justicia, diciéndole que se avergonzara de la forma bárbara en que trataba a los cristianos. Como respuesta, el magistrado la hizo sufrir varias torturas y finalmente murió crucificada.

[48] Santa Eulalia de Mérida. (Siglo IV) Santa patrona de Mérida y Oviedo en España. Sus restos son venerados en Oviedo. En cuanto se desencadenó la persecución de Diocleciano, Eulalia manifestó la esperanza de ser mártir. Para impedírselo, sus nobles padres la encerraron en un castillo del que únicamente tenían la llave el sacerdote Félix y la camarera Julia. Durante ese tiempo, el prefecto Calpurnius hacía morir en Mérida a todos los cristianos que se negaban a quemar incienso e hígado de puerco a los ídolos. Eulalia logró ganarse a Julia para sus proyectos, y ambas fueron a presentarse a Calpurnius que presidía el tribunal. Eulalia le reprochó su crueldad y le escupió el rostro. Calpurnius pronunció la pena de muerte de las dos amigas. Julia fue la primera que sufrió el martirio. El de Eulalia, dice Prudencio, fue de una longitud desmesurada, incluyendo tantos milagros como tormentos. Divirtiéndose, la muchacha sufrió todas las torturas, hasta el momento en que, lanzada a la hoguera, se la vio con la boca abierta aspirar las flamas y tragarlas con

glotonería, para llegar más rápidamente a Dios. A la hora de su muerte surgió una paloma blanca de su boca, y sobre las cenizas y el campo, apareció una capa de nieve.

Santa Eulalia se convirtió en una de las más populares santas españolas. Su leyenda se extendió también en la Galia, como lo prueba la Cantinela de Eulalia, el poema más antiguo que nos ha llegado en la lengua de oil. (Siglo IX)

[49] Santas Justa y Rufina. (Siglo III) Dos pobres mujeres de Sevilla, España. Fueron víctimas de la persecución bajo Diocleciano. Son muy veneradas en la liturgia mozárabe y en la iglesia española en general. Después de ser estiradas fueron arrojadas a prisión. Justa expiró a causa de las torturas y Rufina fue estrangulada.

[50] Santa Úrsula y las once mil vírgenes. En el siglo IX se descubrió en Colonia, en una iglesia del siglo IV, un epígrafe borroso cuyo principio "XI M" podía leerse "once mártires" u "once mil". Se adoptó la segunda lectura y se dio por sentado que la iglesia había sido edificada para honrar a once mil vírgenes martirizadas en ese sitio. En la Pasión que se escribió para contar su historia, se podía leer que ellas habían huído de Inglaterra con Úrsula, la hija del rey, para escapar de los sajones paganos, quienes iban a invadir el país. Desgraciadamente, cuando su barco llegó a Colonia, ahí estaba Atila con sus hunos, quien quería casarse con la princesa Úrsula y casar a las otras con sus guerreros. Como todas se rehusaron, todas fueron asesinadas y así hubo "once mil vírgenes y mártires" más en el paraíso.

La popularidad de esta historia fue enorme y Santa Úrsula se hizo conocida en toda Europa.

[51] Conrado Teutónico se refiere a San Conrado de Alemania. Nació en Constanza y vivió en el siglo X. Fue hijo de un conde o de un duque, pero entregó su vida a la religión.

[52] Santos Juan y Pablo mártires, del siglo IV a quienes ordenó matar Juliano el Apóstata.

San Juan y San Pablo fueron caballeros romanos y familiares de Constancia, hija del emperador Constantino. Juan era mayordomo y Pablo su secretario, los cuales se ocupaban en obras de piedad, convirtiendo a muchos con sus palabras y ejemplos.

Juliano Apóstata les envió a decir que desearía servirse de ellos si abandonaban la fe de Cristo, pero como no aceptaron fueron encarcelados y llegó hasta ellos Terenciano, ministro de Juliano, invitándolos a servir a su amo pues de lo contrario les haría degollar allí mismo, ya que no quería que muriesen en público por ser personas principales. Ellos le respondieron: "Si Juliano es tu señor, préciate de ser su criado, que nosotros no tenemos más amo que Jesucristo."

Con esto los mandó sepultar secretamente en una hoya que se hizo en la misma casa. Fue su martirio el día 26 de junio año de 826.

[53] San Nicolás de Pieck (o Pick.) Fraile franciscano y mártir. Nacido en Gorkum, Holanda en 1534 y muerto en Briel, Holanda en 1572. Pertenecía a una familia honorable. Sus padres eran devotos de la fe católica. Su padre en especial se distinguió por su oposición contra las innovaciones del Calvinismo. Después de ser fraile, Nicolás se ordenó como sacerdote en 1528 y desde entonces se dedicó por completo a la misión apostólica. Evangelizó los pueblos principales de Holanda y Bélgica, combatió las herejías

y fortaleció la fe de los católicos. Se distinguió por su humildad, modestía, caridad e inspiraba afecto y respecto a quienes lo conocían.

Cuando su ciudad natal fue invadida por los calvinistas, Nicolás encabezó a su gente en contra de las enseñanzas erróneas del calvinismo. Los calvinistas lo tomaron preso, lo ataron y lo torturaron largamente primero atándolo con una cuerda y después con fuego.

[54] Sin duda alguna que Hojeda se refiere a un mártir con el nombre de Berengario. Sin embargo, el único identificado es el monje San Berengario de Saint-Papoul, en el sur de Francia, muerto en 1093.

[55] Referencia no identificada.

[56] San Alberto de Jerusalén. (Siglo XII) No es carmelita en sentido estricto, pero sí lo celebra la Orden del Carmen con toda propiedad como a hijo querido por haber sido su Legislador.

Nació en Castel Gualtien, diócesis de Reggio Emilia, Italia. En 1180 fue elegido Prior de los Canónigos Regulares de Santa Cruz de Mortara (Pavía). En 1184 fue elegido obispo de Bobbio y al año siguiente de Vercelli, diócesis que gobernó por espacio de veinte años. Durante este tiempo desempeñó delicadas misiones nacionales e internacionales, encargado por papas y emperadores. Todos acudían a él, sabedores de su prudencia, firmeza e independencia. Fue un experto árbitro de los más intrincados litigios que tenían relación con la Iglesia.

Dadas sus cualidades y mirando el bien de la Iglesia universal, el papa Inocencio III lo nombró Patriarca de Jerusalén en 1205, ya que era varón probado, discreto y prudente. Sus extraordinarias cualidades de experto mediador también las ejercitó con fruto durante los nueve años que duró su patriarcado. Llegó a Palestina a principios de 1206 y fijó su residencia en Accón (San Juan de Acre) porque Jerusalén estaba ocupada por los sarracenos.

Para los carmelitas, su obra benemérita fue la entrega de la Regla o Norma de vida que lleva su nombre y que aún hoy observa el Carmelo en todas sus múltiples ramas.

En 1214, mientras participaba San Alberto en una procesión en Accón, fue asesinado a puñaladas por el maestro del hospital del Espíritu Santo, al cual había reprendido y depuesto de su cargo a causa de su mala vida.

[57] San Poncio. Murió como mártir en 258. En el siglo V, el obispo San Valeriano de Cimiez escribió extensamente acerca de los muchos milagros que se atribuyen a la intercesión de este mártir benedictino.

[58] No se han podido identificar los nombres de los seis predicadores que fueron decapitados. En el Convento de Lima hay una serie de mosaicos en los que se refiere a cada uno de ellos como "Mártir Tolosano". Sin embargo, puede tenerse en cuenta la vida de San Saturnino, mártir y primer obispo de Tolosa.

Aunque no se sabe nada cierto sobre su vida y apostolado, hay más información sobre su muerte: en el año 250 aparecieron en la Galia los edictos de Decio que obligaban a todos los cristianos a hacer acto público de idolatría. Durante esta persecución, la más terrible que tuvo lugar en la Galia, los sacerdotes paganos de Tolosa atribuyeron a la presencia de Saturnino en su ciudad el mutismo de sus ídolos, que no emitían oráculos, por lo que un día los sacerdotes paganos excitaron a la muchedumbre contra el obispo cuando pasaba ante el templo de Júpiter Capitolino porque querían obligarle a sacrificar a los dioses. La muchedumbre se exasperó ante su firme negativa por lo que se apoderaró de Saturnino y lo ató con una cuerda detrás de un toro que iba a ser inmolado y que huyó furioso. El mártir murió con la cabeza rota y el cuerpo despedazado.

[59] La referencia más cercana a este pasaje se localiza en la historia de San Melitón y sus compañeros mártires que fueron arrojados a una laguna helada. El emperador Licinio hizo publicar un edicto en que mandaba, bajo pena de la vida, abjurar la religión cristiana. Había en el ejército cuarenta soldados que eran cristianos, y el prefecto Agricolao los exhortó a negar la fe de Cristo pero como no obedecieron los hizo llevar a la cárcel, donde pasaron la noche cantando alabanzas al Señor, y Cristo se les apareció diciendo: "Bien habéis comenzado: mirad que acabéis bien." Luego fueron arrojados desnudos en una laguna helada y uno de ellos, vencido por el frío, se pasó a un baño caliente, y luego expiró. El portero que velaba vio bajar ángeles con treinta y nueve coronas, y movido por esta maravilla, se hizo cristiano.

Después los sacaron de la laguna para conducirlos en carros a una hoguera, y reservaron a San Melitón, que por ser más joven, había resistido más a la violencia del frío. Se cuenta que su propia madre lo echó en uno de los carros y todos fueron quemados el día 9 de marzo año de 316.

[60] Fue el rey San Esteban de Hungría (977-1038) quien llevó su reino a la fe católica en 986.

[61] San Sadoc. (Siglo XIII) Santo dominico, recibido en la orden por el mismo Santo Domingo, y enviado a Hungría y Polonia. Sadoc junto con su comunidad de cuarenta religiosos, sufrió martirio bajo la invasión tártara en 1260 d.C.

[62] En la mitología griega, Cumas es la cueva de la famosa sibila que profetizaba. Existe una carta del papa San Gregorio el Grande a los romanos en la que se menciona la disputa de los terrenos de Cumas para la construcción de un monasterio (Libro IX) pero fuera de estas referencias, no hay ninguna otra que hable de los mártires que señala el poeta.

[63] vían = veían

[64] San Bartolomé de Cerverio. Nació en Savigliano, Italia en 1420 y murió en Cerverio, Piedmont en 1466. Aunque no fue beatificado hasta 1853 por el papa Pío IX, Hojeda lo incluye aquí por la venerable tradición de la muerte a causa de la verdad. Cerverio fue el cuarto inquisidor dominico que ganó su corona en Piedmont, considerada entonces la fortaleza de la secta maniquea de los cátaros, quienes habían tomado ya las vidas de San Pedro de Verona, Pedro de Ruffi y Antonio de Pavonio.

En el camino a Cerverio de la diócesis de Fossano, él y sus acompañantes fueron atacados por cinco herejes. Sus compañeros fueron heridos, pero lograron escapar. Sin embargo, Bartolomé murió con heridas de daga. Algunas personas de Savigliano vieron una luz brillante en el cielo de Cerverio y entendieron lo que había pasado. Cuando fueron a buscar los restos del mártir, sorprendentemente descubrieron que a pesar de las heridas, no había sangrado, y no sangraron sino hasta que fue depositado en la iglesia de los dominicos.

[65] San Antonio de Pavonio. Nacido en Savigliano, Italia en 1326 y muerto en Turino, Italia en 1374. Aunque fue beatificado hasta 1868, Antonio fue obviamente martirizado por la fe, y aún no es canonizado. Ingresó al monasterio a los 15 años y fue ordenado en 1351. Se involucró de inmediato en contra de las herejías de los lombardos. El papa Urbano V lo nombró inquisidor general de Lombardía y Genoa en 1360. Antonio trabajó arduamente y su apostolado duró 14 años. Su verdadera dedicación lo hizo enemigo clave de los herejes quienes finalmente lo capturaron cerca de Turino mientras se preparaba para asistir a una boda.

[66] San Paulo. (Siglo IV) Mártir de Palestina bajo el emperador Galerio, uno de los colegas de Diocleciano. Según el relato del historiador Eusebio, en 308 d.C. antes de poner su cabeza en la piedra, a Paulo se le concedieron unos minutos para decir una oración y de este modo intercedió por sus compatriotas, por la propagación de la religión cristiana entre los judíos y gentiles, por la multitud que se había reunido a presenciar su ejecución y finalmente por sus jueces y verdugos.

[67] Es probable que se trate de San Cristóbal. (Siglo III) Antes de la reforma de 1969 al calendario romano, San Cristóbal aparecía como mártir que murió bajo el poder de Decius, pero no se sabe nada más de él con precisión. Existen varias leyendas que cuentan que mientras él cruzaba un río, un pequeño se le acercó a pedirle que lo cargara para poder cruzarlo también. Cuando San Cristóbal lo tomó en sus hombros se dio cuenta de que el niño era extremadamente pesado. Se trataba del niño Jesús que llevaba el peso del mundo que él mismo carga. Esto lo convirtió en el patrono de los viajeros y es invocado contra las plagas y las tormentas. Se le recuerda en su celebración del 25 de julio.

Como sucede con muchos otros santos, la vida de San Cristóbal sólo se conoce por leyendas. A ello se debe que su nombre haya sido removido de la lista universal de santos y que su culto sea más bien local en la actualidad .

[68] (Guido) San Vito. (1579-1601) Fue uno de los santos más populares de la Edad Media. Lo atestigua su inserción en el restringido grupo de los Santos Auxiliares, los catorce (o quince, según los lugares) santos, cuya intercesión se consideraba muy eficaz en tiempo de enfermedades o necesidades características. Estos catorce Santos Auxiliadores son: Acacio, Bárbara, Blas, Catalina de Alejandría, Ciríaco, Cristóbal, Dionisio, Egidio, Erasmo, Eustaquio, Jorge, Margarita, Pantaleón y Vito. A San Vito se le invocaba sobre todo para conjurar la corea, o baile de San Vito, el letargo y la mordida de animales venenosos y la hidrofobia.

Su leyenda es muy conocida: Vito era siciliano de nacimiento, a los siete años era ya un cristiano convencido y comenzó a hacer muchos milagros. El gobernador Valeriano mandó arrestarlo y trató de hacerlo apostatar con promesas de premios y con amenazas de castigo. Pero de nada sirvieron ni siquiera los apasionados llamados de su padre, que era un pagano terrible. El pequeño Vito tenía a su lado, ejemplo de valentía y fidelidad, a su propio maestro Modesto y a su nodriza Crescencia. Los tres fueron prodigiosamente liberados por un ángel, y se retiraron a Lucania, en donde siguieron dando testimonio de su fe con la palabra y con los prodigios. La fama de San Vito llegó a oídos de Diocleciano, cuyo hijo era epiléptico.

Vito fue a Roma, curó a su coetáneo, y como recompensa lo torturaron y lo echaron nuevamente a la cárcel. Pero el ángel lo liberó y, cuando regresó a Lucania, junto con Modesto y Crescencia rindió su último testimonio con el martirio. San Vito es muy popular en Europa. Su nombre es Vito, en Italia; Vite o Guy en Francia, y Veit en Alemania.

[69] Los sarracenos son originarios del norte de Arabia y formaron una tribu que puso una viva resistencia a los emperadores bizantinos. Posteriormente se convirtieron al islam. El término fue utilizado después por los occidentales para designar en general a árabes, musulmanes y moros, especialmente a los piratas que actuaron en el Mediterráneo occidental durante la alta Edad Media.

[70] San Bernardo de Alziva. (Siglo XII) Príncipe musulmán de España, muerto a causa de su fe en 1180 d.C. Pereció con sus dos hermanas que como él, habían aceptado la cristiandad.

[71] San Guillermo Arnaud. (San Esteban, San Raymundo y Compañeros.) Muerto en 1242. Uno de los primeros mártires de la Orden Dominica. Murió con once compañeros en Avignonet, conocidos ahora como los "Mártires de Tolosa." En 1234, él y otros dos dominicos fueron comisionados como inquisidores por el Papa Gregorio IX para combatir el albigensianismo en Languedoc, Francia, pero fueron arrojados del lugar por los herejes.

Después de la muerte de Santo Domingo, el partido del Conde Raymundo de Tolosa subió nuevamente al poder. Cuando Guillermo y sus compañeros llegaron a la ciudad, encontraron todas las puertas cerradas para ellos. Por orden del hereje, los ciudadanos tenían prohibido bajo pena de muerte recibirlos y ayudarles de cualquier forma. Entonces se refugiaron en una granja en las afueras de Avignonet, donde empezaron a predicar con cierto éxito.

A pesar del riesgo que corrían decidieron permanecer en el lugar y a fines de mayo de 1242 fueron amenazados con el martirio, pero ellos no se movieron de donde estaban. Los herejes decidieron entonces acabar con ellos. Guillermo y Esteban fueron asesinados en el santuario de la iglesia mientras cantaban Te Deum. Sus cuerpos fueron arrojados después a una barranca y cubiertos de piedras. Se cuenta que en la noche horas después del martirio, se vieron milagrosamente algunas luces para indicar donde estaban los cuerpos, y de esta manera, fueran recuperados y venerados por los fieles.

Como consecuencia al sacrílego cometido, por 40 años no se celebró misa en la iglesia de Avignonet.

[72] Éste y los siguientes mártires nombrados no pudieron ser identificados.

[73] perfeta = perfecta

Libro IX

Argumento

A la Impiedad Luzbel da su querella,
Y al mundo sube el monstruo inexorable:
Tratan de Cristo algunos sabios, y ella
Enciende al vulgo en un furor notable:
Las manos de Jesús y frente bella
De cetro y de corona intolerable
Le adornan, y le muestra el presidente,
Burlado así, a la fiera y cruda gente.

Octavas 1-34
En el Infierno

Hay en el centro oscuro del averno
Una casa de estigio mar cercada,
Donde el monstruo mayor del crudo infierno
Perpetua tiene su infeliz morada:
Aquí las ondas con bramido eterno
La región ensordecen condenada,
Y denegrido humo y gruesas nieblas
Les infunden ciegas y hórridas tinieblas.

El edificio de rebelde acero
Trono de la Impiedad
Sobre una inculta roca se levanta,
Y en su puerta mayor el can Cervero[1]
Con tres en una voz la noche espanta:
Aleto,[2] hija atroz del Orco fiero,
Que de culebras ciñe su garganta,
Con sus hermanas dos siempre despiertas,
Ocupan las demás guardadas puertas.

Y dentro, en una silla pavorosa,
Que unos dragones forman enroscados,
De pura piel y escama ponzoñosa,
Con sus colas y cuellos enlazados,
Se asienta la Impiedad,[3] madre espantosa
De hijos mil, gravísimos pecados,
Mirando al cielo con torcidos ojos,
Y fulminando contra Dios enojos.

De hierro toda y de furor vestida, 4
Cien espadas esgrime con cien manos,
Y contra el mismo Ser que nos da vida
Acciones de la Impiedad
Cien dardos vibra, pero todos vanos:
Tiene a sus pies la bárbara homicida
De padres y de hijos y de hermanos,
Cuerpos sin almas, bustos sin cabezas,
Y cien mil corazones hechos piezas.

Repúblicas enteras destrozadas,
Y destrozados ínclitos imperios;
Ellas están entre sus pies holladas;
Y ellos vueltos en viles vituperios:
Conservan las paredes mal grabadas
En duros bronces hórridos misterios
De agravios, que celebra por victorias,
Y hombres impíos fingieron impías glorias.

Los ángeles allí desembrazando
Armas se ven de osados pensamientos,
Y contra Dios banderas tremolando
De vanos y pomposos ardimientos:
Nembrot,[4] su enhiesta torre levantando,
Robusto ultraje de enemigos vientos,
Con arrogante pie por ella sube,
Y atrás deja la más soberbia nube.

Relación de personajes que han actuado con impiedad

El impio Faraón[5] al pueblo santo
Con espinosos látigos azota,
Pero con olas venga el mar su llanto,
Cuando él venganza espira y fuego brota;
Y de sagrado efod y noble manto,
Saúl,[6] siguiendo su cruel derrota,
Ochenta y cinco sacerdotes mata,
Y a Nobé, ilustre villa, desbarata.

De José los hermanos envidiosos 8
En una parte con rigor le prenden,
Y en otra le sepultan cautelosos,
Y en otra para Egipto al fin le venden:[7]
De Abimelec[8] setenta valerosos
Hermanos con gemidos se defienden,
Muertos por él en una piedra sola,
Donde sus estandartes enarbola.

Joab, con Amasá luego abrazado,
El puñal saca, y muerto le derriba,
Y el cinto de la sangre rociado
Muestra su mano y alma vengativa;[9]
Y Antíoco, de jóvenes cercado
Que desprecian el hierro y llama viva,
Abrasa a los constantes Macabeos,
Por desatar en humo sus deseos.[10]

Diomedes[11] sus caballos apacienta
Con carne humana, pasto al sol horrendo;
Y con muertos los vivos atormenta
Mecencio, cuerpos y almas oprimiendo;[12]
Toros de bronce Fálaris[13] calienta,
Y ellos bramando están, y hombres gimiendo
En sus entrañas, y él feroz lo mira,
Y no se compadece ni se admira.

Los padres que a sus hijos muerte dieron,
Los hijos que a sus padres maltrataron,
Y los que a sus hermanos ofendieron,
Y a sus mujeres sin razón mataron:
Los que traidores a su patria fueron,
Y los que por mandar la conquistaron;
Y los que a Dios osaron oponerse,
Retratados allí pudieran verse.

Y déstos, y de llamas tenebrosas 12
En verdad y en dibujo rodeada,
Y en lagunas de sangre caudalosas
Hasta los duros pechos anegada;
Y peinando las hebras ponzoñosas
De su frente, de víboras crisnada,[14]
Estaba, cuando vino a su aposento
El rey atroz del infernal tormento.

Lucifer viene a ver a la Impiedad

Éste advertido había sagazmente
Del Dios humano los azotes fieros,
Y el pecho ilustre y ánimo paciente
En castigos tan viles y severos;
La poca fuerza de su oscura gente,
Y botos ya y gastados sus aceros
En aquel muro de diamante fino,
A quien da fortaleza el Ser divino.

Motivos de Lucifer

Temió de acometer segunda empresa,
Si bien acometerla deseaba;
Mas el odio feroz, que en él no cesa,
De nuevo le encendió la mente brava:
Buscó favor, cobarde, y vino apriesa,
Y aquí pensó hallar lo que buscaba;
Que solamente la Impiedad podía
Acabar contra Dios lo que él pedía.

Llegó, pues, triste al hórrido palacio,
Y al punto el Cancervero le dio entrada;
Tembló del hondo abismo el gran espacio
Al estampar la huella mal formada;
Ardió su vista, no como el topacio,
Con vivo resplandor y luz dorada,
Sino como el cometa cuando arroja
Entre humo y vapor su llama roja.

Los dragones y víboras, el cuello, 16
Al bravo aparecer del rey terrible,
Torcieron y ahogaron, por no vello
En el lago inmortal de sangre horrible;[15]
Mas él las abrasó con el resuello
Primero, en que lanzó fuego invisible,
Y abrasadas, de nuevo renacieron,
Y atentas a su plática estuvieron.

La Impiedad sola con aspecto grave
Y sentada en su trono lo recibe;
Que lo más hondo de su pecho sabe,
Y antes que se lo diga lo percibe;
Mas déjale hablar porque la alabe;
Que alguna vez de vanagloria vive,
Y se alimenta, y crece e hincha el seno
Con este soplo de infernal veneno.

Luzbel estremeció su grande frente,
La cabeza inclinando formidable,
Y en el pecho cruel de una serpiente
Puso el pie con despecho incomportable;
Y a la Impiedad miró sentidamente,
Como quien pide ayuda favorable,
Y díjole: "Mi voz un rato escucha;
Que es fuerte mi dolor, mi pena mucha.

"Y débesme atender, pues el primero
Seno do fuiste con valor servida,
Este fue corazón robusto y fiero,
En la batalla contra Dios seguida;
Y por mí solo el escuadrón guerrero
Al calor de sus pechos te dio vida;
Y si al fin no saliste con victoria,
De osada y firme te quedó la gloria.

"Y si en todo el infierno estás difusa
En obstinadas almas pertinaces,
Que la menos proterva más rehusa
Tener sin ti, con Dios amigas paces;
Por mí lo estás, y en la región confusa
De bien y mal, de penas y solaces,
Si algún castillo tienes conquistado,
A mi brazo lo debes esforzado.

"Pues óyeme y escucha; mas ¿qué digo?
¿Sólo por Lucifer te hablo y ruego?
Tu favor pido contra tu enemigo;
Contra Jesús a tu poder me llego.
¿Dónde, si él vence, hallarás abrigo?
¿Dónde se encenderá oloroso fuego
De incienso y de resina que humee
En honra tuya, si a Jesús se cree?

Lucifer le explica a la Impiedad el riesgo de perder su poder si el mundo acepta a Jesús como Dios

"Si es aquéste adorado, si es temido
Por Dios piadoso, y hombre y Dios afable,
Como mi reino el tuyo está perdido,
Y perdida tu gloria perdurable:
Luego tus fuerzas para ti te pido,
Y debes ofrecerlas agradable:
Escucha, pues, atenta, y piensa y traza
Remedio al mal que ya nos amenaza.

"Bien sabes en el punto riguroso
Que he puesto ya su vida casi muerta,
Y que no sé si el Verbo[16] poderoso
Es, que de nuevo por mi mal despierta:
Ser varón santo y hombre valeroso
Que al mismo padecer abre la puerta,
Y sufre sin temor, es cosa llana,
Y yo lo sé y tu diestra soberana.

"Vamos a lo que importa: yo deseo, 24
Si es hombre puro, que cual hombre muera;
Que como de otros vencedor me veo,
Me veré dél también, aunque no quiera.
Y si es Dios, que alcancemos dél trofeo
Con tu brazo atrevido y mano fiera
Por un camino extraño, y es aquéste,
Aunque el honor y el trabajar nos cueste:

"Si es Dios, pretende ser reverenciado
Como Dios por el hombre, y no ha de serlo;
La traza cautelosa que ha tomado
He de impedirle, y bien sabré hacerlo:
Por este medio piensa ser amado,
Y temido en la cruz; yo he de volverlo
Todo al revés para que no consiga
La pretensión que tanto le fatiga.

Plan de Lucifer

"Haré que con injurias afrentosas,
Jamás vistas y nunca imaginadas,
Esas almas que busca religiosas
Le ofendan sin temor, desvergonzadas:
Las trazas que inventó maravillosas,
Con esto las veremos desatadas;
Que no ha de ser amado ni temido
Un hombre Dios mofado y escupido.

"Tiene el hombre de Dios un admirable,
Y de otros mil preñado y gran conceto;[17]
Júzgale en su razón por inefable
Y por un mar de todo el bien perfeto,[18]
Digno de reverencia venerable
Y de que el mundo, al fin, le esté sujeto:
Pues para que a Jesús por Dios no precie
El hombre, procuremos le desprecie.

"Que tendrá por escándalo el judío, 28
Y el griego por locura manifiesta,
Y el bárbaro por necio desvarío,
Hacer a un Dios mofado honrosa fiesta:
Este consejo y parecer es mío,
Y es acertado y grande; sólo resta
Fuerza para ponerlo en obra luego,
Y un valor mudo y un orgullo ciego.[19]

"Tú, sola tú, que a Dios publicas guerra,
Y con ufano ardor le das batalla
En cielo y en infierno, en mar y en tierra,
Donde su ser y tu furor se halla:
Tú sola, cuyo golpe nunca yerra,
Y deshace la más valiente malla
De virtud y de gracia; tú, señora
Del mal, podrás valerme en él ahora.

"Primero, al disponer de mis deseos
Envié de mis vicios los mayores;
La envidia dirigí a los fariseos;
Y aquésta y la ambición a los señores;
Y el esfuerzo sutil de devaneos
A los del vano vulgo aduladores;
A Pedro el miedo, a Judas la codicia,
Y a cada cual su antojo y su malicia.[20]

Hasta ahora, todos los planes de Lucifer han fracasado

"Y todos como tales han vencido,
Mas no alcanzado toda la victoria,
Y así fortalecer nuestro partido
Conviene, si ha de ser nuestra la gloria:
El prefecto de Roma está rendido,
Y da de compasión señal notoria:
Hemos, pues, de acabar esta contienda
Y al Hombre Dios, primero que él lo entienda.

Le ordena a la Impiedad que actúe

"Sal luego, y parte al escuadrón romano, 32
Y en los más fieros ánimos te infunde,
Y aquéste mi concepto soberano
En sus mentes sacrílegas transfunde:
Mueve su corazón, rige su mano
A cada cual, y su razón confunde;
Y veamos si puede el enemigo
Dios vencerme, llevándote conmigo."

Sale la Impiedad del Infierno y se dirige a Jerusalén

Dijo; y el monstruo sin hablar revienta,
Y le obedece, y a Salén se parte,
Y con boca blasfema y cara exenta
Y alas negras tremola su estandarte:
Sube al aire, que el rubio sol calienta,
Como la antigüedad finge al dios Marte,
De guerra, de furor, de muerte armada,
Y contra Dios y el hombre emponzoñada.[21]

Llamas lanza de fuego por la boca,
Y de ceniza y humo el cielo viste,
Y cuanto con el pie y la mano toca,
Todo lo quema, nada le resiste:
La humilde planta y la soberbia roca
Se encoge y treme a su presencia triste;
Paró el Jordán,[22] de espanto vuelto en hielo,
Y retemblaron Líbano[23] y Carmelo.[24]

Octavas 35-64 Jesús permanece callado y encogido

En tanto el Salvador sentado estaba
En tierra, solo, atento y encogido;
La sangre, que al vestido se pegaba,
Le pegaba a las carnes el vestido:
Triste, lágrimas tiernas derramaba,
De amor del hombre y de piedad movido;
Que más en él la caridad podía
Que la ofensa que el hombre le hacía.

Jesús observado por la gente

Iban muchos a ver el caso nuevo, 36
Y entrando, se paraban admirados,
Considerando aquel gentil mancebo
Que tuvo a tantos de su voz colgados,
Que los tenía con razón de nuevo
Suspendidos, absortos, elevados

No entienden por qué es tan sumiso

Con el grave silencio y muda lengua,
En tan dura pasión y extraña mengua.

Mirábanle, y mirábanse los sabios,
Volvían a fijar en él los ojos,
Con ellos ponderaban sus agravios,
Y en algo le aliviaban sus enojos:
Uno, al fin, desplegó docto los labios,
Habiendo visto aquellos labios rojos
De Cristo con saliva vil teñidos;
Y dijo así a los otros advertidos:

Los sabios hablan sobre Jesús

"¿Quién tal pensara? Locamente sigue
O halaga a los hombres la fortuna;
Ya hasta el mismo infierno los persigue,
Ya los sube a los cuernos de la luna:
Lo que pretende sin razón consigue
En el sepulcro al fin, si no en la cuna:
Ved a Jesús, ayer tan estimado,
Hoy, ¿quién dijera tal?, hoy azotado.

"¿Es éste aquél, aquel Profeta ilustre
A quien gentes sin número siguieron,
Y dio de su valor tan claro lustre,
Que púrpura y corona le ofrecieron?
Dios, a quien él solemnizó, le ilustre,
Pues los hombres que al cielo le subieron
Así le abaten. ¡Oh sucesos varios!
¡Oh mundo, al fin, compuesto de contrarios!

"Yo caminé con otros al desierto,
A la cadena de su lengua asido,
Y el que vi caso singular y cierto
Os contaré, si no lo habéis oído:
Un milagro patente y descubierto
Hizo, que el pueblo por sus ojos vido;[25]
Y fue que a cinco mil hombres cansados,[26]
Con cinco panes los dejó abastados.

Refieren sus milagros

"Alborotóse el vulgo variable,
Y comenzó un murmullo lisonjero,
Como lo espira el céfiro agradable
Cuando mueve los árboles ligero;
O cual con lengua y paso deleznable
Parla y camina el río placentero;
Luego el murmullo convirtió en ruido
Claro, y éste en aplauso y alarido.

"Y mirándole todos a la cara,
Y viendo aquella grave y dulce frente
Y aquella majestad excelsa y rara,
Para mandar cien mundos conveniente,
En conforme decreto y en voz clara
Por su rey le aclamaron igualmente;
Y si él, como tan sabio, no huyera,
Hoy con el cetro y púrpura se viera.

"Pero escondido, se hurtó burlando
De tantas manos y de tantos ojos;
La corona holló, despreció el mando,
Causa de envidias y raíz de enojos:
El vulgo le siguió siempre aclamando,
Y desta gran victoria los despojos
Azotes son del mismo vulgo necio,
Que ya le tuvo en tan subido precio.

"¡Oh loca, oh loca gente! ¡Ayer corona, 44
Hoy cordeles, hoy befas, hoy azotes!
¡Ayer puesta en el cielo su persona,
Hoy entre condenados galeotes!
Cuando el pueblo por sabios nos pregona,
Y aún cuando nos pregonan sacerdotes,
Por lo que en esto con dolor probamos,
Pues tan mudables son, no los creamos."

El sabio dijo así; y otro discreto,
Que a su rostro y palabras atendía,
Adelante llevó su buen conceto,[27]
Y grave prosiguió lo que él decía:
De Cristo encareció el valor perfeto,[28]
Que ya por todo el orbe discurría
En las plumas y lenguas de la fama,
Y en el fuego envuelto de preciosa llama.

Otro sabio relata la historia del Rey Abágaro

Y refirió por caso verdadero
Que el rey de Edesa,[29] Abágaro, humildemente
Le envió con su carta un mensajero,[30]
Y este al principio título excelente:
"Al Salvador Jesús, varón sincero
Y propicio a la santa y noble gente."
Y que en ella, imprimiendo el alma pía,
Estas dulces razones le escribía:

"Por buenas relaciones he sabido
Las curas que has obrado milagrosas
En muchos que a tus manos han venido,
Enfermos de dolencias peligrosas;
Y que sin medicinas has podido
Estas dar sanidades prodigiosas
A ciegos, cojos, mancos, sordos, mudos,
Y vida a cuerpos della ya desnudos.

"Y una de dos he colegido desto: 46
O que eres Dios que al suelo descendiste,
O su Hijo, que, al bien y al mal dispuesto,
Bajaste a consolar el mundo triste:
Ruégote, pues, Señor, si te es honesto,
Y a dar salud, como la das, veniste,
Que a ésta tu casa caminar procures,
Porque de cierta enfermedad me cures.

"Yo tengo una ciudad aquí mediana,
No llena, cual mereces, de trofeos;
Mas si la ves, con tu presencia ufana,
Y ahora rica, al fin, con tus deseos,
En ella te tendré de mejor gana
Que en ésa te acarician los hebreos,
Que me han dicho te quieren dar la muerte,
De que te aviso y juro defenderte."

Esto el prudente al sabio refería,
Y la respuesta del Señor piadoso,
Que así en breves palabras contenía,
Modo grave y estilo sentencioso:
"Abágaro, creíste la fe mía
Ausente, mas de verme deseoso;
Serás por ello bienaventurado,
Pues tan lejos del sol lumbre has hallado.

"Escrito está de mí que han de ofenderme
Los mismos que de cerca me trataron,
Y otros con firme pecho han de creerme,
Que conmigo jamás comunicaron:
Éstos tendrán felicidad sin verme,
Y esotros perderán la que buscaron
Mil años antes, y después habida
A ella quitarán y a sí la vida.

"Escríbesme que vaya, mas no puedo; 52
Que he de cumplir aquí precisamente
Mi grande obligación, y así me quedo
Para dar fin a todo conveniente:
Acabada, me iré gozoso y ledo
Al que me despachó Padre clemente;
Y entonces un apóstol, de mi parte,
Irá con mi poder para sanarte."

Esto contaba; y añadió que quiso
Un pintor, por Abágaro enviado,
Del mismo eterno Rey del paraíso
El rostro dibujar bello y sagrado;
Mas parecióle el refulgente viso
De tanta luz y resplandor bañado,
Que el pincel se turbó, y perdió la vista
El curioso en dibujos coronista.

Y que Cristo, pidiendo el lienzo solo,
Y en sus manos tomándolo divinas,
Al rostro lo llegó, y enriqueciólo
Dándole sus facciones peregrinas:
Imprimiólas perfectas, y envióla
Con palabras a Abágaro beninas,[31]
Y así llevó la carta y el retrato
El mensajero al rey gozoso y grato.

Después que dijo aquesto el verdadero
Y sabio estimador de cosas tales,
Otro no menos ínclito y severo
Preciador de hazañas inmortales,
Con graves ojos y semblante entero,
Otras de Cristo empresas celestiales
Les refirió, y entre ellas, por ejemplo,
La que celoso ejecutó en el templo;

Y así dijo: "Si bien muchos notaron 56
La fortaleza de Jesús ardiente,
Porque muchos a verla se hallaron,
Pues todo el pueblo se halló presente;
No sé si todos bien la ponderaron
Cual mereció su espíritu excelente;
Que estuvo en la corteza desabrida
Más dulzura que vieron escondida.

"Y quiérola pintar porque se vea,
Y lo que afirmo en ella se podere,
Pues de nosotros cada cual desea
Penetrar más de lo que el vulgo quiere;
Y el buen principio de la historia sea
(Y aquesto un sabio pecho considere)
Que ha sido siempre humilde y manso el Hombre,
Y dello tuvo y tiene ilustre nombre.

Otro sabio relata lo que pasó en el templo de su Padre

"Esto ya declarado, al templo vino,[32]
Y en él halló las tiendas asentadas
(¡Oh gran dolor! ¡Oh extraño desatino!)
De gruesos mercadantes rodeadas;
Adonde el extranjero y el vecino,
Como en las plazas a la feria usadas,
Comprasen, expendiendo sus tesoros,
Ovejas, codornices, vacas, toros.

"Vídolas, y de verlas afrentado,
Un casi azote de un cordel compuso,
Y el rostro esquivo y el color mudado,
Y un no sé qué de luz por él difuso,
Que al fuerte dejaba amedrentado,
Con él al pueblo acometió confuso;
Y —Mi casa es de ofrendas y oraciones,
Dijo, y no cueva infame de ladrones.—

"Dicen que cierta majestad notable
Y de divinidad ciertas vislumbres
Se vieron en su rostro venerable,
Y ardieron en sus dos radiantes lumbres;
Y azotada la gente miserable,
Sin alegarle fueros o costumbres,
Huyendo fue con pavoroso estruendo.
Pero ¡con qué presteza fue huyendo!

"Cual Bóreas,[33] cuando sale presuroso
Por los campos del aire cristalinos,
Los otros vientos barre impetuoso,
Y de nubes escombra los caminos;
El que vemos sentado y sin reposo
Lanzó del templo santo a los indinos[34]
Mercaderes, con ánimo invencible,
Y luego estuvo manso y apacible.

"Fue hazaña real y grande empresa,
Y obra de Dios, que un hombre solamente
Ni dejase animal, silla ni mesa,
Ni cosa al trato vil perteneciente;
Y con salir cual río de represa,
No le saliese alguno de repente
A estorbar, de sus muchos enemigos,
Siendo del hecho y su valor testigos.

Relatan otros milagros

"Antes de acometer esta hazaña,
A un ciego de su propio nacimiento,[35]
Con su saliva y con virtud extraña
Y lodo, le dejó sano y contento;
Mas esta generosa y noble saña
A éste y otros milagros que no cuento
Excede; que es milagro inaccesible
Ser a tantos un hombre tan terrible."

Concluye la plática de los sabios

Dijo; y bien ponderó lo que mirado 64
Había, y con razón lo ponderaba,
Y a Cristo lejos contempló asentado,
Que lágrimas devotas derramaba:
Estábalos oyendo sosegado
El escuadrón de aquella gente brava,
Cuando llegó invisible y espantosa
La Impiedad a la turba sediciosa.

Octavas 65-100 Participación de la Impiedad

Y al punto sobre aquellos insolentes
Despreciadores de virtud perfeta,[36]
Sus alas desplegó negras y ardientes,
Y una impiedad les infundió secreta:
Cual Mongibel[37] a soplos vehementes
La tierra, el agua, el aire, el fuego inquieta,
Afectaba turbar la horrenda furia
Al soberbio escuadrón y altiva curia.

Ya sobre las cabezas discurriendo,
Ya en los oídos no sé qué espirando,
Ya en los pechos ponzoña transfundiendo,
Ya en las entrañas fuego derramando,
Ya en los ojos tinieblas esparciendo,
Ya en pies y manos ímpetus causando;
Y al fin, toda en sus almas embebida,
En sí los transformó con su venida.

Y como el que bebió mortal veneno,
Que se le sube al corazón furioso,
De bascas anda y de congojas lleno,
Sin advertir la causa, impetuoso:
Tal aquel escuadrón, de luz ajeno,
Corría por el patio presuroso,
Y sin saber de qué furor llevado,
De la misma Impiedad emponzoñado.

Y porque habían de Jesús oído, 68
En la conversación de aquellos sabios,
Que era por ley divina el Rey ungido,
Un imperio le quieren dar de agravios;
Y al punto se levanta un alarido
Que la Impiedad les infundió en los labios,
Y aclámanle por rey de los hebreos;
Mas rey de burla y loco en sus deseos.[38]

La gente empieza a actuar movida por la Impiedad

Se burlan de Jesús y lo visten como "rey"

Y determinan darle una corona
Que el reino imaginado represente,
Y como a rey adorne su persona,
Y como a rey culpado le atormente;
Y porque el nuevo rey que se corona
Toma de rey el cetro conveniente,
Y púrpura se viste y le festejan,
Cetro y púrpura y fiesta le aparejan.

Y de aquel bravo espíritu incitados,
Van al campo a hacerle la guirnalda,
Y la Impiedad, que los llevó irritados,
Una de espinas les mostró en su falda;
Y díjoles: "Yo sé vuestros cuidados;
Ésta os viene a propósito, llevalda."[39]
Cogiéronla, y de caña le formaron
Un cetro, y una púrpura buscaron.

Y todo junto el escuadrón terrible
En ordenada procesión camina,
Y el uno lleva la diadema horrible,
Otro la vestidura peregrina,
Otro de caña fácil y movible
Un cetro que al menor viento se inclina,
Conocida señal, claro misterio
De aquel reino fingido y vano imperio.

Cristo, que los miraba y se dolía, 72
Y porque se dolía los miraba,
La vista al Padre con amor volvía,
Y por ellos gimiendo al Padre oraba:
Lo que esperaba dellos le ofrecía
Por ellos mismos, como lo esperaba;
Que la de Cristo es caridad divina,
Que el mal convierte en bien del que le indina.[40]

Llegaron a este punto, y con acciones
Y gestos y ademanes diferentes
Le cercaron, cual ínclitos varones,
Con aquellas insignias refulgentes,
Y como en verdaderas elecciones,
Ceremonias hicieron aparentes,
Hincando las rodillas en el suelo,
Y mofando del Rey que manda el cielo.

"Sabemos, le dijeron, que rey eres,
Y a festejar venimos tu persona:
Seremos tus privados si tú quieres;
Que nuestro buen deseo nos abona:
Si favor como a tales nos hicieres,
Hoy te daremos una gran corona,
Gran corona que sirva, con abrojos,
A nosotros de risa, a ti de enojos.

"Y pondrémoste un cetro, mas de caña,
Porque le rijas bien, y menos pese,
Y cuando estés con más ardiente saña,
En hiriendo con él, tu saña cese:
La púrpura que a reyes acompaña,
Porque ningún estorbo se atraviese,
A tu reino con gusto te ofrecemos:
Ven y en silla real te juraremos."

Esto dicho, le cogen presurosos, 76
Y le sacan al patio más vecino,
Y con denuedos mil ridiculosos
Despreciándole van por el camino:
Los fieros sacerdotes envidiosos,
Alegres del suceso repentino,
Aplauden la impiedad con grande risa,
Que con su envidia y su soberbia frisa.

Un trono excelso y público tenían
Ya hecho, que con púrpura ilustraron,
Al cual por unas gradas que subían,
A una silla gozosos le llevaron:
Los que en él esperado al Rey habían,
Cuando le vieron luego se postraron
Como que por su rey le celebraban,
Y dél como de loco se burlaban.

Desnudar le mandaron prestamente
De su ropa a las carnes abrazada,
Para que de la grana conveniente
Al rey le fuese vestidura dada:
Y el Señor de los cielos, obediente
Como la humilde oveja trasquilada,
Calla, sufre y padece, y los feroces
Le afrentan, mofan, hieren y dan voces.

Desnúdanle con ímpetu rabioso:
Esperad, hombres fieras; que el vestido
Que arrancáis con abrazo riguroso
Y estrecho, al cuerpo está preso y unido:
Templad el movimiento más furioso
Que jamás la impiedad sangrienta vido,[41]
Que pegadas lleváis las blandas pieles
A la ropa que así quitáis, crueles.

No escuchan, y más impíos le despojan
De la túnica santa en un momento,
Y al fin del trono con desdén la arrojan,
Nadando en risa, llenos de contento;
Mas los hilos de sangre el suelo mojan,
Y las carnes de Dios labra el tormento,
Que, molidas y ya descortezadas,
Están en partes mil acanaladas.

Cristo sufre y padece el dolor fiero
Mientras el pueblo mofa de su pena,
Y alborotado el escuadrón guerrero,
La fiesta del fingido rey ordena:
Por todo el tribunal anda ligero,
Con alegre clamor el aire atruena,
Y asientan al Señor en una silla,
Y burlan dél: ¡extraña maravilla!

Lo visten y lo celebran como "rey"

De púrpura le visten rutilante,
Y la caña le ofrecen afrentosa,
Y de corona, como a rey triunfante,
Le ciñen la cabeza generosa;
De corona a guirnalda semejante,
Mas no de flores bella y olorosa,
Sino de espinas hórridas compuesta,
Que tormento amenaza y muerte asesta.

¡Oh gran dolor! Entraban las espinas,
Y algunas al entrar se despuntaban;
Otras las sienes de Jesús divinas
Y el sagrado cerebro traspasaban;
Otras con reverencia más beninas[42]
Entre el cuero y la carne se engastaban;
Y otras de más aguda fortaleza
Al hueso se arrimaban con presteza.

Corrían de la frente venerable 84
Los hilos de la sangre repartida,
Y la vista cegaban agradable
Que a ciegos dio, mirando, luz de vida;
Y la faz a los cielos admirable
De polvo estaba y de sudor teñida,
Y la barba en salivas empapada
Y con reciente sangre, y sangre helada.

Como tenía las hermosas manos
Atadas el mansísimo Cordero,
La sangre que a los ojos soberanos
Bajaba del ornato ilustre y fiero,
Y el polvo que los hombres inhumanos
En su estrépito alzaban placentero
No podía limpiarse, y se quedaba
Ciego el sol que a los justos alumbraba.

Cual suele tropa de muchachos grande
Entre sí levantar un rey fingido,
Que, por juego burlándose, los mande
Como a reino de risa y de ruido;
Y porque con insignias propias ande,
La corona le dan, cetro y vestido
De majestad ridícula, y honrada
Más cuanto fuere más desestimada;

Que cada cual se llega y se le ofrece
Hincando las rodillas en el suelo,
Y al punto se levanta y escarnece
Del para solas burlas reyezuelo;
Y cuando toda junta le obedece,
Con pies y gritos hunde tierra y cielo
La niña escuela, que con risa hace
Al rey, y con más risa lo deshace:

Tal, y peor, aquel furioso bando 88
Con viles mofas y confuso estruendo
Dieron al buen Señor el triste mando:
Ceremonias ridículas fingiendo,
Ya en tierra las rodillas humillando,
Ya al suelo sus guirnaldas abatiendo,
Ya por rey saludándole invencible;
Mas excediendo en la crueldad horrible.

Que cuando se hincaba de rodillas
El cetro le tomaban de las manos,
Y en frente y rostro, barbas y mejillas
Varios golpes le daban inhumanos;
Y luego, divididos en cuadrillas,
Como a paciente buey crudos alanos,
Le cercaban hiriéndole molestos,
Para sólo afligirle en orden puestos.

Uno le acometía con baldones,
Otro escupiendo en él torpes salivas,
Otro con afrentosos bofetones,
Y otro injurias haciéndole más vivas;
Otro con deshonrados pescozones,
Y con aplauso a todo los escribas:
Juego terrible a Dios, fiesta pesada
Por el hombre sufrida y por él dada.

¡Oh dulce y buen Jesús! Dime piadoso:
¿Cuál desas penas dos más te atormenta,
De espinas el ornato riguroso,
O de deshonras la cruel afrenta?
Aquél tu cuerpo aflige religioso,
Y ésta tu alma de humildad sedienta;
Mas todo es tu dolor, y mi ganancia
Ésta en el modo, aquél en la sustancia.

Admiróse el profeta señalado 92
Para sacar de Egipto a los hebreos,
De verte en las espinas enzarzado,
No viendo más en ti que los deseos:
Si te viera de espinas coronado
Y de infames ridículos trofeos,
Y por sus hijos, ¡cuánto se admirara,
Y de haberlos librado se afrentara!

¡Oh Señor! Tu discípulo querido
A los monarcas ínclitos del cielo
Ante ti derribar en tierra vido[43]
Grandes coronas con humilde celo;
Y el hombre bajo, al cielo aborrecido,
Te corona de espinas en el suelo,
Y ellos tienen aquí las manos quedas,
Y atadas tú porque ofender no puedas.

Mas ¡oh buen Dios, que espinas señalaste
En penitencia de mis culpas triste,
Y como en éstas libre me fiaste,
Aquéllas obediente recibiste!
La tierra que magnífico criaste,
Y después ofendido maldijiste,
Espinas lleva y dellas te corona,

Tu maldición cumpliendo en tu persona.
Pero si bien de espinas rodeado,
Con ellas me pareces más hermoso;
Que eres lirio de espinas adornado,
Blanco esplendor del Padre luminoso;
Penetren el cerebro delicado
Ellas, y el rostro bañen amoroso
De sangre; que más lindo me pareces
Cuanto por darme lustre más padeces.

Ganaste, ¡oh Dios!, para tu Padre eterno, 96
Con tu corona ilustre, un reino santo;
Fundaste de los hombres el gobierno,
Que te alaba con siempre nuevo canto;
Despojaste de justos el infierno,
Y cubriste a Babel de pena y llanto,
Y criaste gloriosos vencedores,
Y de tu fe valientes defensores.

Que si bien con espinas te ciñeron,
Como a su rey al fin te coronaron;
Y aunque de tu poder mofa hicieron,
Humildes obediencia te juraron;
Bien sé que con las manos te hirieron,
Mas luego las rodillas te hincaron;
Cetro de escarnio y púrpura tuviste,
Pero con ella y él resplandeciste.

Salgan, pues, de Sión las hijas bellas,[44]
Y a su Rey solemnicen coronado,
Si no de lucidísimas estrellas,
De un círculo de espinas apretado:
Devotas salgan, y verán en ellas
La gloria deste Príncipe jurado,
Mucho mayor que Salomón la tuvo
Cuando de oro de Ofir ceñido estuvo.[45]

Que en estas puntas el amor divino
Entre divina sangre resplandece;
Y en este cetro, un cetro peregrino
Que almas gobierna y almas engrandece;
Y este ornato real de aplauso es dino,[46]
Pues la sagrada estola les merece
Con que suben al reino verdadero,
Bañadas en la sangre del Cordero.

Y si la sinagoga inexorable,
Antes su madre y su madrastra ahora,
Al que tanto aguardó Rey venerable,
Por verlo en este traje no le adora;
La Iglesia, cara esposa e hija amable
De Dios, y de mil príncipes señora,
Le recibe y le abraza y le venera
Con fe constante y caridad sincera.[47]

Octavas 101-141
Pilato ante el pueblo

Mientras aquesto pasa, el presidente,
De libertar a Cristo deseoso,
Junta en palacio la plebeya gente
Y el convento de ancianos ambicioso;
Y todos van con paso diligente
Y ánimo pertinaz y cauteloso,
Y la Impiedad entre ellos invisible,
Su ponzoña infundiéndoles horrible.

Pide que le traigan a Jesús

Juntos en un teatro, manda luego
Que preso venga Cristo a su presencia,
Y juzga que será bastante ruego
Verle, para moverlos a clemencia;
Pues el senado, con envidia ciego,
Está haciendo al príncipe asistencia
A la puerta, y el vulgo mal regido
En una grande plaza recogido.

Pilato se queda impresionado ante el lamentable estado de Jesús

Trajeron al Señor ante Pilato:[48]
Vióle, y al punto se quedó suspenso,
Contemplando aquel rostro amable y grato
Ya con fealdad y con horror inmenso:
La corona miró, miró el ornato,
Y el pesar penetró del alma intenso;
Y entristecido del nefario hecho,
Una cierta piedad tocó su pecho.

Y como estaba, quiso al pueblo rudo 104
Y a los fieros pontífices mostrarlo
Con la ropa de grana, mas desnudo
Porque mejor pudiesen contemplarlo;
Y aún moverlos pensó a dolor agudo,
Y sobraba razón para pensarlo;
Mas la impiedad en ellos infundida
Les impidió la compasión debida.

Salió, pues, de latinos rodeado,
Y con graves insignias rutilante,
A un alto corredor edificado
Para éste y otro caso semejante;
Y el Señor iba a su siniestro lado,
Y a ablandar fieros áspides bastante.
¡Oh mi Dios! ¡Quién dijera cómo fuiste
Y el dolor que afrentado allí sufriste!

Hinchado todo el cuerpo antes hermoso,
Mas en partes hinchado variamente,
Cual quedó del tormento riguroso,
En señales y en llagas diferente:
El color de las carnes monstruoso,
Y no menos el rostro, el pecho y frente;
Aquí blanco, allí verde, allá morado,
Y en otras partes negro y colorado.

Jesús aparece vestido de "rey"

En la cabeza la corona extraña,
Y de la antigua púrpura vestido,
Y en las manos la vil infame caña,
Y el cuello de un cordel tosco ceñido:
La vista que de gloria eterna baña
El cielo, en ella misma entretenido,
En tierra puesta, y los cabellos rojos
De sangre llenos, y de horror los ojos.

Cual lo vido[49] el profeta cortesano,[50] 108
Gran hombre de sufridas aflicciones,
Y maestro en angustias soberano,
Desconocido en talle y en facciones;
Al pueblo así lo presentó inhumano,
Y a aquellos en la faz graves varones,
Y en el hecho harpías carniceras,
Con rostro de mujer y uñas de fieras.[51]

Pilato les muestra a Jesús

Mostrado, pues, allí, dijo el prefeto:[52]
"He aquí el hombre, si es tal, que me entregastes:
Hombre le vimos ya, y hombre perfeto;[53]
Mirad lo qué es y cómo le tratastes:
Ved este humilde y miserable aspeto,[54]
Y el aspecto gentil que en él borrastes:
Y cual hombres, tened piedad de un hombre
A quien no le ha quedado más que el nombre.

"He aquí el hombre sin culpa conocida,
Y castigado con notoria pena;
A punto de morir está su vida,
Su honesta vida y de virtudes llena:
Baste la penitencia recibida
Mayor que a culpas vuestra ley ordena;
Librad al inocente, condenado
A penas rigurosas de culpado."

Todos desprecian a Jesús

Dijo; y a todos un cruel despecho
Corrió por las médulas presto y vivo,
Y contra el mismo natural derecho
Comenzó a murmurar el pueblo esquivo;
Y Anás, hombre de falso y duro pecho,
En pie se levantó bravo y altivo,
Y el mal rostro volviendo al presidente,
Así habló sagaz y libremente:[55]

Acusaciones y advertencias de Anás

"Si tú, ¡oh gobernador!, sólo pudieras 112
De penas absolver al acusado,
Contra quien tantas culpas verdaderas
Tantos buenos testigos han probado,
No importara que luego le absolvieras,
Y a tu cuenta quedara su pecado;
Mas no puedes hacerlo, ni conviene
Que libre salga quien delitos tiene.

"Mira contra las culpas de uno solo
Junto el senado, y todo el pueblo unido,
Y no entiendas haber oculto dolo
En tantos que a una voz han concurrido:
Fijos están como el estable polo
En lo que ya celosos te han pedido
Por castigo ejemplar del crimen feo
De ese blasfemo y conocido reo.

"Y no te mueva su hablar suave
Y el mesurado aspecto y faz honesta;
Que en ese humilde rostro encubrir sabe
Su gran traición, al mismo Dios opuesta:
Es en el parecer templado y grave,
Y en el hecho y verdad tiros asesta
Con brava furia y con rigor terrible
A la alteza de Dios inaccesible.

"Anda por las provincias cauteloso,
Moviendo pechos, almas inquietando;
Hijo de Dios se finge poderoso,
Con esto varias gentes engañando:
Para los suyos muéstrase piadoso,
Por aumentar con la piedad su bando:
Los malhechores públicos abona,
Y los pecados, como Dios, perdona.

"Si culpas de avarientos publicanos 116
Y excesos de vilísimas rameras,
Con levantar la voz y alzar las manos
Piensan que Dios perdona tan de veras
Como predican esos hombres vanos
Que fundan sus doctrinas en quimeras,
¿Qué excesos no harán los que se atreven,
Si cual las culpas los perdones beben?

"Por esto sólo ha merecido muerte:
La Ley sagrada así lo determina,
Y estar ahora en tan humilde suerte
Es del sumo Juez traza divina.
Mas ¡oh discreto capitán!, advierte
Que contra ti sus fuerzas encamina,
Pues rey se llama, y para serlo vela,
Y ejércitos convoca en voz de escuela.

"Descuídate, y verás cómo levanta
Gentes en contra del romano imperio;
Verás con qué artificio las encanta,
Fingiéndoles un nuevo y gran misterio;
Verás con qué furor los tiros planta
Y banderas tremola en vituperio
Del latino poder, si libre sale
Y su mesura hipócrita le vale.

"Mas, poniéndose al mundo por ejemplo
De ilustre celo y vida inimitable,
Promete derribar de Dios el templo
A griegos y latinos admirable.
¡Oh sabio Salomón![56] Yo te contemplo,
Si de Abraham[57] el seno venerable
Te acoge, que en el santo y dulce abrigo
Venganza pides contra tu enemigo.

"Otro vemos Eróstrato perverso,[58]
Que por ganar, odioso, eterna fama,
De la que cada mes rostro diverso
Muestra, el templo quemó con fiera llama:
Si con razón persigue el universo
El nombre de éste, y su persona infama,
El que tienes, ¡oh príncipe!, a tu lado,
¿No será con justicia condenado?

"También las sacras leyes admitidas
Por nuestros memorables ascendientes,
Con sus dogmas las tiene pervertidas
En la falsa opinión de muchas gentes;
Y éstas, de sus antojos convencidas,
Se ofrecen a las suyas obedientes;
Y aún pretende a sus nietos derivarlas,
Y en edades sin fin eternizarlas.

"De aquí nace juntar amigos varios,
Y todos, si lo notas, criminosos,
A Dios traidores, a la ley contrarios,
A su patria y sus padres enojosos;
Y así todos le siguen voluntarios,
Y de darle corona deseosos:
Quítale la de espinas, y si vive,
Armas junta, soldados apercibe.

"¿No sabes que ilustrísimas ciudades
Menos firmes principios han tenido,
Y con el tiempo, a fuerza de maldades,
En daño de otras muchas han crecido?
No son seguras, no, las amistades
Que a la sombra de rey, y rey ungido
Por Dios, como ellos dicen, se levantan;
Que guerra dan, y al fin victoria cantan.

"De aquí nace también que en los sagrados 124
Días de fiesta los enfermos cura,[59]
Para tenerlos más acariciados
Con esta obligación perversa y dura;
Y comer deja sin estar lavados,
A los que solemnizan su locura
Con sucias manos, los manjares limpios,
Porque, usados al mal, se hagan impios.[60]

Anás condena a Jesús y le pide a Pilato que lo crucifique

"Crucifícalo, pues, antes que encienda
El templo santo y como rey se trate:
Mátalo tú primero que él pretenda
Darte batalla, y dándola, te mate:
Excusa, ya que puedes, la contienda;
Su orgullo altivo con la muerte abate:
Nuestra causa y la tuya justifica:
Ponlo en un palo, en él lo crucifica."

La muchedumbre responde

Dijo; y cual si de aquella voz sensible
El eco fuera el vulgo lisonjero,
Así con alarido y son terrible
Luego el acento repitió postrero:
"Ponlo en un palo, dale muerte horrible,
Crucifícalo al punto en un madero:
Nuestra causa y la tuya justifica;
Ponlo en un palo, en él lo crucifica."

Pilato insiste en que no le encuentra ninguna culpa

Mas el romano y grave presidente
De su primer intento no se muda:
Sabe que la querella vehemente
La fabricó de Anás el alma cruda,
Y que de allí se derivó a la gente
Plebeya, menos dócil y más ruda;
Y dice: "Para mí no es cosa nueva
La queja vuestra, pero no se prueba.

"Antes es fama que eso le opusistes 128
Algunas veces, y él, maravilloso
En respuesta y verdad, os dejó tristes,
Soltando ese argumento cauteloso;
Y ser Hijo de Dios, como dijistes,
Afirma con espíritu animoso,
De los profetas vuestros anunciado,
Y dellos y vosotros deseado.

"Y lo que prueba con razones claras
Confirma con prodigios admirables
Que sobrepujan las empresas raras
De los héroes al mundo memorables;
Y si él descompusiera vuestras aras,
Otras hiciera luego más durables;
Que mejor os dará piedras lucidas

El que de nuevo ha dado tantas vidas.
"Y no es alzar o rebelar ciudades
Predicar su doctrina y ser oído;
Ni es a Roma ofender, decir verdades
Y ser de sus discípulos seguido:
Enfrenad, pues, las fieras voluntades,
Y el odio desechad que os ha movido;
Y líbrese siquiera de la muerte,
Ya que le veis tratado desta suerte."

El pueblo y el senado se oponen a Pilato

Dijo; mas el senado le replica,
Y replica también la cruda plebe:
"Súbelo al monte, allí lo crucifica;
Pues culpas cometió, las penas lleve."
Así furias y voces multiplica
La academia y el pueblo a Dios aleve,
Contra el que siente más ver su dureza
Que ver para su muerte tal fiereza.

Acontece venir amenazando 132
El Po,[61] en aguas y fuerzas caudaloso,
Y los villanos, de su mal temblando,
Oponerle algún muro poderoso;
Y él, sobre las trincheras reventando,
Caminar con denuedo más furioso,
Mieses, plantas, molinos deshaciendo,
Bravo en olas, bravísimo en estruendo;

Tal, irritado, el pueblo incorregible
Con la defensa del juez prudente,
Esforzó más el ímpetu terrible,
Y vencer quiso al mismo presidente;
Y levantó una voz inteligible,
El pueblo contra Jesús
En ira envuelta y en despecho ardiente,
Diciendo: "Crucíficalo; que importa
Darle prolija muerte y vida corta."

"No hallo causa en él," dice Pilato,
En su razón y parecer constante:
Replican ellos con mayor conato
Y con más fiero y áspero semblante:
"Mira que es hombre de alevoso trato,
Pilato no lo considera culpable
Y aunque se muestra humilde, es arrogante;
Que rey pretende ser, rey de Judea,
Y sujetar a la nación hebrea.

"El que procura tal, es cosa clara
Que a César contradice el justo imperio;
Y el que deja pasar maldad tan rara,
En su descuido encubre algún misterio;
Y el que advertido y contumaz ampara
Acusaciones contra Jesús
Al que hace a su amigo vituperio
No es amigo perfecto; es enemigo,
Pues el daño promueve de su amigo."

Dijeron; y Pilato cuidadoso 128
Respuesta de Pilato para justificar la inocencia de Jesús
A su calumnia quiso dar respuesta,
Y reprimir su intento malicioso,
La falsedad mostrando manifiesta;
Y al Señor de los cielos amoroso
La vestidura por escarnio puesta
Quita, y segunda vez al pueblo rudo
Lo enseña luego como está desnudo.

"Y mirad, dice, a vuestro rey valiente.
¿Qué armas junta y soldados contra Roma?
¿Con estas manos atrevidamente
La espada empuña y el escudo toma?
¿Con este pecho y ánimo paciente
Ciudades alza y escuadrones doma?
¿Con este infame cetro y vil guirnalda
Rendidas gentes mil besan su falda?

"¿Con estos pies en el caballo altivo
Sube ligero, y bravo le espolea?
¿Con este corazón, cual fuego vivo,
El afrontado ejército rodea?
¿Con este cuerpo flaco y dejativo
Entra robusto y fiero en la pelea?
¿Con estos ojos guarda su estandarte,
Asombra el mundo, atemoriza a Marte?

"¿Adónde están las armas recogidas?
¿En qué tierra encubiertos los soldados?
¿Adónde las banderas mal tendidas
Y los grandes tesoros encerrados?
¿En qué puerto las naves escondidas
Y aparejos de guerra preparados?
Y ¿dó está de tirano el ardimiento
Y de Jerusalén el movimiento?

"Todos le perseguís, aquesto veo,
Y nadie hallo aquí que le defienda,
Pues cuando fuera malo su deseo,
Viniera a ser fantástica contienda:
Ira os mueve y envidia, según creo,
A importunarme así que yo le ofenda:
A vuestro rey mirad, aquí os le muestro.
¿He de crucificaros al rey vuestro?"

Dijo; y en su demanda contumaces,
Le piden otra vez que le dé muerte:
"Crucifícalo, dicen pertinaces,
Levanta en cruz al rey que nos pervierte,
No queremos con él fingidas paces;
Su nombre acaba ya, su sangre vierte;
Clávalo en cruz, sin más tardar lo empica;
Ponlo en un palo, allí lo crucifica."

La gente exige que Jesús sea crucificado

Era costumbre desta odiosa gente
Que el malhechor muriese apedreado,[62]
Y el ladrón y homicida solamente
En Roma era por ley crucificado;
Y como tal el sabio presidente
A Barrabás había condenado
A la muerte de cruz que merecía,
Y a Cristo el pueblo injusto la pedía.

Octavas 142-153

Jesús ha de recibir el castigo que le correspondía a Barrabás

¿No bastaba, enemigo, que le dieses
La muerte acerba que tu ley usaba,
Sin que al santo Cordero transfirieses
La cruz que a Barrabás se aparejaba?
Mas quiso Dios que el instrumento fueses
Tú mismo de la muerte que esperaba,
Y del modo también pues que su vida
Puso por un ladrón y un homicida.

¡Oh suma inescrutable Providencia! 144
Pensó robar el trono soberano
De Dios y la divina y alta ciencia
El padre necio del linaje humano:
Mató a su desgraciada descendencia,
Antes de darle vida, con su mano:
La cruz era su pena justamente,
Y llevóla por él el inocente.

Ves aquí al Hombre Dios, ¡oh Padre eterno!,
Que de tu siervo vil paga el pecado;
La cruz él merecía del infierno,
Y a cruz está tu Hijo sentenciado.
Mírale, ¡oh gran Señor!, piadoso y tierno;
Que las penas del hombre le han tratado
De tal manera, que hombre no parece, [63]
Y por tu amor humilde las padece.

Ves aquí al Verbo Dios y Hombre divino,
Que entre los hombres y entre Dios se pone,
Como cristal de roca puro y fino,
Que presta luz a cuanto se interpone:
Por él nos mira, y él será el camino
Para que tu clemencia nos abone,
Y por esta sagrada vidriera
Gracia y beldad nos dé pura y sincera.

Ves aquí al Hombre Dios que deseabas
Para satisfacer a nuestra ofensa,
De bondad infinita le buscabas
Que se opusiese a la malicia inmensa,
Y hombre hijo de Adán le procurabas
Porque hiciese humilde recompensa:
Es hombre y Dios, y sumamente bueno,
De justicia y verdad y gracia lleno.

Cual hombre humildemente satisface, 148
Y por ser Dios te da infinita paga,
Y como archivo de bondad te aplace,
Y como rico en padecer te paga:
La penitencia por el hombre hace,
Si bien el hombre le deshonra y llaga.
Mira, ¡oh Padre clemente!, al Hijo amado,
Y por su amor perdona al mal criado.

He aquí también, ¡oh pecador!, al hombre
Que con tus mismas culpas afeaste;
Míralo así para que así te asombre
El rostro del pecado que abrazaste:
Tiene de Salvador el hecho y nombre,
Y como a delincuente le trataste;
Si en ti no ves tu culpa, ve tu pena
En él, pues ella sola le condena.

En la divina esencia se ve clara
Del vil pecado la fealdad horrible,
Porque allí la hermosura se declara
De aquella majestad inaccesible;
Y si la vista de tu fe repara,
Hombre mortal, en este Dios pasible,
Con penas por tus culpas afeado,
Verás en su belleza tu pecado.

Su rostro mira, y adelante pasa;
Que importa que penetres más adentro:
Contempla, amando, su beldad sin tasa,
Que es del amor y de tu bien el centro:
Cual lince con aguda fe traspasa
De la pared humana el duro encuentro,
Y detrás della mira a Dios pagando
Las penas que mereces tú pecando.

Y verás que una gota solamente 152
De sangre es de valor inestimable,
Por ser sangre de Dios omnipotente,
Persona dese cuerpo venerable;
Y tanta sangre derramar consiente
Por tu culpa: ¡oh misterio inescrutable!
¿Cuál será del pecado la malicia,
Si por él pide tanto la justicia?

Mira más, que si fue crueldad perversa, 153
Viendo tal a Jesús la ruda plebe,
Condenarle a la muerte, no es diversa
El ofenderle tú fiero y aleve:
Alma que por la fe con Dios conversa,
Y creyendo ser Dios, a Dios se atreve,
Estando por su culpa tan llagado,
O no conoce a Dios o a su pecado.

Fin del libro noveno.

Libro IX - Notas

[1] Cervero o Cerbero. Monstruo de la mitología griega. Cerbero (en griego Κέρβερος Kérberos, 'demonio del pozo'), también conocido como Can Cerberos, era el perro de Hades, de tres cabezas, con una serpiente en lugar de cola. Era el guardián de la puerta del Hades (el inframundo griego) y aseguraba que los muertos no salieran y que los vivos no pudieran entrar. Era hijo de Equidna y Tifón, y hermano de Ortro. Lo acompañan las tres hijas de Orco o Erinías.

Virgilio también lo coloca a la entrada de los terrenos de Pluto y dentro de las regiones bajas están las Furias. (*La Eneida*, VI)

[2] Alecto. Una de las tres Erinias o Euménides (conocidas como "Furias" en la tradición romana), eran personificaciones femeninas de la venganza que perseguían a los culpables de ciertos crímenes. Según Hesíodo, las Erinias son hijas de la sangre derramada por Urano sobre Gea cuando su hijo Crono lo castró, lo que las hace divinidades ctónicas. Su número suele permanecer indeterminado aunque Virgilio nombra a tres:

- Alecto "implacable" que castiga los delitos morales.
- Megera "seductora" que castiga los delitos de infidelidad.
- Tisífone " vengadora del asesinato" que castiga los delitos de sangre.

Vivían para corromper a los demás y eran compañeras del miedo, el espanto y la locura.

[3] Al parecer, la personificación de la Impiedad y su descripción son creación de Hojeda, ya que no aparece ni en Virgilio ni en Dante. Sin embargo, es posible que de *La Eneida* lo que herede sea el personaje. Según Meyer, la Impiedad es la misma Furia Alecto, aclimatizada en sus nuevas circunstancias y alrededores. Tanto la Impiedad como Alecto desempeñan el mismo papel: Satanás le da la misión a la Impiedad de despertar el odio contra Jesús, y Juno pone a Alecto contra los troyanos.

[4] Nembrot. Véase la nota 32 del libro I.

[5] impio = impío

La crueldad que demostró el faraón egipcio en sus acciones contra los hijos de Israel, hasta que ellos lograron huir de su dominio.

[6] Según las Sagradas Escrituras, el rey les dijo a los corredores que estaban a su lado:

"Acercaos y dad muerte a los sacerdotes de Yahvé, porque también su mano está con David, pues sabían que huía y no me lo hicieron saber." Pero los servidores del rey no quisieron alzar su mano para herir a los sacerdotes de Yahvé. Dijo, pues, el rey a Doeg: "Acércate tú y hiere a los sacerdotes." Acercóse Doeg el domita y él mismo hirió a los sacerdotes; mató aquel día a ochenta y cinco hombres que llevaban efod de lino. Saúl pasó a filo de espada a Nob, la ciudad de los sacerdotes, hombres, mujeres, niños y lactantes, bueyes, asnos, y ovejas, todos a cuchillo. (1 Samuel 22, 17-19)

[7] La historia de José se localiza en Génesis. Sus hermanos lo vendieron porque le tenían envidia. Primero tuvieron la intención de matarlo, pero finalmente lo vendieron a los ismaelitas por veinte piezas de plata. Los ismaelitas se llevaron a José a Egipto, pero sus hermanos hicieron creer a su padre que había sido devorado por una fiera. (37, 18-36)

[8] Abimélec, hijo de Yerubaal, marchó a Siquén, donde estaban los hermanos de su madre, y les preguntaron a ellos y a todo el clan de la familia de su madre que si preferían que los mandaran setenta hombres o uno solo. Sus hermanos lo estimaban y le dieron setenta siclos de plata del templo de Baal Berit, con los que Abimélec contrató a hombres miserables y vagabundos y se fueron con él. "Fue entonces a casa de su padre, en Ofrá, y mató a sus hermanos, los hijos de Yerubaal, setenta hombres, sobre una misma piedra. Sólo escapó Jotán, el hijo menor de Yerubaal, porque se escondió." Después de esto, Abimélec fue proclamado rey. (Jueces 9, 1-6)

[9] El asesinato de Amasá:

> El rey dijo a Amasá: 'Convócame a los hombres de Judá y preséntate aquí dentro de tres días.' Partió Amasá para convocar a Judá, pero tardó más tiempo del señalado. Entonces David dijo a Abisay: 'Ahora, Seba, hijo de Bicrí, nos va a hacer más mal que Absalón. Toma los veteranos de tu señor y parte en su persecución para que no alcance las ciudades fortificadas y lo perdamos de vista.' Salieron tras él los hombres de Joab, los quereteos, los peleteos y todos los valientes; salieron de Jerusalén para perseguir a Seba, hijo de Bicrí. Estaban cerca de la piedra grande que hay en Gabaón cuando Amasá se presentó ante ellos. Vestía Joab su vestido militar y llevaba sobre él la espada, en la vaina, ceñida al costado. La espada se salió y cayó. Joab dijo a Amasá: '¿Estás bien, hermano mío?', y sujetó Joab con su mano derecha la barba de Amasá como para besarle. Amasá no se fijó en la espada que Joab tenía en su mano; éste le hirió en el vientre y se esparcieron sus entrañas por tierra. No tuvo que repetir para matarlo. Luego Joab y su hermano Abisay continuaron la persecución de Seba, hijo de Bicrí. (2 Samuel 20, 4-10)

[10] La referencia del poema alude a la tentativa constante de Antíoco Epífanes por imponer el culto y las costumbres helenísticas en Judea, así como a la resistencia de los macabeos por someterse a sus deseos. (Libro de los Macabeos)

[11] Diomedes, hijo de Ares y Cirene. Rey mítico de los bistonios de Tracia. En su octavo trabajo, Heraclés hizo que lo devoraran sus propias yeguas, a quienes alimentaba con carne humana, con los cuerpos de los huéspedes y viajeros que le caían mal. Para aniquilarlo, Heraclés formó una pequeña gavilla de guerreros y con ellos, lo primero que hizo fue inutilizar a los caballerizos del rey. Llevó a las bestias a la playa y las dejó a cargo de Abdero, mientras volvía a vencer a los vasallos de Diomedes que iban persiguiendo. Golpeó al rey con su clava y arrastró su cuerpo alrededor de un lago que había fabricado, luego lo echó a las yeguas que lo hicieron pedazos y lo devoraron vivo.

[12] Mecencio. Rey de la ciudad etrusca de Cere y padre de Lauso. Fue arrojado de

allí por su crueldad y huyó hacia donde estaba Turno, a quien ayudó en su lucha contra los troyanos que habían llegado al Lacio. Eneas le dio muerte en el curso de un combate. (*La Eneida*, X)

[13] Fálaris. Tirano de Agrigento (c. 570-554 a.C.) Los historiadores cuentan que quemaba a sus víctimas dentro de un toro de bronce.

[14] Descripción de la Impiedad semejante a la Discordia que se describe en *La Eneida*: "Vense en el fondo del zaguán la mortífera Guerra, los férreos Tálamos de las Euménides y la insensata Discordia, ceñida de sangrientas ínfulas la serpentina cabellera." (Libro VI)

[15] Este lago de sangre es semejante al río de sangre que aparece en el séptimo círculo del Infierno de Dante: "Pero fija tus miradas en el valle; pues ya estamos cerca del río de sangre, en el cual hierve todo el que por medio de la violencia ha hecho daño a los demás." (XII)

[16] Confusión de Lucifer por la naturaleza de Jesús: es hombre y es dios.

[17] conceto = concepto

[18] perfeto = perfecto

[19] El judío, el griego y el bárbaro no aceptarán por Dios a alguien que ha sufrido injurias, burlas y atropellos.

[20] Para combatir a Jesús, Lucifer le dio el miedo a Pedro, por eso negó a Jesús. A Judas le dio la codicia, por eso lo vendió.

[21] La Impiedad tendrá una misión similar a la de Marte, el dios de la guerra destructora.

[22] Jordán. Río del Próximo Oriente de una longitud de 360 km. Nace en Líbano, atraviesa el lago de Tiberíades y desemboca en el mar Muerto. Separa Israel de Siria y de Jordania.

[23] Líbano. Estado de Oriente medio, junto al Mediterráneo. Cuenta con un área de 10,400 km2.

[24] Carmelo. Montaña de Israel, por encima de Haifa de 546 m. Está considerada la cuna de la Orden de los Carmelitas.

[25] vido = vio

[26] En la primera multiplicación de los panes, los que comieron fueron unos cinco

mil hombres, sin contar mujeres y niños. (Mateo 14, 13-21; Marcos 6, 35-44; Lucas 9, 12-17.)

[27] conceto = concepto

[28] perfeto = perfecto

[29] Edesa. Antigua ciudad y centro de caravanas de Mesopotamia del siglo II al X. Fue el núcleo de la cultura siríaca y la capital de un estado latino de oriente, el condado de Edesa (1098-1144).

[30] El historiador Eusebio. (260?-341?) Obispo de Cesárea en Palestina, padre de la Historia de la Iglesia escribió una tradición en la que él firmemente creía, concerniente a la correspondencia que Jesús mantuvo con el potentato local de Edesa. Al respecto hay tres documentos importantes:

1. Una carta de Abágaro a Jesús.
2. La respuesta de Jesús.
3. La pintura de Jesús, hecha en vivo.

La leyenda que se narra en el poema gozó de mucha popularidad en la Edad Media. El mensajero que Jesús envió al rey de Edesa fue Tadeo, uno de los 72 discípulos. Tanto la carta como el retrato de Jesús, conocido como "El Santo Rostro de Edesa" fueron muy famosos en el mundo bizantino.

[31] beninas = benignas

[32] Los dos evangelistas que hablan sobre la expulsión de los vendedores del templo son Marcos y Juan. En el evangelio del primero, el mensaje principal de Jesús se refleja en las palabras: "¿No está escrito: Mi casa será llamada casa de oración para todas las gentes? ¡Pero vosotros la tenéis hecha una cueva de bandidos!" (11, 15-19.) Mientras que en el segundo, los sacerdotes le piden una muestra que justifique sus acciones y Jesús responde: "Destruid este santuario y en tres días lo levantaré." (2, 13-22)

[33] Bóreas. Dios griego de los vientos del norte, hijo de un titán y de la Aurora. Era funesto y tenía su más famoso templo en Atica.

[34] indinos = indignos

[35] Juan, Marcos y Lucas refieren el milagro de Jesús de curar a un ciego. Únicamente el Evangelio de Juan menciona que era ciego de nacimiento. (Juan 9, 1-41; Marcos 8, 22-26; Marcos 10, 46-52 y Lucas 18, 35-43)

[36] perfeta = perfecta

[37] Mongibel. Nombre poético del Etna. Monte admirable y espantoso. Aquí se toma figuradamente como el mismo infierno.

[38] Se burlan de Jesús. La burla aparece en Mateo (27, 27-31); Marcos (15, 16-19) y Juan (19, 2- 3.)

[39] llevalda = llevadla

[40] indina = indigna

[41] vido = vio

[42] beninas = benignas

[43] vido = vio

[44] Sión. En hebreo es syyôn; en griego es sion. Antiguo nombre cananeo de la fortaleza de Jerusalén, situada sobre el pico rocoso entre el cedrón y el Tiropeón según 2 Samuel (5, 7); extendido a continuación a toda la ciudad de acuerdo a 2 Reyes (19, 31). Sirve en particular para designar el monte del templo, dado que la presencia de Dios es la característica esencial de la ciudad Santa.

[45] Ofir. Este término es una denominación del oro que se encuentra sobre todo en las expresiones "oro de ofir" y "orfebrería de ofir." Otros textos indican sin embargo, que Ofir es asimismo el nombre de la región de la que se importaba el oro. También se llega a mencionar Ofir junto con Javilá, otra región aurífera, en la lista de los pueblos en Génesis (10, 29) y 1 Crónicas (1, 23.)

[46] dino = digno

[47] La sinagoga recibía a Jesús como su hijo, pero después de la traición de los judíos, el surgimiento de la iglesia católica acoge a Jesús como rey y como tal lo venera.

[48] En ninguno de los cuatro evangelios aparece la sorpresa y la compasión de Pilato en la forma en que las describe el poeta.

[49] vido = vio

[50] Es decir, como lo había profetizado Isaías: "Así como se asombraron de él muchos –pues tan desfigurado tenía el aspecto que no parecía hombre, ni su apariencia era humana." (52, 14)

[51] Los judíos son como las diosas griegas, hermanas aladas hijas de Tamuzz y Electra. Tienen cuerpo de mujer con alas de ave de rapiña, y son proveedoras de los infiernos. (*La Eneida*, III)

[52] prefeto = prefecto

"Volvió a salir Pilato y les dijo: 'Mirad, os lo traigo fuera para que sepáis que no encuentro ningún delito en él.' Salió entonces Jesús fuera llevando la corona de espinas y el manto de púrpura. Díceles Pilato: 'Aquí tenéis al hombre.'" (Juan 19, 4-5)

[53] perfeto = perfecto

[54] aspeto - aspecto

[55] En el Evangelio de Juan no especifica que se trate de Anás, sino de los sumos sacerdotes, quienes gritaron: "¡Crucifícalo, crucifícalo!" (19, 6)

[56] Anás se refiere al hecho de que Jesús haya amenazado derribar el templo que Salomón hizo construir, por lo que la venganza de Salomón sería completamente justificada.

[57] "Seno de Abraham" es una expresión rabínica para designar la morada de los justos en el más allá. Reunidos con Abraham, padre de los creyentes, los justos constituyen la innumerable descendencia prometida al patriarca. Algunos padres de la Iglesia, como Tertuliano, lo identifican con el refrigerium "lugar refrescante", la morada provisional beatífica antes del juicio definitivo de Dios. La teología cristiana lo asimila frecuentemente al limbo.

[58] Eróstrato. Efesio que, para inmortalizar su nombre, incendió el templo de Artemisa en Éfeso (356 a.C.) Este pasaje es similar al de *Los Lusíadas*:

> Quemó el templo santísimo de Diana,
> Por sutil Tesifonio fabricado,
> Herostrato por ser de gente humana
> Conocido en el mundo y renombrado. (II, 113)

[59] Las costumbres judías son más fuertes que la misericordia que Jesús ha mostrado. Según las acusaciones, su delito ha sido no respetar las costumbres de su pueblo.

[60] impios = impíos

[61] Po. Río de Italia septentrional, el más importante del país; de 652 km. Nace en los Alpes, en el monte Viso, discurre en dirección general oeste-este, penetra en la llanura y avena con sus afluentes Tesino y Adda, entre los Alpes y los Apeninos.

[62] La pretensión de Jesús de poseer un carácter divino es a los ojos de los judíos una blasfemia, que lo hace merecedor de la lapidación. En cambio, los ladrones y homicidas eran crucificados.

[63] Según lo había dicho el profeta: "Así como se asombraron de él muchos –pues tan desfigurado tenía el aspecto que no parecía hombre, ni su apariencia era humana." (Isaías 52, 14)

Libro X

Argumento

Que la sangre de Cristo generosa
Sobre ellos caiga piden los hebreos;
Y Cristo mira su ciudad famosa
Asolada, y cumplidos sus deseos;
Y a la Virgen y Madre valerosa
Cuenta Gabriel de Cristo los trofeos,
Del Espíritu Santo la venida,
Y della al cielo empíreo la subida.

Octavas 1-16
Continúa Jesús ante Pilato

Considéralo todo el presidente,
De la razón y fuerza combatido,
Y el vario corazón diversamente
En encontradas partes dividido:
Ya el gran furor del vulgo vehemente,
Con pertinencia y falsedad movido,
Ya pondera de Cristo la inocencia,
Y su justicia mira con prudencia.

Como el rayo del sol parte derecho,
Y con aguda luz el agua hiere,
Y salta vivo al encumbrado techo,
Y en el rico artesón puro se ingiere;
Así Pilato, ya por su provecho,
Y ya por su conciencia, vago inquiere
Con vario pensamiento la justicia
De Cristo, y de su gente la malicia.

Al ver la falta de decisión de Pilato, Lucifer manda ahora al Temor

Cuando Luzbel, sintiendo cuál ondea
Del presidente el corazón revuelto,
Y que sacar de la prisión desea
A Cristo, y de la muerte libre y suelto,
El infierno transtorna, el caos rodea,
En furor envestido, en saña envuelto;
Y al hórrido Temor[1] despacha osado,
De vencer con su ayuda confiado.

Este monstruo feroz sin alma vive, 4
Siempre en rígida nieve sumergido,
Falsas quimeras de su mal concibe,
Y tiembla, dellas solas oprimido:
De lo que no será, miedo recibe,
Y anda para estorbarlo apercibido;
La flojedad le cerca y el espanto,
El mujeril temblor y el niño llanto.

Tropiezos finge a los principios buenos,
Y lo bien comenzado desalienta;
Hace que vaya el vivo ardor a menos,
Y el desmayado espíritu acrecienta:
Ciega los ojos al mirar serenos,
Y las nubes que tienen les aumenta:
Ceñido está de impenetrable hierro;
Mas rendido a su propio y vano yerro.

A éste manda salir el rey cobarde
De su honda caverna, cuidadoso,
Y porque adonde va no llegue tarde,
Alas le da de pájaro medroso;
Y él, sin que más en el infierno aguarde,
Las tinieblas divide presuroso:
Sube a Salén, y vase al presidente,
Y cércalo invisible y torpemente.

Pilado es invadido por el Temor

Y al derredor con ímpetu volando,
Le entibia a soplos el ardiente pecho,
Un frío por las venas derramando,
Que va medroso al corazón, derecho;
Y las médulas íntimas helando,
Y el antiguo fervor a guerras hecho,
Le eriza los cabellos, y el semblante
Le pone al de la muerte semejante.

El color le robó de las mejillas; 8
Quedósele la voz entre los labios;
Ya flacas le temblaron las rodillas,
Y el alma le fingió quejas y agravios:
Temió las amenazas y rencillas
De aquellos en mentiras hombres sabios;
Penetró el pueblo agudo su mudanza,
Y cobró de vencerle confianza.[2]

Dio voces, formó quejas, hizo extremos,
Y volvió a repetir: "Luego lo empica;
Otro rey, sino a César, no tenemos;
Al que le contradice crucifica:
Hasta que le des muerte clamaremos."
Hablan; y el presidente no replica,
Y déjase rendir, aconsejado
Dellos y del temor, a su pecado.

Como cuando furioso el Euro[3] brama,
Y a soplos el turbado mar azota,
Que al cielo ya las ondas encarama,
Ya el abismo con ellas alborota;
El piloto a la chusma osado clama,[4]
Viendo impedir su próspera derrota,
Que con los remos al furor del viento
Su diligencia opongan y su aliento;

Mas conociendo, al fin, que lucha en vano
Contra el Euro y el mar embravecido,
Sujeta el corazón, vuelve la mano
Y el timón y la popa, ya rendido:
Déjase al viento, que le lleva insano
Por el ondoso piélago perdido;
Así Pilato resistió primero,
Y rindióse después al vulgo fiero.

Y en el soberbio tribunal sentado, 12
Y vuelto a la canalla inexorable,
Dijo con rostro de pavor turbado:
"Ríndome a vuestra furia incontrastable:
Pilado se da por vencido
Caiga sobre vosotros el pecado;
Vosotros condenáis al inculpable:
Yo al que por inocente reverencio,
En vuestro nombre, a muerte lo sentencio.

Dicta sentencia

"Él muera en cruz; pero temed la pena
Que ya a vuestras cabezas amenaza;
Que quien al justo por pasión condena,
Si no la muerte, su temor le abraza;
Y quien tantos delitos encadena,
Con ellos mismos el castigo enlaza,
Y lo lleva arrastrando, al fin, consigo:
Temed, pues, algún áspero castigo.

Se lava las manos

"Y yo, dijo (lavándose las manos),[5]
Lavo mis manos de la sangre pura
Deste justo: vosotros, inhumanos,
De su sangre esperad venganza dura."
Así habló; y al punto los ancianos
Y el pueblo, pertinaz en su locura,
Esto (sin advertir lo que dijeron)
En una voz confusos respondieron:

El pueblo acepta su responsabilidad

"Caiga sobre nosotros rigurosa
Y sobre nuestros hijos se derrame
La sangre dese justo religiosa,
Y si es tal, por venganza eterna clame.[6]
Apenas se soltó la voz odiosa
De entre los labios a la turba infame,
Cuando a Cristo de lágrimas ardientes
Los ojos le vertieron vivas fuentes.

Triste, llorando en las lumbres puras, 16
De sangre y de salivas eclipsadas,
Maldición del pueblo
Las ciertas y terribles desventuras
En esta maldición profetizadas,
Presentes las miró, si bien futuras,
En un rayo de luz representadas.
Pero dime, ¡oh Señor!, cómo las viste,
Y el gran dolor que viéndolas sentiste.

Octavas 17-56 Visión profética de Jesús sobre la caída de Jerusalén

De la alma aquellos ojos adivinos,
Que todo lo alcanzaban vigilantes,
Fijó en los altos muros diamantinos,
Y en las soberbias torres circunstantes:
Miró los edificios peregrinos
De la ciudad, hermosos y arrogantes,
Y los algibes de agua caudalosos,
Para tiempos de guerra peligrosos.[7]

Y el templo sobre piedras admirables
Consideró a las cumbres levantado,
Y a costa de trabajos memorables
Y de inmenso tesoro edificado:
Notó las ceremonias venerables,
Y el pueblo en adorarlas ocupado,
Las aras, holocaustos, sacrificios,
Los sacros ornamentos y ejercicios.

Y el grande alcázar de Sion valiente
Al cielo contempló haciendo ultrajes
Y en las calles y plazas varia gente
Plebeya y de ilustrísimos linajes:
La abundancia en manjares diferente,
Y diferentes y costosos trajes,
Las casas y el poder de los señores,
Las cátedras y el ser de los doctores.

Y parecióle que con esto vía[8] 20
Bajar del cielo, en vez de sangre, fuego,
Con que abrasada la ciudad, se ardía
En propias iras y batallas luego:[9]

Toma de la ciudad

Por una parte Juan[10] la perseguía,
De furia y ambición armado y ciego,
Y el tirano Simón[11] por otra parte,
Tremolando en el yermo su estandarte.

Y éste después, a la ciudad llamado
Porque del fiero Juan la defendiese,
Con ropa tan ilustre disfrazado,
Buscar en daño della su interese;
Y para que su mal determinado
Por su sentencia más horrible fuese,
Miraba a los zelotas inhumanos,
Peleando con estos dos tiranos.

Y en viva sangre y en afán inmenso
Anegada la tierra miserable,
Y el triste pueblo, de temor suspenso,
No resistir al daño irreparable,
Pagando siempre con sus vidas censo,
Al uno y otro ejército implacable;
Y al pontífice Anano[12] muerto vía,
Por su valiente celo y alma pía.

Y en medio desto con dolor miraba
A Tito[13] y a su ejército invencible,
Que a la infeliz Jerusalén cercaba
De un vallado y un muro inaccesible;
Y que en solos tres días lo acababa,
Prodigio a los prudentes increíble,
Por ser de treinta y ocho y más estados,
Y en él castillos trece edificados.[14]

Vía dentro a la hambre vengadora, 24
Que brava discurría por la tierra,
Y se hacía con rigor señora
De cuanto bien el cuerpo y alma encierra,
Hambre que sufrirá el pueblo
Y mataba más hombres en un hora,[15]
Que en meses muchos la prolija guerra;
Y así, abrasado, en caridad lloraba
El Cordero estos males que notaba.

Los mozos ya de hambre consumidos,
Los viejos della misma pereciendo,
Los ricos por su causa perseguidos,
Y los pobres a ejércitos muriendo:
Los hijos a las madres atrevidos,
Quitándoles el pan (crimen horrendo)
De entre los dientes, y las propias madres
A los hambrientos hijos y a los padres.

Y miraba también grandes cuadrillas,
Y de la hambre fieros escuadrones,
Fingiendo, por robar, falsas rencillas,
Y robando, hacer viles traiciones:
Brazos caídos, frentes amarillas,
Cuerpos sin carne, rostros sin facciones;
Destrucción y muerte
Vivos dando a los muertos sepultura,
Y enterrarlos allí la hambre dura.[16]

Vía que eran manjares comestibles
Los que huyen los brutos animales,
Las boñigas de buey apetecibles
Cual si fueran de miel rubios panales,
Y cosas al estómago insufribles,
La hambre las fingía naturales;
Mas sobre todo a Cristo le dio pena
Una crueldad mirar despanto llena.

Y era que una mujer al hijo amado, 28
Al hijo que nació de sus entrañas,
E hijo pequeñuelo y regalado,
Con manos lo mató fieras y extrañas;
Y la mitad, para comerlo asado
(¡Oh hazaña cruel entre hazañas
Más horribles y pérfidas!), al fuego
Lo puso, y lo comió caliente luego.[17]

Y sintiendo los crudos robadores
De la grosura tierna el humo espeso,
Llegaron como buitres voladores,
Y vieron de la hambre el sumo exceso;
Y aunque de mil crueldades inventores,
Deste quedaban infernal suceso
Pasmados, y a los otros referido,
Un asombro causaba espavorido.

Y muchos de los fieros que allí estaban,
Y de sus miserables descendientes,
Vía que la ciudad triste dejaban,
Yéndose a los romanos inclementes:
Que en cruces por el muro los clavaban,
Y eran tantos, que palos suficientes
Faltaban para cruces, y lugares
Para aquellos castigos ejemplares.[18]

Y otros dos mil y más desentrañados
Se le representaban con luz viva,
Por codiciosos árabes soldados,
Con mano más avara que nociva;
Y cuerpos a millares arrojados,
Por no caber en la ciudad esquiva,
Fuera del muro, en sangre y en vapores
Nadando, entre gusanos y hedores.

Y, en fin, a Tito poderoso vía, 32
Que, disponiendo su escuadrón valiente,
La torre Antonia[19] con furor batía,
Y la expuñaba rigurosamente:
Y que un portal del templo se encendía
Por la romana vencedora gente,
Y otro por los hebreos oprimidos,
Para ser con sus llamas defendidos.

Mas, lastimado el corazón piadoso
Del fuerte emperador, mandaba luego
Apagar el incendio peligroso,
Y así paraba el encendido fuego.
Pero ¡ay de Dios castigo milagroso!
Que después un romano de ira ciego,
Ausente el capitán, fuego lanzaba,
Con que todo el gran templo se abrasaba.[20]

Y ni de Tito el grave mandamiento,
Ni de Israel la osada diligencia,
Ni del vencido pueblo el triste acento,
Ni del santo edificio la eminencia,
Reprimir el espíritu violento
De Bóreas, ni la horrísona potencia
Podía de la llama vengativa,
Que lo volvía todo en brasa viva.

También allí un profeta inobediente[21]
Y falso predicaba al pueblo rudo
Que subiéndose al templo diligente
Se salvaría del castigo crudo;
Y vía Cristo caminar la gente
Con temerario pecho y paso agudo,
Y seis mil varios hombres abrasarse
Donde pensaban por su fe salvarse.[22]

Y cuando las paredes elevadas, 36
Las nubes ultrajaban con centellas,
Y las llamas, en alto levantadas,
Pensaban transfundirse en las estrellas,
Y al cielo vengador encaminadas
Iban del triste pueblo las querellas,
A la puerta oriental sacrificando
Estaba Tito y su latino bando.

Después los sacerdotes recogidos
En los retretes últimos del templo,
Eran a justa muerte conducidos,
Del castigo de Dios glorioso ejemplo.
¡Oh feroces ahora, inadvertidos
Entonces! Admirados os contemplo
Buscando la razón de tantos males,
Y son vuestras envidias infernales.

Y vía los soldados ir corriendo,
Y la ciudad mezquina saqueando,
Y de oro tanta copia recogiendo,
Que la mitad en precio iba bajando;
Y luego por las calles discurriendo,
Los edificios con furor quemando,
La ciudad en ceniza transformaban,
Y piedra sobre piedra no dejaban.[23]

Y de Sion la noble fortaleza,
Que sola le restaba a la victoria,
Hecha ejemplo inmortal de vil flaqueza,
Y abrasada, perder su antigua gloria;
Y del templo infeliz la gran riqueza,
Que puso en cuenta la sagrada historia,
Ser por los sacerdotes entregada,
Y a Roma en cautiverio trasladada.

Y un ciento y cien mil hombres parecían
Muertos en todo el cerco lamentable,
Que unos a hierro y fuego perecían,
Y otros de hambre y sed inexorable;
Y otros noventa mil y más salían
Llorando de la tierra miserable,
Unos para luchar con bestias fieras,
Y otros para morir de otras maneras.

Y despreciados, míseros, cautivos
Vía por todo el mundo a los hebreos,
Cual fieros homicidas fugitivos,
Y acobardados cual medrosos reos:
Infames, cabizbajos, pensativos,
Con mal olor y con temblores feos:
Señal que puso Dios al inhumano
Matador del primero y buen hermano.

Y que en el día de su gran castigo
Hacían lamentable aniversario,
Y el mismo llanto, de su afán testigo,
Compraban con tributo voluntario;
Y al Señor de Salén, ya su enemigo,
Le pagaban: ¡oh censo extraordinario!
¡Que compren su dolor, paguen el suelo
Donde lloran, y no los oiga el cielo!

Esto miraba Cristo, y se dolía
En el alma, que atenta lo miraba,
Y más que la pasión que recibía,
Él recibirla dellos se la daba;
Y con la caridad que en él ardía
Al Padre eterno por su bien rogaba;
Y alcanzó que les diese las señales
Que pronósticos fueron de sus males.

Presagios

Y así vía rayar un año entero 44
Una estrella de luz maravillosa
Sobre la gran ciudad, con rostro fiero
Y con forma de espada rigurosa;
Y un infausto cometa, verdadero
Anuncio de su pérdida espantosa,
Cuya sangrienta crin de fuego ardiente
Guerra pronosticaba vehemente.[24]

Y por el aire tremolar pendones,
Resonar trompas, relinchar caballos,
Correr jinetes, discurrrir peones,
Reyes mandar, y obedecer vasallos,
Miraba; y estos bravos escuadrones,
Antes que otros pudiesen estorbarlos,
Cercar a la ciudad y combatilla[25]
Y ganarla: ¡estupenda maravilla![26]

Y en el templo sonar distintas voces:
"Vamos presto de aquí, partamos luego."
Y caminar los ángeles veloces,
Como huyendo el anunciado fuego;
Y vía que los ánimos feroces
Del pueblo, a su castigo sordo y ciego,
Ningún prodigio de éstos entendían.
Y al fin pagaban lo que merecían.

Dolor de Jesús ante el destino del pueblo de Jerusalén

Esto miraba el Salvador piadoso
Y lo lloraba como rey benino,[27]
Mientras el vulgo, en condenar furioso,
La maldición se echó que le convino.
Mas ¡oh linaje con razón odioso!
Que aún hoy padeces el destierro digno
De tu noble ciudad y templo santo,
Suspende tu pasión, tiempla tu llanto.

Mi voz escucha en lágrimas bañada 48
Y de amorosa caridad vestida,
Con vivo sentimiento lastimada
Y de tu mismo daño condolida:
Abre la oreja, por tu mal cerrada,
A la palabra que te dio su vida;
Y tu pecado mira y tu castigo,
Y sin despecho atiende a lo que digo.

Penas padeces: luego culpas tienes,
O tus mezquinos padres las tuvieron;
Que como a la virtud siguen los bienes,
Los males siempre a la maldad siguieron;
Y de graves castigos y solemnes,
Graves pecados y solemnes fueron
La causa; porque Dios con gran justicia
Mide el azote y pesa la malicia.

¡Pues qué! ¿Tan grave culpa cometiste,
Que castigo tan áspero mereces?
¡Qué! ¿Tan pesada ofensa a Dios hiciste,
Por que pena y destierro tal padeces?
Pues ni a Sodoma compañero fuiste,
Ni cual Nembrot[28] el cuello ensoberbeces,
Ni cual Jeroboán[29] forjas becerros,
Ni a Acab[30] haces los aleves yerros.

Pues ¿cómo Dios que tan suave rige
Su pueblo tantas veces perdonado,
Mil años y quinientos más te aflige
Con tan prolijo azote y tan pesado?
Dios como Dios al pecador corrige
Si él deja con la pena su pecado,
Y la mano levanta del castigo
Si quien le ofende quiere ser su amigo.

En algo le ofendiste, y tú no quieres 52
Verlo y perdón pedirle de la ofensa:
Porque la penitencia tú difieres,
Difiere Dios tu daño en recompensa;
Y cuanto así protervo le estuvieres,
Para ti su piedad tendrá suspensa:
Pues dime ¿por qué culpa que tú haces
Él te castiga y tú jamás le aplaces?

¿Por qué su ley no guardas venerable?
No, que de serle defensor te precias.
¿Por qué abrazas la usura inexcusable?
No, que ese gran delito menosprecias.
O ¿Por qué, como vulgo miserable,
Te aplicas a otras culpas que no aprecias?
Menos, porque con penas tan severas
Dios no castiga ofensas tan ligeras.

Luego (y síguese bien) has cometido
Y haces otra culpa más terrible,
Que pena con razón ha merecido
Tan grave, tan extraña, tan horrible;
Y es, que a tu mismo Rey por Dios ungido,
Y alto Hijo del Padre inaccesible,
Mataste; y por aqueste gran pecado
Eres con tal azote castigado.

Eres por cierto, y el Señor lo vía[31]
Cuando tus más que pérfidos abuelos
La justa maldición y profecía
Se echaron, que les cumplen hoy los cielos.
Juntos clamaban todos a porfía:

La gente acepta su propia responsabilidad sobre la muerte de Jesús

"Sobre nosotros caigan tus recelos;
Ponlo en la cruz, en ella se desangre;
Y a nosotros nos pida Dios su sangre."

Así fue condenado a muerte dura 56
Cristo, y por ella Barrabás absuelto;
A Cristo se le dio su vestidura,

La condena ha de cumplirse

Y de la cárcel Barrabás fue suelto:
La plebe y el senado se apresura,
Y Cristo, el alma y rostro al Padre vuelto,
La vida y fama por su honor le ofrece,
Y perdón, si lo quieren, les merece.

Octavas 57-151
Gabriel sigue con María y le anticipa los eventos gloriosos

Mas Gabriel en tanto, conociendo
Que era ya la sentencia pronunciada,
Y de la Madre el gran dolor temiendo,
De la Madre en su Hijo transportada;
Antes que el son y vago estruendo
Le llegue de la nueva desgraciada,
Quiere misterios dulces referirle,
Y al trabajo el remedio prevenirle.

Y cuéntalos el ángel por extenso,
Y con las circunstancias más menudas,
Por suspender con este bien inmenso,
Si puede, el mal de penas tan agudas,
Si no templarle aquel dolor intenso
Que las ofensas de su amor, desnudas
Deste reparo, tal podrán causarle:
Comienza, pues, dulcísimo a hablarle:

"Oye, Señora, el fin maravilloso
Que de tu Hijo y mi Señor la muerte
Ha de tener, y el último reposo
Y honra inmortal de su pasión advierte;
Que importa para el trance riguroso
En que se ha de esmerar tu pecho fuerte,
Prevenir el peligro con destreza,
Y a más punto subir tu fortaleza.

Ascensión de Jesús a los cielos

"Pasados los cuarenta alegres días[32] 60
En que de su presencia regalada
Gozarán las devotas compañías
De su escuela a trabajos enseñada,
Ceñido en torno de las almas pías
Que rescató de la infernal morada,
Llevará sus discípulos al monte
Que de olivas corona su horizonte.

Indica quiénes serán testigos del acontecimiento

"Porque de allí querrá subir al cielo[33]
Viéndolo claramente sus amigos,
Para darles el último consuelo,
De su poder haciéndoles testigos;
Y estando en el dichoso y fértil suelo,
Confusión de sus ciegos enemigos,
Les mostrará su ya gloriosa frente
Bañada en gracia y luz resplandeciente.

"¡Qué regalo será verle amoroso,
En ojos dulces y en palabras tiernas,
Y aquellas manos extender piadoso,
Con las señales de su amor eternas;
Y el costado enseñarles generoso,
Y en sus patentes llamas las internas
Del alma noble y corazón suave
Que del gozo de Dios tiene la llave!

"¡Qué consuelo será verle cercado
De ángeles obedientes y almas bellas!
Tal pimpollo de flores coronado,
Y el lucero lo está de las estrellas;
Y tal viene de luces adornado
El sol, y en sus primeras blandas huellas
El alba pura cuando rosas cría,
Y así el mayo se ciñe de alegría.

"Allí estarás también, Madre excelente, 64
Pues casta virgen eres siendo madre;
Tu vista de su luz tendrás pendiente,
Porque tu gloria con su gloria cuadre:
Beberás de su vista refulgente,
Donde el ser luce de su eterno Padre,
Un mar de gozo, y de su luz divina,
Amor, gracia y dulzura peregrina.

"¡Oh cómo allí se quedará suspensa
Tu alma pura de su cuerpo amable,
Y regalada en suavidad inmensa,
Pasará luego al alma venerable;
Y en aquel bien que todo el bien dispensa,
A boca el bien recibirá inefable;
Y sin hablarse, al fin, los corazones
Callando se dirán dulces razones!

"¡Oh cómo de sus brazos enlazada,
Y enlazándole tú con esos brazos,
Serás tú con sus labios regalada,
Y con tus labios él y con tus lazos!
Hijo amoroso y Madre enamorada,
¿Qué se darán de besos y de abrazos,
Cuando el Hijo se va, y la Madre pide
Que la consuele, ya que se despide!

"¡Cómo el ser de tu Hijo soberano
Es singular, y tú, Virgen, fecunda!
Eres madre por modo sobrehumano,
Y en este hecho no tendrás segunda:
El más vivo discurso será vano,
Y la lengua del ángel más fecunda
Atrás se queda: sólo Hijo y Madre
Luz y voz tienen que a su gozo cuadre.

"También la venturosa Magdalena 68
Tendrá su tiempo allí de regalarse,
Con triste gloria envuelta en dulce pena
Viendo a su buen Señor de sí apartarse;
Y el alma, de un dolor sabroso llena
A sus divinos pies querrá postrarse,
Por bañarlos con lágrimas ardientes,
Templadas con suspiros vehementes.

"Y Pedro y Juan, aquel perfecto amante
De Dios, y éste del mismo Dios amado,
Con tierno amor se le pondrán delante
A gozar de su rostro deseado;
Y en aquel hermosísimo semblante
El uno y otro absorto y elevado,
Le dirán con los ojos el afeto[34]
De un dulce amado y amador perfeto.[35]

"Y los demás, al fin, santos varones
Y mujeres, en fe y amor iguales,
Mostrarán sus fieles corazones
En obras y palabras y señales:
Sus tiernas y devotas aficiones
Compensadas verán con otras tales,
De aquel piélago inmenso de dulzura
Y gran mar de infinita hermosura.

"Y estando así, prometerá enviarles
Al criador Espíritu divino,
Que vendrá claramente a consolarles,
Envuelto en llamas de un ardor benigno;
Y sabrá con su luz manifestarles
Del cielo, a donde aspiran, el camino,
Y también su magnífica asistencia
Y su eterna y suave providencia.

"Luego con su virtud maravilllosa 72
Se irá del suelo aprisa levantando,
Y la esfera del aire luminosa
De alegres arreboles matizando:
La escuadra de los ángeles hermosa
Festivos himnos le estará cantando,
Y las almas, trofeo de su gloria,
Solemnizando su inmortal victoria.

Ascensión de Jesús

"—Subid, Señor, y el arca se levante
De vuestra santidad con vos al cielo,
El arca bella, carro ya triunfante,
En que hollastes, vencedor, el suelo:
Subid, Señor, y vuestra gloria espante
Al mismo que turbó vuestro consuelo;
Subid, postrados ya los enemigos,—
Le cantarán los ángeles amigos.

"Así caminará suavemente,
Dándoles con su diestra soberana
La bendición más rica y excelente
Que dio jamás naturaleza humana:
Irá llevando de su faz pendiente,
De aquella faz que gracia y gloria mana,
De sus hijos la noble compañía,
De admiración pasmados y alegría.

"Tal sacude la pluma y va ligera
El águila mirando al sol más vivo,
Y los polluelos su veloz carrera
Admiran y su vista y cuello altivo;
Y aunque seguirla cada cual quisiera,
Y la madre les da gentil motivo
A que sus alas y sus ojos prueben,
Por faltarles la fuerza no se atreven.

"Mas los ojos clavados en sus ojos 76
Se quedarán, atentos y elevados,
Y darán al triunfo por despojos
Afectos por los ojos explicados:
No les serán cumplidos sus antojos,
Pero a su tiempo les serán pagados:
Desta manera Cristo irá subiendo,
Y vista y corazones suspendiendo.

"Acontece mostrarse en Occidente
El rubio sol con claridad afable,
Y oponerse una nube transparente
Al rayo de su luz infatigable,
Y él esconderse en ella blandamente,
Y ella cobrar una beldad notable:
Así una nube esconderá en su seno
Al sol de rayos y de gloria lleno.

"Y al admirado y suspendido coro
De la escuela de Cristo generosa
Quitará de la vista su tesoro,
De la vida elevada y amorosa;
Y ella se bordará de plata y oro
A la luz deste sol maravillosa,
Y así pondrán los ojos en la nube
Del que glorioso al cielo en ella sube.

"Y estando en ella y él arrebatados,
Rasgarán el diáfano elemento,
Y bajarán dos ángeles sagrados
Con sesgo y apacible movimiento;
Y en vestidos de plata recamados
Espirarán suave y blando aliento,
Y a la suspensa en Dios devota gente
Así dirán amiga y dulcemente:

"—¿Qué miráis, oh varones galileos?
Este Jesús que ahora va triunfando
Y al cielo sube rico de trofeos,
Tan rico le veréis después bajando:
Allí se cumplirán vuestros deseos,
Y ahora caminad, piadoso bando,
A Salén, y aguardad al prometido
Amor, del Padre e Hijo producido.—

"Al fin se volverán. Mas ¿qué concetos,[36]
¡Oh suma emperatriz!, y qué razones
Pintarán de los ángeles discretos
Las discretas y alegres invenciones?
Sus triunfos allí serán perfetos,[37]
Como lo son ahora sus pasiones;
Que sabe Dios pagar, como infinito,
Más de lo que pretende el apetito.

"Músicas, fiestas, regocijos, glorias
Compondrán su feliz recibimiento,
Canciones de sus ínclitas victorias
Resonarán con celestial acento:
Quedarán esculpidas las memorias
De su muerte y su vida y nacimiento,
No en materia sujeta a ciertos fines,
Sino en pechos de eternos serafines.

Jesús llegará hasta el Padre

"Y recibido de su Padre santo
Con tierno amor, en trono esclarecido,
Y siempre oyendo el siempre dulce canto,
Será como merece, engrandecido:
De allí pondrá a los pérfidos espanto,
Del mismo infierno con razón temido,
Y regirá su Iglesia, poderoso
Emperador y amado y bello esposo.

"A los justos dará dulces favores, 84
Esperanza a los tristes penitentes,
Perdón a los errados pecadores,
Y ofrecerá su fe a diversas gentes:
Presentará a su Padre los dolores
De las llagas que en sí tendrá patentes,
Intercesor fiel, docto abogado,
Y en defender al hombre ejercitado.

Le anuncia la venida del Espíritu Santo

"Mas quieróte contar, ¡oh Madre casta!,
Del Espíritu Santo la venida,[38]
Si bien para vivir segura basta
Saber ya de tu Hijo la subida:
El gran temor, ¡oh Virgen!, que contrasta
La escuela de Jesús hoy afligida,
Será vuelto en osada fortaleza
Y amor de celestial naturaleza.

"Cumplidos, pues, los más que buenos días
Por tu Hijo y mi Dios determinados,
La hora de sus grandes alegrías
Los cogerá en un cónclave encerrados,
Do en santa caridad sus almas pías,
Cual pebetes en ara consagrados,
Abrasando estarán, y en oraciones
Divinas sus fervientes corazones.

"Unidos estarán, y tú, Señora,
Presidirás al noble consistorio,
Cual prudente y feliz gobernadora,
Y digna de tan ínclito auditorio:
Y en ti, donde la gracia se atesora,
Como en un general propiciatorio,
En vez del que subió glorioso al cielo,
Pondrán los ojos, buscarán consuelo.

"Y estando así, con fuerza vehemente 88
Un viento soplará maravilloso
Que la casa estremezca de repente
Y un pavor cause blando y amoroso;
Y en lenguas dividido, un fuego ardiente
Bajará sobre el cónclave dichoso,
Y en todos, llenos ya de dulce espanto,
Se asentará el Amor divino y santo.

"Cuando Dios en el monte excelso daba[39]
La verdadera ley al pueblo ingrato,
Furiosa tempestad, tormenta brava
Fue su ilustre y magnífico aparato:
La cumbre en fuego vivo se abrasaba,
Haciendo con sus llamas noble ornato
A la silla de Dios, y horribles truenos
Los aires inquietaban más serenos.

"Así, cuando la ley de eterna gracia
Se imprima en estos pechos más que humanos,
Hará con potentísima eficacia
El mismo Dios prodigios soberanos,
Tanto para vencer la pertinencia
De los que hoy le persiguen inhumanos,
Cuanto para ilustrar con suma gloria
La ley de amor, de Cristo la victoria.[40]

"Vendrá, pues, el Espíritu divino
Sonando, porque así mejor le atiendan,
Y con fuerza y espanto repentino,
Porque ser gracia liberal entiendan
Y en forma de aire, abriéndose camino,
Porque ser el aliento comprendan
Con que respira el alma y tiene vida
De Dios causada y solo a Dios unida.

"Y en figura de fuego deleitable 92
Vendrá para encender los corazones,
Y con ardor y soplo infatigable
Llamas criar de santas aficiones,
Dando con viva fe luz admirable
Y ciencia de proféticas visiones,
Y con formas de lenguas diferentes
Las varias lenguas de las muchas gentes.[41]

"Y como al evangélico Profeta
Un serafín purificó los labios,
Y le infundió con caridad perfeta[42]
En el alma fiel conceptos sabios,[43]
Y una excelsa virtud le dio secreta
Despreciadora de honras y de agravios;
Esto y más con su fuego luminoso
Hará el divino Espíritu piadoso.

Le anticipa la obra del Espíritu Santo

"Daráles un sutil conocimiento
De la alteza de Dios inaccesible,
Y un sobrenatural entendimiento
De aquella hermosura inteligible:
Escribirá su ley en un momento,
Su ley de gracia, ley apetecible,
Centro y fin de las santas Escrituras,
Con sabia mano en sus entrañas puras.

"Infundiráles un amor tan vivo,
Que siempre en caridad estén ardiendo,
Y en su llama suave y fuego activo,
Cuanto en la tierra hallen convirtiendo:
De su bien y su mal harán motivo,
El uno y otro en humo resolviendo,
Para encender su amor y amar la gloria
De Dios y despreciar la transitoria.

"De aquí les nacerá una fortaleza 96
Para vencer del mundo lo más fuerte,
Espantar del infierno la braveza,
Hollar la vida y esperar la muerte:
De aquí una constantísima entereza
De rostro y pecho en alta y baja suerte,
Y un señoril espíritu invencible
A lo más grato y a lo más horrible.

"Y así, los que huyendo temerosos
Hoy han dejado a su Maestro santo,
Saldrán libres entonces y animosos
Poniendo a los que temen fiero espanto;
Y a los que ahora cantan victoriosos,
De negro luto y de confuso llanto
La frente cubrirán y faz turbada,
Con verdad cierta, en vez de aguda espada.

Obra de los apóstoles después de que reciban al Espíritu Santo

"Saldrán luego a las calles predicando
La ley de gracia en lenguas diferentes,
Y Pedro, cual cabeza de su bando,
Con palabras y afectos más ardientes;
Y la verdad, en fin, manifestando,
Convertirán a Dios diversas gentes,
Y almas casi tres mil en sólo un día;[44]
Que presto vence Dios cuando porfía.

"Mas ¿quién dirá, ¡oh Señora!, los efetos[45]
Dignos desta venida soberana?
Quédanse atrás los labios más discretos,
Si los quieren tratar con lengua humana,
Y no puede contarlos en concetos[46]
Vivos la hierarquía más ufana;
Que son hechos de Dios inescrutables,
Obras de amor, hazañas inefables.

"Del polvo de la tierra fue criado
El hombre, y era polvo y tierra informe,
Imagen ruda, cuerpo desalmado,
En todo a su materia vil conforme:
Sopló Dios, y su aliento consagrado
En el barro infundió tosco y disforme
Espíritu inmortal, alma viviente,
Con que el hombre lo fue perfectamente.

"Antes ojos tenía, mas no vía;[47]
Lengua, pero con ella no hablaba;
Pies, mas andar con ellos no podía;
Manos, pero con ellas nunca obraba;
Y estos graves defectos que tenía,
El ausencia del alma los causa;
Que luego vio, y habló, y obró, y anduvo,
Cuando dentro del pecho el alma estuvo.

Se fundará la Santa Iglesia

"Será lo mismo en esto que refiero:
Esto hará el Espíritu divino;
Porque es la Iglesia cuerpo verdadero,
Si bien cuerpo moral y peregrino:
Antes que baje aqueste Amor sincero
En aire presto y fuego repentino,
Como sin alma está la Iglesia en todo,
Si no en sustancia, en apariencia y modo.

"No ve de Cristo ahora los misterios,
No entiende ni predica su grandeza,
No acude a los sagrados ministerios,
Ni los obra y maneja con pureza:
No camina por nuevos hemisferios
Con vivos pies de osada ligereza;
Tímida está, encerrada y afligida
Porque no tiene espíritu de vida.

"Mas en viniendo le dará ojos vivos 104
Y en puras fuentes de cristal bañados,
Ojos de la verdad penetrativos,
Y de paloma, simples y rasgados;
Ojos que humillen ánimos altivos,
Viéndose dellos sin rigor mirados,
Y ojos que a Dios con uno solo prenda,
Vista de fe que cielos comprenda.

"Labios tendrá cual encarnados lirios,
Que mirra perfectísima derramen,
Olor de gloria y gusto de martirios,
Y voces que a la vida eterna llamen;
Labios que de los bárbaros asirios
Hasta los sabios griegos siempre clamen,
Y prediquen la nueva ley de gracia
Con alto son y altísima eficacia.

"Manos hechas a torno y de oro fino,
Y llenas de jacintos admirables,
Que derramando irán por el camino
Grandes hechos, prodigios memorables;
Manos con que el Espíritu benigno
De Dios infunda gracias inefables,
Y dé por ellas el tesoro ilustre
Que ha de causar al mundo eterno lustre.

"Y pies tendrá por una parte agudos
Para llevar su lumbre por la tierra,
Y con ella enseñar los pechos rudos,
Que antes le han de hacer prolija guerra;
Por otra pies valientes y membrudos,
De la piedra gentil que Paro[40] encierra,
Para estar con valor fijos y estables
Ante tronos de reyes formidables.

"Con ellos los apóstoles benditos 108
Irán por todo el mundo diligentes,
Y destruyendo sus antiguos ritos,
Convertirán a Dios diversas gentes:
Tendrá la Iglesia hijos infinitos,
Y su cabeza miembros diferentes,
Prelados y profetas y doctores,
Mártires fuertes, simples confesores.

"Y donde nace el sol y donde muere,
Y desde el polo Antártico a Calisto,
Y en la región que más temprano hiere,
Y en la que tarde y mal su luz ha visto
(Tanto al hombre su Dios estima y quiere),
El nombre llegará de Jesucristo,[49]
Y alumbrará su fe las almas puras,
Y humillará su cruz las frentes duras.

"Y el reino de tu Hijo poderoso
Por todo el mundo se verá esparcido:
Él reinará en el cielo victorioso,
Y en Roma su vicario obedecido;
Y éste, mientras el fuego presuroso
Cerque al aire, y el aire humedecido
Al agua, y agua y tierra estén patentes,
En siglos vivirá permanecientes.

"Que ni de muchas gentes vencedoras
Las fieras armas, ni de imperios fuertes
Las altas majestades triunfadoras
De nuevos mundos y de varias suertes,
Ni del airado infierno las sonoras
Y bravas amenazas de mil muertes
Impedirán la sucesión divina
De sus vicarios y de su doctrina.

"Y éste es el reino de David sagrado, 112
Ésta la verdadera monarquía
Que yo te prometí siendo legado,
Y dije que su Padre le daría:
Éste el imperio siempre deseado,
Y del nuevo Jacob la casa pía:
Reino de almas, imperio de virtudes,
Casa de eterna paz, nunca te mudes.

Se establecerá la escuela de Jesús

"He aquí la escuela de tu Hijo santo
Hecha de Dios ejército valiente,
Gloria del cielo, del infierno espanto,
Y deste mundo luz resplandeciente:
—Pues cese aquí, dirás, mi triste llanto;
No esté yo más de mi dolor pendiente;
Súbame el Padre al trono, donde vea
Al Hijo que mi alma ver desea.

"¿Qué bien, qué gozo, qué placer, qué gloria
Tal Madre ha de tener en tal ausencia,
Sino la que le diere su memoria
O la que le causare su presencia?
Ya está ganada la feliz victoria,
Ya el mundo postra a Dios su gran potencia.
¿Para qué vivo yo sin ver mi vida?—
Sabráslo ahora, ¡oh Reina esclarecida![50]

"Como en ausencia del mayor planeta
Que a los menores da prestada lumbre,
La luna clara en una noche quieta
Alumbra en vez del sol, y es bien que alumbre;
Y cercándola en torno, la respeta
El noble coro de la octava cumbre;
Así, en ausencia de tu Hijo, importa
Que al mundo asistas, mas con vida corta.

Obra de María

"Porque después que con tu vivo ejemplo 116
Hayas la santa Iglesia edificado,
Y cual segundo venerable templo
De Dios te hayan los justos adorado
(Que tal, ¡oh virgen Madre!, te contemplo,
Y el cielo como a tal te ha celebrado),
Después suplicarás a tu amoroso
Hijo que en sí te dé dulce reposo.

"Y él, por henchir aquella ilustre silla
Que en sus hombros sustentan serafines,
Y elevar en eterna maravilla
De tu beldad los sabios querubines;
Oirá tu petición blanda y sencilla,
Y desde sus magníficos jardines
Te dirá: —Ven, paloma casta y pura,
A gozar de la fruta ya madura.—

Muerte de María

"Y yo, Señora, bajaré contento
A darte la gloriosa legacía,[51]
De corona ceñido y ornamento
Que mi placer anuncie y tu alegría;
Y cual sol el diáfano elemento,
Vestiré de luz nueva el claro día,
Trayéndote una palma de victoria,
Señal triunfante de perfecta gloria.

"¡Oh qué gozo tendrás, qué regocijo,
Qué júbilo, qué gusto, qué consuelo,
Cuando contemples que tu amado Hijo
Ya te quiere llevar consigo al cielo!
Un breve espacio te será prolijo,
Y gran tormento el habitar el suelo;
Mas darás cuenta dello a tus devotos,
Y vendrán a ofrecerte aquí sus votos.

"Y trayendo aromáticos olores,
Bálsamos puros y pebetes finos,
Este aposento llenarán de flores
Y cercarán de ornatos peregrinos:
Blancos cirios con bellos resplandores
Encenderán los aires cristalinos,
Aparejando al sol de eterna vida
La casa de la aurora bien nacida.

"Tu lecho santo ceñirán piadoso,
Pendientes de tus ojos soberanos
Y atentos a tus labios milagrosos,
Los nuevos fidelísimos cristianos:
Suspiros de sus pechos amorosos,
En regalos envueltos sobrehumanos,
Despedirán y lágrimas ardientes
Que bañen los suspiros vehementes.

"Y tú, con rostro blando y faz serena
Y dulce voz de enternecido pecho,
Consolarás su noble y justa pena
Desde tu virginal y humilde lecho;
Y estando así de inmensa gloria llena,
Y de luz clara el aposento estrecho,
No siendo los apóstoles llamados,
Se hallarán a tu muerte congregados.

"Recibirás en verlos nuevo gozo,
Y ellos contento singular en verte;
Bañaráse tu alma de alborozo,
Y sus almas de un júbilo más fuerte:
Los que han hecho en Babel fiero destrozo
Y han vencido al Infierno y a la muerte,
Tristes se afligirán de ver la tuya,
Preciando más tu vida que la suya.

"¡Cuál les dirás allí dulces razones! 124
¡Cómo les hablarás palabras tiernas!
¡Cuánto regalarás sus corazones,
Victoria prometiéndoles eternas!
Y ellos el sacro aliento y persuaciones
Desas entrañas con verdad maternas
Suspensos beberán y arrebatados
De tu dulzura, y de tu voz colgados.

"Una música en esto deleitable,
Dulce concento y blanda melodía,
Elevará tu rostro venerable
Y mente sacra en gozo y alegría;
Y templado este júbilo admirable,
Y suspendido el canto y armonía,
Mostrará con suavísima clemencia
Tu caro Hijo su inmortal presencia.

"Tal, acabada la tormenta dura,
El cielo da su repentina lumbre,
Y el arco variado con luz pura
Esmalta y dora la nublada cumbre;
Y en camino dudoso y noche oscura
Tal muestra al ojo la sutil vislumbre,
Y luego el rayo de la luna escaso,
Y ella después, el peligroso paso.

"Pondrás tus ojos en aquellos ojos,
Que dulcemente hablarán callando;
Querrás besarlos con tus labios rojos,
Y con mirar los estarás besando:
Esos ojos, al fin, serán despojos
De sus ojos, que en sí te irán mudando,
Y su vista infundiendo en esa vista,
Santa guerra, suavísima conquista.

"Cual puro sol en limpia vidriera 128
Su despejada luz bello transfunde,
Y ella a su luz, con claridad sincera,
Un no sé qué de más belleza infunde,
Y pasada del sol, se queda entera,
Y en ella envuelto el sol, no se confunde;
Tus ojos en sus ojos transfundidos
Luz tendrán y darán, no confundidos.

"Estando así tu noble entendimiento
De inmenso resplandor será bañado,
Y a más que celestial conocimiento
De la bondad de Dios arrebatado;
Y deste inimitable pensamiento
Un tan subido amor será causado,
Que a la vida mortal su ardor exceda,
Y sufrirlo en mortal cuerpo no pueda.

"Y así, ¡oh bendita!, morirás gozosa
Del mal de amor, de amor del bien herida
De Dios, enfermedad maravillosa
Que le da saludable y dulce vida,
Y fiebre con que Dios en sí reposa,
Y en la fuente del mismo bien nacida;
Que deste mal importará que muera
La que de Dios es Madre verdadera.

"Tu alma noble acogerá en sus brazos
el Verbo concebido en tus entrañas,
Y ella sin cuerpo extenderá sus lazos
Con otras formas de abrazar extrañas,
Y él también le dará dulces abrazos
(Oye; que así tu gran dolor engañas):
Tu cuerpo, al fin, se quedará en la tierra,
Feliz si mucho tiempo en sí lo encierra.

"Mas, ungido con bálsamos suaves, 132
Y con largas obsequias venerado,
Con graves prosas y con himnos graves
Será en Getsemaní luego enterrado:
Ángeles santos, cual cantoras aves,
Entre el coro de apóstoles sagrado
Y entre mil otros ínclitos varones,
Al cielo entonarán dulces canciones.

El sepulcro de María

"Y el sepulcro cerrado, ilustre archivo
De tal tesoro, el cristianismo noble,
Muerto a su pena, y a tu gloria vivo,
En profunda oración quedará inmoble:
Batiendo, pues, el tiempo fugitivo
Con pluma infatigable el primer moble,
El dichoso vendrá tercero día
De siempre eterna y última alegría.

"El alba entonces bordará de flores
El prado y de arreboles el Oriente;
Su lengua pulirán los ruiseñores,
Espejarán las aguas su corriente,
El aire se ornará de resplandores,
Y el mismo sol de luz más excelente,
De suavidad la tierra y de consuelo,

Y de inmenso placer y fiesta el cielo.
"En esta, pues, aurora deleitable
Tu alma pura al cuerpo generoso
Será unida por modo inexplicable,
Y un nuevo ser le infundirá glorioso:
Belleza ilustre, agilidad notable,
Luz que al planeta venza luminoso,
Impasibilidad y sutileza
Sobre toda mortal naturaleza.

Resurrección de María

"Del sepulcro saldrás resucitada, 136
¡Oh Virgen!, y los ángeles atentos
En música conforme y regalada
Te tañerán suaves instrumentos;
Y en procesión alegre y concertada
Rasgarán los más puros elementos
Otros muchos, tu fiesta celebrando,
Tu gloria viendo, tu valor cantando.

"Algunos cuerpos tomarán lucidos
Y ropas varias de hermosos trajes,
Y de coronas y beldad ceñidos,
Te servirán de cortesanos pajes:
Otros, en largas tropas divididos,
Haciendo en sana paz bellos ultrajes
Al viento con clarines y banderas,
Batallas formarán, mas no de veras.

"Y otros en carros con verdad triunfantes,
Rompiendo el aire con doradas ruedas,
Irán gallardos, correrán pujantes,
Oro esparciendo, y arrastrando sedas;
Y otros, al verde mayo semejantes,
Dulces fuentes, alegres alamedas
Fingirán del diáfano elemento,
Que sirvan al camino de ornamento.

"Y tú, señora, como Reina clara,
Para que el cielo con razón se ilustre,
Con blando rostro y con nobleza rara
Darás a la gran fiesta inmenso lustre;
Mas porque mucha pompa le faltara
Faltando a la sazón tu Hijo ilustre,
Cercado bajará de serafines,
De guirnaldas ceñidos de jazmines.

"A tu presencia llegará gozoso,
Sus tiernos brazos a tu lindo cuello
Echará, de apretarlos deseoso,
Y entonces sin dolor podrá hacerlo.
¡Qué nudo, oh virgen Madre, tan gracioso,
Para el tan dulce, para ti tan bello!
¡Qué beso tan recíproco y suave!
El mismo Dios, que lo dará, lo alabe.

"Así, arrimada la derecha mano
En aquel hombro que sustenta el cielo,
Y él siendo tu escudero cortesano,
Con presto irás y manso y limpio vuelo;
Y llegando al alcázar soberano
Do asido a la verdad vive el consuelo,
Abriéndose las puertas de la gloria,
Franca la entrada te será y notoria.

Asunción de María

"Y del trono a los santos descubierto
Sonará en dulce y apacible canto:
—¿Quién es ésta que sube del desierto
Con tanta luz y fiesta y gozo tanto,
Y viene al deleitoso impíreo huerto,
Estribando en su Esposo e Hijo santo,
Como el aurora bella y refulgente,
Como la luna y como el sol luciente?—

"Así estarán los ángeles cantando,
Y tú, las hierarquías excediendo,
Irás las mentes sabias elevando,
Y los gloriosos pechos encendiendo:
Ellos, tus nuevas gracias admirando
Y luz de tu belleza recibiendo,
Hincarán sus rodillas en el cielo,
Y postrarlas quisieran en el suelo.

"Verán los abrasados serafines 144
Que les excedes en amor ardiente,
Y entenderán los sabios querubines
Que en ciencia les traspasas excelente;
Y cuantos huellan los distantes fines
Y el medio del alcázar eminente
Do habita Dios, espíritus sagrados,
A ti se humillarán, de ti admirados.

"Serás, en fin, del Padre recibida
Como hija, y del Hijo como madre,
Y del divino Espíritu admitida
Como su Esposa, e hija de tal Padre;
Y porque a Hija y Madre tan querida,
Y a Esposa tal el ornamento cuadre,
Padre e Hijo y Esposo a tu persona
Darán de Reina ilustre igual corona;

María será recibida por el Padre y el Hijo en el Cielo

"Y corona de estrellas inmortales,
Que ciñan tu cabeza con luz pura,
Y adornando tus sienes virginales,
Aumenten, si es posible, tu hermosura;
Y por chapines a tus pies reales[52]
La antorcha clara de la noche oscura;
Y por vestido el sol: adorno extraño,
Con que no sufrirá la vista engaño.

"Así a la diestra de tu Hijo eterno,
En trono de suprema reverencia,
La primera serás, en su gobierno,
Intercesora de eficaz potencia:
Respetada en el cielo, en el infierno
Temida, y por tu celo y tu clemencia
Adorada en la tierra de los hombres,
En templos varios, con diversos nombres.

"Desta manera gozarás dichosa 148
De tu Hijo en suave compañía,
No como en el pesebre cuidadosa,
Mezclada con tristeza tu alegría;
Ni ya escondiendo al Niño, temerosda
Del rey tirano y de su atroz porfía;
Ni con pena mirando el falso rito
Del Dios brutal del tenebroso Egito;

"Ni de prudentes lágrimas bañando
El rostro de divina gracia lleno,
Al Niño Dios con lástima buscando,
Que se huyó de tu amoroso seno;
Ni de rodillas junto al lecho blando,
Si bien más de una vez de paja y heno;
Velando en oración al sueño grave
Del que duerme, y lo más oculto sabe;

"Ni viéndole de escribas perseguido,
Ni acosado de injustos fariseos,
Ni, como ahora, en cárcel detenido
Para cumplir sus bárbaros deseos;
Que lo verás de arcángeles servido,
Cercado de magníficos trofeos,
En siempre eterna paz y gloria inmensa,
Y a ti en su gloria y en su amor suspensa."

El relato de Gabriel es interrumpido por Juan

Hablando estaba el ángel; y dijera
Más si Juan[53] a la puerta no llegara,
Y apresurando su veloz carrera,
La plática suave no cortara.
¡Oh terrible dolor, congoja fiera!
¡Oh quién los tristes labios le cerrara!
Callad, Juan; mas no puede, porque ha visto
Que a muerte han condenado a Jesucristo.

152-155
Juan y María

Devoto siempre Juan, firme y atento, 152
Y animoso y sagaz a todo estuvo:
Nunca dejó al Señor en su tormento;
Llorando su pasión con él anduvo;
Y vido[54] ahora el infernal portento,
Vídole sentenciar, y apenas tuvo
Fuerzas para sufrirlo; mas cobrólas
Para dar estas nuevas, y al fin diólas.

Juan viene a anunciarle a María que Jesús ha sido condenado a muerte

Y puesto de rodillas en el suelo,
Y el rostro en polvo y en sudor bañado,
La voz cortando a veces con recelo
De un grande mal, y a veces fatigado:
"¡Oh excelsa, dijo, Emperatriz del cielo,
Madre casta del Hijo deseado
De la gente que ahora le condena,
Perdona a mi dolor tu justa pena!

"Mas ¿de qué sirve ansiosa detenerte,
¡Oh santa Virgen!, con palabras tales?
Tu dulce Hijo condenado a muerte
Está, y aún de la muerte a los umbrales:
La cruz de Barrabás le cupo en suerte;
Que al fin ha de pagar de Adán los males."
Oyó, y cubrióse al sentimiento pío
La Madre virginal, de un sudor frío.

María acepta la voluntad del Padre

Y trocado el color de leche y grana,
Si no en amarillez, en más blancura,
Y en el cielo la vista sobrehumana,
Con dolor dijo, mas en paz segura:
"Tu voluntad se cumpla soberana,
Como de Padre que mi bien procura,
En mí, tu sierva, y en tu Hijo amado,
Dios en penas y en glorias alabado.

Fin del libro décimo.

Libro a gloria
De la Santísima Trinidad,
Padre e Hijo y Espíritu Santo,
Tres Personas y un solo Dios
Verdadero, y de la Virgen.
Nuestra señora Madre de Jesucristo.
Amén.

Libro X - Notas

[1] El miedo es otro de los monstruos que habitan el bajo mundo según *La Eneida* (VI). Este llamado al temor, las instrucciones de Satanás y el propósito de su misión, son similares a los que aparecen en las obras de Vida y Coloma. Por ejemplo, en *Christiados* tenemos:

> The cruel ruler of the shades in the pit of hell realized this, as he ever nursed the venom in his unforgetting heart. He groaned and raged bitterly over his defeat. At once he called forth terrifying Fear from his covert —a fiend black, mighty, and inexorable. There is no other demon on those darkling shores that is more calamitous or more grudging of man's noble aspirations. (V)

[2] Pilato ha mandado a azotar a Jesús y cuando se lo vuelven a traer ha querido deshacerse de la responsabilidad de su castigo. Sin embargo, los sumos sacerdotes y los guardias le piden que lo crucifique por blasfemo. Así pues, "Cuando oyó Pilato estas palabras, se atemorizó aún más." (Juan 19, 8)

[3] El Euro, del latín eurum, es uno de los cuatro vientos cardinales que sopla de oriente al sureste. En la mitología griega es el viento del oriente o el dios del viento del oriente.

[4] Tanto Vida como Hojeda han dado una pincelada homérica a la lucha interior que tiene lugar en Pilato al semejarlo con un piloto en medio de una tormenta marítima.

[5] Pilato declara la sentencia: "Entonces Pilato, viendo que nada adelantaba, sino que más bien se promovía tumulto, tomó agua y se lavó las manos delante de la gente diciendo: 'Inocente soy de la sangre de este justo. Vosotros veréis.'" (Mateo 27, 24)

[6] "Y todo el pueblo respondió: ¡Su sangre sobre nosotros y sobre nuestros hijos!" (Mateo 27, 25)

[7] La visión de Jerusalén aparece en el Nuevo Testamento poco después de que Jesús sale del templo y sus discípulos le muestran las construcciones del mismo, a lo que él responde: "¿Veis todo esto? Yo os aseguro: no quedará aquí piedra sobre piedra que no sea derruida." (Mateo 24, 1-2; Marcos 13, 1-2; Lucas 21, 5-6) En el Evangelio de Lucas además se incluye el asedio de Jerusalén:

> Cuando veáis a Jerusalén cercada por ejércitos, sabed que se acerca su desolación. Entonces, los que estén en Judea que huyan a los montes; los que estén en medio de la ciudad que se alejen; y los que estén en los campos que entren en ella; porque éstos son días de venganza en los que se cumplirá todo cuando está escrito. ¡Ay de las que estén encinta o criando en aquellos días! (21, 20-23)

[8] En toda esta secuencia profética, se trata del tiempo imperfecto de ver, "veía."

[9] Para la narración de la caída de Jerusalén, Hojeda se basa en la historia escrita por Flavio Josefo. Flavio Josefo fue un historiador judío nacido el año 37 d.C. en Jerusalén. Murió hacia 101. Pertenecía a una distinguida familia de clase sacerdotal; sus antepasados paternos se remontan fehacientemente cinco generaciones; la familia materna se consideraba descendiente de los Macabeos. Recibió una buena educación y sus relaciones con gente de estudios selecta le permitió desarrollar sus dotes intelectuales, en especial su memoria y su capacidad de juicio. Se trasladó a Roma el año 64 para conseguir de Nerón la libertad de algunos sacerdotes judíos encarcelados que eran amigos suyos. Tuvo éxito al ganar el apoyo para su causa de Sabina Popea, esposa del emperador. Después de su vuelta a Jerusalén, en el año 66 estalló la gran revuelta judía. Cuando la suerte parecía favorecer a los insurgentes, al principio, Josefo con el resto de la nobleza sacerdotal se unió a la rebelión. Fue escogido por el Sanedrín de Jerusalén como Comandante en Jefe de Galilea. Como tal estableció en cada ciudad un consejo de jueces cuyos miembros eran reclutados entre los que compartían sus puntos de vista políticos. Realizó las negociaciones diplomáticas y sus funciones militares con prudencia y astucia. Aunque al principio los judíos tuvieron éxito, cuando el General Vespasiano avanzó con el ejercito principal desde Antioquía a sangre y fuego, los insurgentes huyeron o se refugiaron en sus fortalezas. Josefo y otros valientes se defendieron durante seis semanas en la fortaleza, casi inexpugnable, de Jotapata. En el verano del año 67, cuando la guarnición estaba exhausta por la falta de agua y provisiones, los romanos tomaron la ciudadela; la mayoría de los patriotas fueron pasados a cuchillo, pero Josefo escapó de la masacre ocultándose en una cisterna de difícil acceso y saliendo de la misma sólo cuando estuvo seguro de que su vida sería respetada. Fue llevado a presencia del general victorioso, y para congraciarse con Vespasiano hizo gala de su gran formación, lo que le permitió ser ascendido a caballero del imperio, junto con Tito, hijo de Vespasiano.

A pesar todo ello, Vespasiano lo mantuvo como siervo y sólo lo liberó en el año 69 cuando fue nombrado emperador. Se unió al séquito de Tito, y fue testigo ocular de la destrucción de la Ciudad Santa y su Templo. A su propio riesgo personal intentó persuadir a los judíos a que se rindieran. Cuando la ciudad fue conquistada se fue a Roma con Tito, y tomó parte en el último desfile triunfal.

La primera obra de Josefo fue *La guerra judía.* Es una historia basada principalmente en notas de sus memorias tomadas durante la guerra (66-73 d.C.), en las memorias de Vespasiano y en las cartas del Rey Agripa.

[10] Se refiere a Juan de Giscala, quien sostuvo el templo, el fuerte Antonia y el pueblo de Bezetha con 11,000 hombres.

[11] Simón, el hijo de Giora, quien mantuvo la ciudad alta y baja en la colina del suroeste con 10,000 hombres.

[12] Anano. Sumo sacerdote por aproximadamente 10 años. Desde tiempos de Herodes el Grande, la sucesión no era hereditaria, pero casi todos los sumos sacerdotes eran miembros de solamente una media docena de familias diferentes. Uno de los sacerdotes, Anano, tuvo cinco hijos, de los cuales todos ocuparon el puesto de sumo sacerdote.

El que aparece mencionado en el poema es su hijo menor. Los nacionalistas se mostraron hostiles para establecer sacerdotes de la aristocracia, porque era inevitablemente en favor de los romanos.

[13] Tito. (Roma 39 d.C. - Aquae Cutillae, Sabina, 81) Emperador romano del 79 al 81. Hijo de Vespasiano, tomó Jerusalén en el año 70. Recibió de su padre el comando de la armada del Este y al siguiente año, durante la fiesta de la cuaresma comenzó el sitio de la ciudad.

Su reinado fue muy liberal y destacó por las grandes construcciones como el Coliseo, arco de Tito y por la erupción del Vesubio en el año 79 que destruyó las ciudades de Pompeya, Herculano y Stabias.

[14] En Jerusalén hubo muchas puertas y torres, según las diversas etapas de su desarrollo. Por eso no siempre resulta fácil identificarlas con precisión. Además, en el transcurso de la historia de la ciudad algunas puertas cambiaron de nombre o recibieron distintas denominaciones según desde donde se accedía a ellas.

La versión de Josefo es muy semejante a la del poema:

> Titus began the wall from the camp of the Assyrians,... and there on the east was joined to Titus' own camp, where it began. Now the length of this wall was forty furlongs, one only abated. Now on this wall were erected thirteen places to keep garrisons in, whose circumferences, put together, amounted to the furlongs; the whole was completed in three days; so that what would naturally have required some months was done in so short an interval as in incredible. (V, 663)

[15] Se llegó a considerar una cifra de 600,00 cuerpos que fueron arrojados a las puertas de la ciudad.

[16] En *La guerra judía*, Flavio Josefo narra los detalles del hambre que se padeció durante el sitio de Jerusalén. El historiador representa al hambre como un pájaro de presa que devora a la gente por familias enteras.

También se predice el hambre en el libro bíblico de Lamentaciones:

> ¡En pie, lanza un grito en la noche,
> cuando comienza la ronda;
> derrama como agua tu corazón
> ante el rostro del señor,
> alza tus manos hacia él
> por la vida de tus pequeños
> (que de hambre desfallecen
> por las esquinas de las calles)! (2, 19)

[17] Se trata de María, la mujer que devoró a su propio hijo. Se sabe que era hija de un hombre llamado Eleazar del pueblo de Bethezuba.

[18] Paralelo con la historia narrada por Josefo:

> The soldiers, out of the wrath and hatred they bore the Jews, nailed those who caught, one after one way, and another after another, to the crosses, by way of jest, when their multitude was so great, that room was wanting for the crosses, and crosses wanting for the bodies. (V, 660)

[19] El fuerte Antonia que defendía la ciudad fue derrumbado por los rebeldes, quienes lo quemaron y despedazaron.

[20] Los romanos incendiaron el templo de Jerusalén, según lo narra Flavio Josefo en su historia.

[21] Uno de los falsos profetas que se mencionan en La guerra judía es el Egipcio. Desde su arribo al país hizo caer a la gente en sus falsas profecías, hasta que se vio obligado a escapar y sus seguidores fueron capturados o asesinados.

[22] En la versión de Josefo tenemos:

> The soldiers also came to the rest of the cloisters that were in the outer temple, whither the women and children, and a great mixed multitude of the people fled, in number about six thousand. The soldiers were in such a rage, that they set that cloister on fire;... Nor did any of them escape with his life. (VI, 679-680)

[23] "No quedará piedra sobre piedra." Véase la nota 7 de este libro.

[24] Según el evangelista: "Habrá grandes terremotos, pestes y hambre en diversos lugares, habrá cosas espantosas y grandes señales del cielo." (Lucas 21, 11)

[25] combatilla = combatirla

[26] Son presagios también encontrados en la historia de Josefo: una estrella, un cometa, carruajes y tropas de soldados entre nubes, las voces en el día de Pentecostés, etc. (VI, 680)

[27] benino = benigno

[28] Nembrot. Cabeza de los descendientes de Cam, primer rey de Babilonia. Como se mencionó antes, se cree que fue él quien propuso la edificación de la torre de Babel.

El relato de la torre de Babel da una explicación de la diversidad de los pueblos y las lenguas.

[29] Jeroboam. Primer rey de Israel independiente (ca. 931-910 a.C.) Hijo del

efraimita Nebat y de la viuda Seruá. Era hombre de valer, al que Salomón puso al frente de todos los servicios de prestación personal de la casa de José. Jeroboam se aprovechó del descontento de las tribus del norte y se levantó en armas contra Salomón. Después de la muerte del rey, Jeroboam fortificó Siquem, donde residía y Penuel; erigió en santuarios reales los antiguos santuarios de Betel y Dan, en los que instaló becerros de oro; instituyó sacerdotes que no eran levitas y él mismo subía al altar a celebrar una fiesta el día decimoquinto del mes octavo. Al final de su reinado, Abías le quitó Betel, Yesaná, Efrón y sus dependencias. Se le recuerda por los pecados que cometió e hizo cometer a Israel.

[30] Acab o Ajab. Rey de Israel (874-853 a.C.) Rey de Israel (874-853) Hijo de Omrí y casado con Jezabel, hija de Etbaal, rey de Sidón. Fue el primer soberano de Israel que accedió al poder pacíficamente. Estableció una alianza con Tiro, que para el reino resultó ser un factor de desarrollo y riqueza muy importante. Sin embargo, el atractivo de una civilización brillante y seductora podía relegar las costumbres y las tradiciones ancestrales. La fe en Yahvé se vio fuertemente amenazada por la competencia del Baal de Tiro, aparentemente más eficaz y seguro. De este modo, la política real tuvo una fuerte oposición en los medios proféticos, encabezados por el profeta Elías.

[31] vía = veía

[32] En el pasaje bíblico: "A estos mismos, después de su pasión, se les presentó dándoles pruebas de que vivía, dejándose ver de ellos durante cuarenta días y hablándoles del Reino de Dios." (Hechos 1, 3)

[33] "Y dicho esto, fue levantado en presencia de ellos, y una nube le ocultó a sus ojos." (Hechos 1, 9)

[34] afeto = afecto

[35] perfeto = perfecto

[36] concetos = conceptos

[37] perfetos = perfectos

[38] La venida del Espíritu Santo se anuncia en el Nuevo testamento y se narra en los Hechos de los Apóstoles:

> "Al llegar el día de Pentecostés, estaban todos reunidos con un mismo objetivo. De repente vino del cielo un ruido como una impetuosa ráfaga de viento, que llenó toda la casa en que se encontraban. Se les aparecieron unas lenguas como de fuego que se repartieron y se posaron sobre cada uno de ellos; se llenaron todos del Espíritu Santo y se pusieron a hablar en diversas lenguas, según el Espíritu les concedía expresarse." (2, 1-4)

[39] El poeta se refiere a la teofanía que tiene lugar en el monte Sinaí:

> "El tercer día, al rayar el alba, hubo truenos y relámpagos y una densa nube sobre el monte y un fuerte sonido de trompeta. Todo el monte Sinaí humeaba, porque Yahvé había descendido sobre él en el fuego. Subía el humo como el de un horno, y todo el monte retemblaba con violencia." (Éxodo 19, 16-19)

[40] La teofanía del Sinaí y la victoria de Jesús se manifiestan con presentaciones inspiradas en impresionantes espectáculos de la naturaleza, con el único fin de expresar la majestad y la gloria de Yahvé.

[41] La glosolalia utiliza palabras en lenguas extranjeras para cantar las alabanzas de Dios:

> Al producirse aquel ruido la gente se congregó y se llenó de estupor, porque cada uno les oía hablar en su propia lengua. Estupefactos y admirados decían: "¿Es que no son galileos todos estos que están hablando? Pues ¿cómo cada uno de nosotros les oímos en nuestra propia lengua nativa?" (Hechos 2, 6-8)

Y en otro pasaje:

> "Después de esto yo derramaré mi espíritu sobre todo mortal y profetizarán vuestros hijos y vuestras hijas, vuestros ancianos tendrán sueños, vuestros jóvenes verán visiones. Y hasta sobre siervos y siervas derramaré mi espíritu en aquellos días." (Joel 3, 1)

[42] perfeta = perfecta

[43] Se trata del profeta Isaías, quien habla de sí mismo cuando relata la visión en la que sus labios fueron purificados con un carbón ardiente traído hasta él por un serafín. Véase la nota 76 del libro VII.

[44] Hay que observar que Lucas insiste en señalar el crecimiento numérico de la iglesia, para el poeta esto reviste especial importancia porque él mismo se encuentra evangelizando en Perú. "Así pues, los que acogieron su palabra fueron bautizados. Y aquel día se les unieron unas tres mil personas." (Hechos 2, 41)

[45] efetos = efectos

[46] concetos = conceptos

[47] vía = veía

[48] La referencia más cercana a este contexto es con respecto a la región desértica de Parán, localizada al nordeste del Sinaí. Se menciona en antiguos textos poéticos como un

lugar en que Yahvé se manifestaba.

[49] Propagación de la fe católica en el mundo. Misión que desempeña el mismo Diego de Hojeda en las tierras del Perú al momento de redactar el poema.

[50] La narración sobre la Asunción de María se ofrece en los Apócrifos con un gran número de detalles legendarios. Se cuenta, por ejemplo, que fue advertida de su muerte próxima por una segunda Anunciación, en la que un ángel vino a entregarle la palma celestial, o también que los apóstoles, avisados de manera misteriosa del suceso, fueron transportados milagrosamente todos alrededor de su lecho, a fin de asistir a sus últimos momentos. El dogma católico no ha retenido esas precisiones, que tanto se complacían en evocar los artistas medievales, pero el hecho mismo de que la madre de Dios fue transportada al cielo de modo sobrenatural se ha convertido en una verdad de fe católica aunque no aparezca ninguna referencia de ella en las Sagradas Escrituras: únicamente los Apócrifos conocidos como "Transitus Mariae" hablan del tema, especialmente el más interesante entre ellos, el que se atribuye a Melitón, obispo de Sardes en el siglo II.

[51] En los Evangelios Apócrifos, aparece la narración del pseudo José de Arimatea:

> Durante el segundo año a partir de la ascensión de nuestro señor Jesucristo, la beatísima virgen María solía entregarse asidua y constantemente a la oración de noche y de día. Pero en la antevíspera de su muerte recibió la visita de un ángel del Señor, el cual la saludó diciendo: "Dios te salve, María; llena eres de gracia; el Señor es contigo." Ella, por su parte, respondió: "Gracias sean dadas a Dios." El tomó de nuevo la palabra para decirle: "Recibe esta palma que te fue prometida por el Señor." Ella entonces, rebosante de gozo y de gratitud para con Dios, tomó de las manos del ángel la palma que le había sido enviada. Y le dijo el ángel del Señor: "De aquí a tres días tendrá lugar tu asunción." A lo que ella repuso: "Gracias sean dadas a Dios." (IV)

[52] Los chapines son el calzado propio de mujeres. Tenían una suela de corcho muy gruesa, de cuatro o más dedos de alto, que daba más altura a la dama. Según algunos, su uso quedaba reservado a los meses de invierno para proteger los vestidos del agua y lodo.

[53] De acuerdo a otro pasaje de los Evangelios Apócrifos, Juan llega a darle la noticia a María sobre la sentencia de Jesús.

[54] vido = vio

Libro XI

Argumento

De la vida y sermones variamente
De Cristo el pueblo trata congregado:
Lleva la cruz a cuestas, y la gente
Simple llora su mal profetizado:
En procesión le sigue el excelente
Bando de patriarcas esforzado:
Vele su Madre, y ambos comunican
Su gran dolor; y al fin le crucifican.

Octavas 1-14
El vulgo habla de Jesús

En tanto de Salén el vago y fiero
Vulgo, en diversas tropas dividido,
O ya con rostro falso y lisonjero,
No bien de su pecado arrepentido,
O ya con pecho cándido y sincero,
Por no haber con sus votos concurrido
A la muerte de Cristo presurosa,
De su vida hablaban religiosa.

En plazas, calles, puertas y cantones
Que del Calvario muestran el camino,
Con secretas y varias intenciones
Tratan los más del caso peregrino:
El hecho miden, pesan las razones
Por qué matar a un hombre tal convino;
Y refieren sus obras admirables,
Su doctrina y prodigios memorables.

Refieren sus milagros

Uno se acuerda y dice cómo estaba
Con fervoroso afecto predicando,
Y que tan gran corona le cercaba
De gente, sus palabras adorando,
Que ni lugar ni espíritu dejaba,
Oyendo el pueblo, y Cristo platicando,
A que el resuello caminar pudiese,
O del atento corazón saliese.

Y que llegó un enfermo ya gastado[1] 4
De una prolija y grave perlesía,
Y por el techo abierto descolgado,
Apareció con faz doliente y pía:
Pidió salud, y habiéndosela dado,
Confusa la envidiosa compañía
Quedó de los vencidos fariseos,
Declarándoles Cristo sus deseos.

Otro refiere de los diez leprosos[2]
Que, cuando enfermos, a sus pies rendidos
Estuvieron humildes y medrosos,
Y cuando sanos, mal agradecidos;
Y que eran de los tribus generosos
Los nueve a tanto bien desconocidos,
Y el que le dio las gracias extranjero,
Mas de alma pura y corazón sincero.

Otro se acuerda que entre mucha gente
Una mujer enferma y miserable[3]
Tocó su vestidura blandamente,
Y sanó de su mal irremediable;
Y que después, con devoción ferviente,
Una estatua de mármol admirable,
Agradecida, levantó en memoria
Del caso ilustre y de su eterna historia.

Y muchas desta forma referían
Excelsas obras, milagrosos hechos;
Unos con mal intento las decían,
Y otros con puros y sencillos pechos:
Algunos de su muerte se dolían,
Y otros, a mofas insolentes hechos,
Blasfemando, la cruz le deseaban,
Y el bien en mal, y el mal en bien trocaban.

Refieren su doctrina contando sus parábolas

Otros de sus magníficos sermones 8
Trataban, admirando su elocuencia,
Ponderando el valor de sus razones
Y engrandeciendo el ser de su prudencia:
Ya el conquistar rebeldes corazones
Y moverlos a justa penitencia,
Ya el conservar los ánimos rendidos
Celebraban con varios apellidos.

Y el uno la parábola piadosa
Contaba del garzón pródigo y vano[4]
Que gastó su hacienda caudalosa
Con gente infame, y en vivir profano;
Y después de una hambre rigurosa,
Lo recibió en su casa el padre humano,
De estola lo adornó, le puso anillo,
Le hizo fiesta y le mató un novillo.

Y otro, la sucedida semejanza
Del que sembró en el campo mucho trigo,
Y en la dichosa mies y en su esperanza
Le echó mala cizaña su enemigo;[5]
Y aunque la yerba vil con más pujanza
Iba creciendo próspera al abrigo
De la buena y copiosa sementera,
Estar segura la dejó y entera.

Y otro, la de aquel padre diligente[6]
Que a su viña llevó trabajadores
Antes que el sol rayase en el oriente
Y después que al cenit bañó de ardores,
Y cuando arrebolaba el Occidente,
Con igualdad pagó a los labradores,
Con igualdad trabajos desiguales,
Mas dando con justicia los jornales.

Y otro decía con desdén esquivo, 12
Y con desprecio vil lo repetía:
"Él se ha hecho, por cierto, ejemplo vivo
Del trabajo infeliz que nos pedía;
Porque él, con faz serena y cuello altivo,
Cual acertado zohorí, decía:
—El que venir en pos de mí quisiere,
Tome su cruz y sígame do fuere.—"[7]

Y otro: "Bien se cumplió su pensamiento,
Pues, siendo de la tierra levantado,
Lleva consigo, a su dolor atento
Y a su mal, todo el pueblo arrebatado;
Y si es grano de trigo, en su tormento
Está, podrido no, mas quebrantado,
Como entre piedras de molino duras,
Que espigas no podrá brotar maduras."

Y otro: "He aquí la bienaventuranza
Que él mismo puso en la pobreza y llanto;
Ya no le faltará la confianza
De alcanzar este bien que él precia tanto:
Si no es que de la cruz haga mudanza,
Y perdiendo su fin, nos ponga espanto."
Esto los más hablaban, y los menos
Aquello, de piedad y asombro llenos.

Octavas 15-30
La Cruz de Jesús

Cuando la excelsa cruz, noble estandarte,
En fuertes viles hombros sostenida,
Pavorosa se vio por una parte,
Y por otra el que en ella honró a la vida:
Vino el Señor que todo el bien reparte,
La frente en polvo y en sudor teñida,
Débil el cuerpo, el rostro macilento,
Los pies sin fuerza, el pecho sin aliento.

Condición lamentable de Jesús

Cubierto de su antigua vestidura, 16
Y apretado con ásperos cordeles,
Y en la cabeza la guirnalda dura,
Que le ciñeron bárbaros crueles:
Puso la vista generosa y pura
En la cruz, honra ya de los fieles,
Que era de palo bien pesado y recio,
Y estaba en tierra echada con desprecio.

Y aunque ceñido de feroz canalla,
Y de insolente vulgo rodeado,
Se paró atento y comenzó a miralla,
Y así habló, mirándola callado:
"¿Es éste, ¡oh mundo!, el campo de batalla
Que me has para la muerte preparado,
Y la mollida cama y blando lecho
Para estos miembros virginales hecho?

"¿Es aquélla la ilustre cabecera
Debida a mi cerebro venerable,
Para que ponga la almohada fiera
Desta horrenda corona y espantable?
Aquel madero atravesado ¿espera
Jesús ante su Cruz (¿Quién tal pensara? ¡Oh caso lamentable!)
Teñirse en sangre de mis manos santas,
Y en el licor el otro de mis plantas?

"¿Aquellos ganchos romperán agudos
Estas espaldas, otra vez molidas?
Y ¿entre los huesos toparán desnudos,
Y pasarán sus puntas atrevidas?
Y ¿pendientes verán de garfios duros
Carnes que están al mismo Dios unidas,
Los cielos, y tendrán las manos quedas
Los que voltean sus constantes ruedas?

"¿Así me tratas, hombre? ¿Así me tratas? 20
De otra manera pienso yo tratarte,
Y en este duro campo más baratas
Dulces victorias mil comunicarte:
Para que tú con más valor combatas
Pretendo en esta cruz ejemplo darte:
Aprende; que la cruz en hombros toma
Tu Dios, y en ella a tu enemigo doma.

"En ella quedará su fuerza injusta
Tan flaca y débil por aquestos brazos,
Que fácil puedas en batalla justa
Echarle al cuello vencedores lazos:
Hasta aquí ha sido su maldad robusta
Porque le has dado tú, cobarde, abrazos;
Ya con mi cruz y con mi sangre fuerte
Y bien armado, le darás la muerte.

"Saldrá huyendo, y se verá vencido
Hoy de la cruz; y a su señal honrosa,
Y a su sombra feliz preso y rendido,
Humillará su frente belicosa:
Pues, hombre, no la pongas en olvido;
Con su virtud te escuda poderosa;
Jesús acepta su Cruz
Que porque tengas vida, en ella muero,
La cruz abrazo, y en la cruz te espero."

Dijo; mas ya los bárbaros atroces
A recibirla en hombros le obligaban,
Los soldados lo obligan a cargarla
Y con horribles hechos y con voces
Blasfemas duramente le trataban;
Y empellones aquéllos, y éstos coces,
Y otros golpes sacrílegos le daban:
Y así el cuerpo inclinó cansado el Hijo
De Dios, y al gran madero entre sí dijo:

"Ven, estandarte de inmortal memoria,[8] 24
El símbolo de la Cruz
Que has de triunfar del espantado infierno,
Y siempre digno de alabanza y gloria
Fundarás en la Iglesia mi gobierno;
Y en el final juicio con victoria
Universal y resplandor eterno
Lucirás, y entre nobles compañías
De ilustres santos y en perpetuos días.

"Ven, cruz, donde clavada la serpiente[9]
Maldita, al parecer del mundo errado,
Ha de dar medicina conveniente
Al hombre de serpientes mal llagado:
Y escudo, ven, del capitán valiente
Que al sol opuesto lo tendrá parado,
No dando luz, pero su luz cubriendo
Con velo oscuro, y a Haí venciendo.

"Ven, del mayor Moisés vara admirable,[10]
Que has de rendir al asombrado Egito,[11]
Y de otro cautiverio miserable
Nueva gente sacar a nuevo rito:
Ven, arca al gran diluvio incontrastable,
Que has de salvar un número infinito,
No solas ocho generosas almas,
Dando en la tierra paz y en el mar calmas.[12]

"Árbol de vida y árbol de la ciencia[13]
Del mismo bien, y palma victoriosa,
De donde cogerá, con más prudencia
Que Eva, el fruto de amor mi bella esposa:
Ven; que en ti mi suave providencia
Sombra le ha de hacer maravilllosa
Para que ya descanse, ya se aliente,
Hasta que a verme suba claramente.

"Ven, ¡oh sagrada cruz!, dame tus brazos; 28
Que yo te doy con caridad los míos,
Y te regalo con estrechos lazos,
Para mí fuertes, para el hombre píos:
Y si a tu amor no bastan mis abrazos,
Yo te prometo de mi sangre ríos,
Con que lavada y bella y dulce quedes,
Y rica, al fin, para ofrecer mercedes.

"Ven; que en ti hallarán los pecadores
De infinita piedad la fuente abierta,
Y de gracias, dulzuras y favores
Los justos franca la dichosa puerta;
Salud el mundo, el cielo resplandores,
Su triunfo Dios, su vida el hombre cierta:
Ven, cruz, y vamos", dijo; y recibióla
Con un beso de paz, y levantóla.

Jesús cae por primera vez ante el peso de su cruz

En el hombro la puso, y al momento
Se le asentó en el hombre firme y santo,
Y arrodillar le hizo el gran tormento:
¡Oh cruz, que al mismo Dios afliges tanto!
Mas llegó al punto el escuadrón violento
Y añadió más dolor a su quebranto,
Alzándolo a crueles bofetones
Del suelo, y a puñadas y empellones.

Octavas 31-46
La Caridad acude en ayuda de Jesús

La Caridad, doncella generosa[14]
Que junto a su persona caminaba,
La cruz tomó con fuerza valerosa,
Y algo alivió lo mucho que pesaba:
Es aquésta una dama religiosa
Que a Cristo en su pasión acompañaba;
Tiene su noble origen en el cielo,
Y es extranjera cuando está en el suelo.

Caridad de Jesús

Nace de Dios, cual hija regalada, 32
Y con leche divina se sustenta;
De Dios el pecho es su feliz morada,
Y cuanto más le abraza, más se aumenta:
A los ángeles fue comunicada,
Y ella del mismo bien los apacienta;
Dióles contra Luzbel la gran victoria,
Y herederos los hizo de la gloria.

En el empíreo santo es compañera
De la visión que a Dios sin velo mira,
Y de la voluntad pura y sincera
Que allá le goza, nunca se retira;
Y como en este mundo es extranjera,
Por fe a su eterna y dulce patria aspira:
Vive en tinieblas, pero lumbre sigue,
Y claridad alcanza si prosigue.

No hay en el cielo quien le haga guerra,
Y así mora en el cielo sin mudanza,
Y en éste su destierro y nuestra tierra,
La culpa a combatirla se abalanza;
Y cuando gravemente el alma yerra,
La deja esta virtud sin más tardanza,
Vencida no, mas ella se comide,
Y porque la desprecian se despide.

Al primer hombre se la dio graciosa
El mismo Dios, por grande beneficio,
Y él por una manzana ponzoñosa
La trocó: ciego, errado y mal juicio:
Ella, que en Dios como en su fin reposa,
Y le tiene a su blando amor propicio,
Pidió al Verbo divino que bajase
Del cielo y de su afrenta la vengase.

Y ¿de qué suerte? Dando al hombre indino[15] 36
Eterna vida por su eterna muerte;
Que es modo de venganza peregrino;
Mas ella no se venga de otra suerte:
El Verbo, pues, acometió el camino,
Y hombre se hizo valeroso y fuerte;
Y con esta señora siempre anduvo,
Y ella en la noble impresa le mantuvo.

Acompañólo en el pesebre santo,
Y entre las pajas le guardó el consuelo;
Circuncidado le templó su llanto,
Aunque de sangre vio teñido el suelo:
Para causar a Egipto nuevo espanto,
Con presto lo llevó y alegre vuelo;
Y ella le hizo desplegar sus labios
En tierna edad ante varones sabios.[16]

Por ella en el Jordán el agua pura,
Lavándolo, quedó purificada;
Y en el desierto la abstinencia dura
Enflaqueció su carne delicada;
Y por ella habló con tal dulzura,
Y tuvo gente de su voz colgada,
Más que el francés, de sus cadenas de oro
Al mundo repartiendo su tesoro.[17]

Por ella permitió a los fariseos
Que cual fieras serpientes le cercasen;
Por ella a los herejes saduceos
Que como viles perros le ladrasen;
Por ella, que sus bárbaros deseos
Al cumplimiento de su mal llegasen;
Que si la caridad no lo hiciera,
¿Qué fuerza a Dios, qué traza a Dios venciera?[18]

Ella la sangre le sacó en el huerto[19]
Con vivas puntas de amorosa pena,
Y lo mostró, en la sombra descubierto,
A la cohorte de alevosos llena;
Y le tuvo en la noche atroz cubierto
El grave y dulce rostro y luz serena
Y clara de sus ojos soberanos,
Sufriendo injurias mil de infames manos.

Ella hizo que loco pareciese
A los del mundo sabios ignorantes,
Y cinco mil azotes padeciese;
Cosa no vista de los hombres antes:
Ella, que la corona recibiese
Pavorosa, de puntas penetrantes,
Y que de muerte la sentencia horrible
Aceptase con ánimo apacible.[20]

Y ahora que lo ve cansado, arrima
A la pesada cruz el hombro entero,
Álzala bien y pónesela encima,
Y al buen Jesús alivia el gran madero.
¿Quién sobre tu valor hoy se sublima?
¡Oh estandarte de gloria verdadero!
Al hombro vas de Dios, y en las espaldas
De la virtud que pisa a Dios las faldas.[21]

La Caridad le habla a Jesús para alentarlo

Iba la Caridad, y con voz tierna
A Cristo blandamente le decía:
"Considera, Señor, la vida eterna
Que al hombre causas con tu muerte pía:
Si por amor el alma se gobierna,
Por el amado pierde su alegría,
Cuando su pena le ha de dar la gloria,
Y el ser ella vencida, la victoria.

"Tú por ti mismo al hombre aficionado, 44
Y por el bien del hombre descendiste,
Para matar, muriendo, su pecado,
Al valle oscuro deste mundo triste,
Y enamorarlo en cruz has deseado;
Sobre ti va la cruz que pretendiste:
Muere, ¡oh buen Dios!, y en ella le enamora,
Y porque él gane a ti, pierde tú ahora.

"Cerca está el fin, camina diligente;
Que más el movimiento se apresura
Si es natural, cercano al conveniente
Y propio centro que su amor procura:
El hacer bien, ¡oh Dios manso y clemente!,
Viendo padecer mal a tu criatura,
Es natural a tu bondad divina:
Cerca está el centro, mas veloz camina.

"No imprimes huella, no aligeras paso,
Que no aproveche al hombre paso y huella;
Pues no te vayas hoy tan paso a paso;
Que es bien cuanto tu pie sagrado huella:
No tiene tu bondad el pecho escaso,
Ni poco amor jamás se halló en ella;
Anda, pues, anda aprisa, y testifica
Que tu gran caridad te crucifica."

Octavas 47-70
La Impiedad aparece en la marcha al Calvario

Esto hablaba; y la Impiedad en tanto
El estandarte a Léntulo cogiendo,[22]
Lo tremoló y alzó con fiero espanto,
Y al marchar incitó con bravo estruendo;
Y el ejército así de canto a canto
Se fue por dos hileras disponiendo;
Y la trompeta retumbó sonora,
Y del partir apercibió la hora.

Ya rompen los caballos animosos 48
Con pies la tierra, el aire con bufidos;
Ya aparecen los hierros luminosos,
Y centellean con el sol heridos;
Ya del suelo nublados polvorosos
Al cielo suben con el viento unidos;
Ya camina la gente aborrecible
Al son confuso de la trompa horrible.

Ya en alta voz el pregonero suena:
"Ésta es del presidente la justicia,
Que este hombre a muerte de la cruz condena
Porque ser hijo de su Dios codicia:
Quien hace culpa tal, lleve tal pena,
Y castigo conforme a su malicia."
¡Oh pregonero infame! ¿A quién baldonas?
Mira que es falsedad cuanto pregonas.

Mejor dirás que al Hijo de Dios vivo,
A muerte ha condenado el Padre eterno,
Por librar della al siervo fugitivo
Que a la puerta ya estaba del infierno;
Y que la Caridad, con pecho esquivo
Y extraño a Dios, y al hombre afable y tierno,
Le lleva a padecer por el pecado
Que el hombre cometió, jamás pagado.

Mejor dirás que era el común delito
Del hombre contra Dios inestimable,
Y que el linaje con razón maldito
Pagar no pudo culpa tan notable;
Y que para igualar al infinito
Peso de su malicia irremediable,
Infinito valor fue necesario,
Y éste da, el que lo tiene, voluntario.

Cristo tropieza y cae por segunda vez

Así dirás mejor; mas no quería 52
Así decir; y Cristo caminaba,
Y con la cruz que el hombro le oprimía,
A veces en el suelo tropezaba.

Es obligado a levantarse con Impiedad

Pero, ¡ay dolor!, que apenas él caía,
Cuando el fiero escuadrón lo levantaba
Con injurias, afrentas, risas, voces,
Desprecios, golpes, bofetadas, coces.

Cristo daba en la tierra con el peso
Del gran madero y de tus culpas graves;
Que si bien era aquél pesado y grueso,
Éstas no son ligeras y suaves,
Antes le hacen infinito exceso;
Mas porque tú con ellas no te agraves,
Y al centro caigas de pavor y asombros,
Alma, las lleva Dios sobre sus hombros.

No fue mucho que el ángel insolente
El cielo de diez orbes rodeado
Rasgase, por bajar al caos ardiente,
Arrojándole el peso del pecado;[23]
Ni fue mucho que el hombre inobediente
Cayese al infeliz mísero estado,
De aquella noble cima y grande altura;
Que el uno y otro, al fin, era criatura.[24]

Ni es mucho que entre fuego y nieve horrible
Beba en eterna vida eterna muerte,
Clavado en el abismo aborrecible,
Sin poder levantarse a mejor suerte,
El que la majestad inaccesible
Menospreció del rey piadoso y fuerte;
Que la maldad, como el pecado inmensa,
Pide en pena infinita recompensa.

Mas que el Hijo de Dios, si bien ya humano, 56
Que esta visible máquina superba
De los tres dedos cuelga de su mano,
Y solo con su aliento la conserva,
Y el invisible reino soberano,
Y el de la gente en blasfemar proterva,
Con su diestra mantiene vencedora,
Al peso caiga del pecado ahora;

Eso admira y espanta, y más admira,
Hombre, y espanta que a tan grave carga
Tu alma miserable no suspira,
Y della suspirando se descarga:
Si a ti no te conoces, a Dios mira;
Que cuando della, cual fiador, se encarga,
Tropieza y cae al peso incomportable;
Que aún a Dios es la culpa intolerable.

Jesús cae por tercera vez

Tropieza y cae entre los dos ladrones
Que a la muerte también le acompañaban,
Aunque libres de tantas aflicciones,
Pues al hombro las cruces no llevaban;

Los ladrones que también han sido condenados no cargan su cruz

Porque aquellos terribles corazones
Que la afrenta de Cristo procuraban,
A esta penosa carga le obligaron,
Y della a los ladrones descargaron.

Pretendiendo mostrar al vulgo errado,
Con este hecho de impiedad patente,
Que más grave de Cristo era el pecado,
Pues era su castigo diferente:
Diferente y mayor y nunca usado
De otra ninguna extraña y fiera gente;
Que todas en el trance doloroso
El instrumento esconden riguroso.

Y así del buen Jesús la muerte dura
Fue doblado y gravísimo tormento,
Porque la muerte, a la verdad futura,
Presente se la hizo el instrumento;
Mas desde que nació, a la sepultura,
Siempre le trajo en cruz su pensamiento,
Y siempre en ella padeció invisible
Y racional dolor, pero insufrible.[25]

Éste, cuando el aurora se reía,
Su corazón en lágrimas bañaba;
Y cuando el sol en el cenit ardía,
En amorosa pena le abrasaba;
Y cuando el Lubricán se despedía,[26]
El alma de tristezas le cercaba;
Y al cubrir de pavor la noche el cielo,
Casto le daba y noble desconsuelo.

Éste en la mesa con su dulce madre
Le robaba el placer del sacro pecho,
Y en la oración, hablando con su Padre,
Siempre le tuvo en tierno amor deshecho:
Tu pensamiento con el suyo cuadre,
Hombre, en tu dura cama o blando lecho;
Que este dolor piadoso y voluntario
A Dios hurtaba el sueño necesario.

Y éste también, al despertar ansioso,
En la cruz le clavaba el alma noble;
Éste, andando el espíritu celoso,
Al gran madero le fijaba inmoble;
Y éste, ahora más vivo y animoso,
Con doble fuerza y con tormento doble
Le aflige, de la cruz acompañado.
¡Oh Dios siempre por mí crucificado!

Oración a Jesús

Dame, Señor, que cuando el alba bella 64
El cielo azul de blancas nubes orne,
Tu cruz yo abrace, y me deleite en ella,
Y con su ilustre púrpura me adorne;
Y cuando la más linda y clara estrella
A dar su nueva luz al aire torne,
Mi alma halle al árbol de la vida,
Y a ti, su fruto saludable, asida.

Y cuando el sol por la sublime cumbre
En medio esté de su veloz carrera,
La santa cruz, con su divina lumbre
Más ardiente que el sol, mi pecho hiera;
Y al tiempo que la noche más se encumbre
Con negras plumas en la cuarta esfera,
Yo a los pies de tu cruz, devoto y sabio,
Tus llagas bese con humilde labio.

Cuando el sueño a los ojos importante
Los cierre, allí tu cruz se me presente,
Y cuando a la vigilia me levante,
Ella tu dulce cruz me represente:
Cuando me vista, vista el rutilante
Ornato de tu cruz resplandeciente,
Y moje, cuando coma, en tu costado
El primero y el último bocado.

Cuando estudie en el arte soberana
De tu cruz, la lección humilde aprenda;
Y en ese pecho, que dulzura mana,
Tu amor sabroso y tierno comprenda;
Y toda gloria me parezca vana,
Si no es la que en tu cruz ame y pretenda;
Y el más rico tesoro, gran pobreza,
Y el deleite mayor, suma vileza.

Y ya, mi buen Señor, te mire orando, 68
Lleno de sangre, y de sudor cubierto;
Ya preso del feroz aleve bando,
Con duras sogas en el triste huerto;
Ya ante el soberbio tribunal callando,
El rostro a mil injurias descubierto;
Ya tenida por loca tu cordura,
Ya por arrogante tu mesura:

Ya en el pretorio con rigor desnudo,
Ya con furiosos látigos herido;
Ya con aquel ornato infame y crudo,
Frente y cerebro sin piedad ceñido;
Ya traspasado con dolor agudo,
Y en vez de Barrabás escarnecido;
Ya, como ahora vas, la cruz al hombro;
Ya siendo al cielo, en cruz, divino asombro:

Así te mire yo, Jesús perfeto,[27]
En cruz de compasión crucificado,
Y así tenga de ti piadoso afeto,[28]
Viéndote con la cruz arrodillado.
Iba, pues, el altísimo conceto[29]
Del Padre, y hombre y Dios, debilitado
De suerte, que la fiera compañía
Temió que antes del monte moriría.

Octavas 71-96
Jesús es ayudado por Simón de Cirene

Y no compadecidos de su pena,
Mas para darla con mayor exceso
A su buen alma, de cansancio llena,
El grave le aliviaron sacro peso;[30]
Y un gentil alquilaron de Cirena,
Simón llamado, que el madero grueso
En pos al hombro de Jesús llevase,
No de suerte que dél le descargase.[31]

Iba después Simón, Cristo primero, 72
Y ambos la cruz llevaban sacrosanta,
Sacramento escondido y verdadero,
Que entonces no admiró y ahora espanta;
Pues la iglesia gentil el gran madero
Toma, y sigue a Jesús, que se adelanta:
Misterio bien oculto y ordenado
Por Dios, en honra de su Hijo amado.

Que si tú, infame y vil canalla hebrea,
Ayudar no quisiste al Rey ungido,
No le ha faltado pueblo que desea
Servirle, de sus penas condolido:
Pueblo tiene piadoso que le crea,
Antes gentil, y ya de su apellido;
Ya, con su ilustre nombre y soberano
De Cristo, dicho con razón cristiano.

Simón de Cirene es un ejemplo para que otros tomen su cruz y sigan a Jesús

Esto el divino Verbo conocía,
Y en figura a Simón la cruz dejaba
Tomar, como quien claramente vía[32]
Que a su Iglesia por él con ella honraba:
Dábala, y en espíritu entendía
Cuando amoroso y tierno se la daba;
Entendía y miraba, caminando,
Con santas cruces un copioso bando.

En la persona de Simón de Cirene, Jesús ve a los futuros santos

Mártires vía, vía[33] confesores,
Vírgenes sacras, nobles penitentes,
Humildes siervos, ínclitos señores,
Y todos con su cruz resplandecientes;
Pero los generosos fundadores
De los linajes castos y obedientes
Que su cruz imitaban con sus cruces,
Entre santas los vio hermosas luces.

Invocación

Mas ¡oh sagrada musa!, eterna ciencia 76
Que inspiraste admirable y nos inspiras,
Das y alivias la cruz de la obediencia,
Y a sus crucificados siempre miras;
Tú, que gracia y verdad, seso y prudencia
Y amor de Dios con blando aliento espiras,
Dame tu aliento y ábreme tus labios,
Y con mi ruda voz honra a tus sabios.

Lista de santos

Con su estandarte, pues, iba el primero
Marcos,[34] virtud de Pedro infatigable,
De santos monjes padre verdadero,
Y de Dios coronista memorable;
Que el instituto rígido y severo,
Grato al cielo, y al mundo intolerable,
Fundó de los esenios divididos
Por desiertos, y en celdas recogidos.

Iba segundo el venerable Antonio,[35]
Claro en linaje, y en saber profundo,
Gloria de Dios y espanto del demonio
Siendo con su devota cruz al mundo:
Despreciaba su rico patrimonio,
Y en yermo estéril un jardín fecundo
De religiosas plantas producía,
Donde infinitas cruces engería.

Y Pacomio[36] después, noble soldado
Y mozo ilustre en la milicia humana,
Y a Cristo en la gran Tebas consagrado
Para seguir en paz la fe cristiana,
Llevaba el hombro de una cruz cargado,
Y el alma fuerte con su yugo ufana,
Vivo a Dios, muerto a sí, y al mundo muerto,
Poblador santo del feliz desierto.

Y el gran Basilio,[37] de su cruz suave,
Como desde una cátedra eminente,
Reformando el vivir rígido y grave
De los rústicos monjes del Oriente;
Digno que el cielo su prudencia alabe,
Y la venere el mundo eternamente,
Con religioso paso acompañaba
A Cristo, y docto y santo le imitaba.

Y tú, Padre, de un número infinito
De mártires, pontífices, doctores,
Que el sacro antiguo ya olvidado rito
En regla renovaste y en fervores;
Bendito en nombre, y con razón bendito,
Entre puros y eternos resplandores
De aquella infusa y admirable ciencia
Rayabas con la cruz de la obediencia.

Y Romualdo,[38] insigne caballero,
Claro en linaje, y en virtud famoso,
Y por la insignia santa del Madero,
Más que por sangre ilustre, generoso;
Obediente, solícito y sincero,
Y de obedientes capitán celoso,
Con su pesada cruz iba delante
De su Padre, y a Cristo semejante.

Y el melífluo Bernardo,[39] gran maestro
De amor divino y oración perfeta,[40]
A quien la antigua edad y el siglo nuestro
Ya respetó y siguió, sigue y respeta;
Sabio en la cruz, y en predicarla diestro,
Con dulce estilo y devoción discreta,
Miraba a Cristo, a Cristo enamorado,
Y de su misma leche sustentado.

Bruno[41] también su cruz enarbolaba 84
Fuera de la ciudad en tierra inculta,
Y con divino espíritu fundaba
En hondas cuevas religión oculta;
Y a la vida eremítica juntaba
La monacal más agradable y culta,
Con traza nueva, en liga santa uniendo
Silencio mudo y religioso estruendo.

Y tú, de Cristo apóstol escogido,
Ángel en vida, querubín en ciencia,
De hijos sabios padre esclarecido,
En celo raro, y único en prudencia,
Que fuiste al mundo por su bien nacido
Y dado por espejo de inocencia,
Por luz del cielo, y del infierno asombro,
Ibas, Domingo,[42] con tu cruz al hombro.

Que tú, vivo a la cruz, y en la cruz muerto,
Viviste siempre en Dios y en cruz seguro;
Para la cruz tuviste el pecho abierto,
Y della recibiste ánimo puro;
De la cruz enseñaste el modo cierto,
Y mejor imitaste el paso duro;
Y fue la santa cruz bula cruzada
En ti, su gran Domingo, publicada.

Y aquel humano serafín ardiente,
Archivo santo del amor divino,
De Dios llagado imagen excelente,
De Dios pobre dibujo peregrino;
Excelso capitán de humilde gente,
Guía sagaz del áspero camino
De la perfecta cruz, la cruz llevaba,
Francisco, y sin hablar, la predicaba.[43]

Y el claro sol de buena teología, 88
Defensor justo y sabio de la gracia,
Que en la moción que Dios al alma envía
Juntó la suavidad con la eficacia;
A la mente de Cristo se ofrecía,
Con el doctor ilustre de Dalmacia[44]
Enseñando la vida religiosa,
Y la cruz abrazando rigurosa.

Nolasco[45] luego, con afectos vivos
De santa caridad, las nobles huellas
Y pasos de Jesús contemplativos
Miraba en ellos, docto y sabio en ellas;
Y redimiendo con amor cautivos,
Y con fe remediando sus querellas,
Su cruz llevaba y la enseñaba al mundo;
Mas ayudado siempre de Raymundo.[46]

Y el Ángel[47] hombre que en el grande cielo
De la sagrada Iglesia militante,
El monte excelso del feliz Carmelo
Trasladó con espíritu constante,
Siguiendo la virtud y osando el vuelo
Del que en el carro se elevó triunfante,
Sustentaba su cruz valiente y pío
Con santo esfuerzo y religioso brío.

Y el que a su religión dio el nombre santo
Que a sólo Dios se da por excelencia,
Y lo repite el cielo en dulce canto,
Tres Personas loando en una esencia,[48]
Y tres veces diciendo "siempre santo"
A sola una bondad con eminencia,
Al Verbo con su cruz acompañaba,
Y aunque afligido en carne, le adoraba.

Y el capitán de Paula[49] memorable, 92
Raro ejemplo de extraña penitencia,
Mínimo en su concepto, y admirable
Y soberano en la divina ciencia;
Francisco, en vida y nombre venerable,
En profunda oración y alta paciencia,
A hijos mil, entre infinitas luces,
Puestas su cruz al hombro, daba cruces.

Y tú que a la virtud envejecida
Con leche dulce y con manjar sabroso
Blandamente le diste nueva vida.
Robusta fuerza y corazón brioso,
Fundando religión esclarecida,
Y cónclave de ciencias religioso,
Ignacio,[50] padre y luz de sabia gente,
Abrazabas tu cruz manso y prudente.

Y tú, mujer de esfuerzo soberano
Y excelentes hazañas varoniles,
De divino valor en pecho humano,
Y ánimo invicto en miembros femeniles,
Que al gran Carmelo, hecho humilde llano,
Cumbres diste elevadas y gentiles,
Con tu moderna cruz a Dios seguías,
Teresa,[51] ejemplo santo de almas pías.

Ésta, pues, y otras vírgenes sagradas,
Fundadores de santas religiones,
De religiosas cruces abrazadas
Y ardiendo en casto amor sus corazones,
Adoraban de Cristo las pisadas,
Ilustre asombro de ínclitos varones,
Y en grave procesión y en luces bellas,
Y en resplandor venciendo las estrellas.

Esto miraba Cristo, y se animaba 96
Con estos valerosos nazareos,
Y cuanto más en pos de sí miraba,
Tanto más animaba sus deseos;
Y viendo que su cruz los confortaba,
Y que ellos eran de su cruz trofeos,
La llevaba en los hombros ya oprimidos
Y tantas veces con rigor heridos.

Octavas 97-119
Enuentro de Jesús y unas mujeres

Entre los muchos bárbaros atroces
Que duros vían[52] el suceso extraño
Con rostro enjuto y ánimos feroces,
Y mal atentos a su propio daño,
Seguían diligentes y veloces
(Mas la piedad mezclada con engaño)
A Cristo unas mujeres condolidas,
De verle así llorosas y afligidas.[53]

Contemplan a Jesús y se sorprenden de lo maltratado que está

La bella contemplaban tersa frente
Cercada de la fiera y vil guirnalda,
Y el rosicler de aquella faz clemente
Y hermosa, trocado en color gualda;
Teñido en polvo y sangre horriblemente
El rostro y cuerpo, el ornamento y falda;
Flaco en la fuerza, y en el huelgo escaso,
Y con la cruz cayendo a cada paso.

Y acordábanse allí de haberle visto
Y venerado su divino aspeto[54]
Cuando, a la gente popular bien quisto,
Le guardaba Salén sumo respeto:
No que ellas le adorasen como a Cristo
Hijo de Dios y al Padre igual conceto,[55]
Sino como a varón ilustre y grave,
De gran belleza y condición suave.

Y esto y aquello ahora les movía 100
A sentir por extraña desventura
Y a celebrar con voz doliente y pía
Del amable Señor la muerte dura:
Cada cual, pues, llorando se afligía,
Y hablando mostraba su ternura
Con varios y apacibles sentimientos,
Parte en razones, parte en pensamientos.

"¿Es éste aquél, aquel varón famoso
De todos con el dedo señalado
Por milagro del cielo prodigioso,
En vida y santidad solemnizado?
¿Aquél, aquel profeta valeroso
De grandes y pequeños admirado,
Que trajo de su voz pendiente el mundo
A pura fuerza de saber profundo?

"¿Es éste a quien poblados escuadrones
Siguiendo en las ciudades y desiertos,
Buscaban con devotos corazones,
Casi de hambre y de cansancio muertos?
¿Cuyos altos magníficos sermones,
Y a los mayores sabios encubiertos,
Preñados de sentencias admirables,
Eran a los más doctos inefables?

"¿Es éste aquél que maravillas tantas
Y con facilidad tan grande hizo,
Que con sólo mover sus manos santas
De la muerte el poder y horror deshizo,
Y alguna vez, sin levantar las plantas
Del lugar donde estaba, satisfizo
Al que salud pedía milagrosa,
Ausente de su vista poderosa?

"¿Es éste el que los mares sosegaba, 104
El infierno, hablando, estremecía,
Voz a los mudos con su lengua daba,
Y a los ciegos la vista y luz volvía;
Los demonios, queriendo, ahuyentaba,
Y a su presencia el mundo conmovía
(¡Quién tal dijera! ¡Oh caso lamentable!);
Éste que ahora va tan miserable?"

Así algunas matronas excelentes
En virtud, en prudencia y en linaje,
Mirando a Cristo y de su cruz pendientes,
En tal hablaban varonil lenguaje:
Las otras, menos graves y elocuentes,
Pero de más devoto y simple traje,
En voces declaraban sus concetos
Desta manera, humildes y discretos.

"¡Ay, mirad qué mancebo tan hermoso
Viene con tantos golpes afeado!
¡Ay, ved el ornamento riguroso
Con que sale de espinas coronado!
¡Ay, notad el madero trabajoso
Que sobre el cuerpo débil y azotado
Le han puesto! ¡Oh gran dolor! ¡Justa mancilla!
¡Con el peso tropieza y arrodilla!

"¡Mirad cómo le tiran de la soga,
Y arrastrando le llevan crudamente!
¡Ay, qué maldad! ¡Parece que se ahoga,
Con la fuerza oprimido de la gente!
¿Cómo así condenó la sinagoga,
Siento tal, a un varón tan eminente?
Y si en algo pecó, ¿no le bastara
Muerte de cruz a aquella honesta cara?

"Y ¿no haberle deshecho con azotes, 108
Y afrentado con esta vil corona,
Y llevar entre infames galeotes
Una tan grave y tan gentil persona?
Y esto mirando van los sacerdotes
Con risa y mofa, y esto Dios perdona,
A los que deben dar mayor ejemplo,
Y piedad nos predican en el templo.

"El que le mira tal y así le aflige
Alma de hombre no tiene o pecho humano,
Y si la tiene, por pasión la rige,
Y por fiera pasión de tigre ircano;
Y a quien tanta paciencia no corrige,
Trueca y ablanda, más es que inhumano,
Y más que el duro pedernal terrible,
Y más que el mismo infierno aborrecible.

Las mujeres reconocen que se trata del Hijo de María

"¡Oh desdichado Hijo de María!
Y ¡oh desdichada Madre, si le vieras!
¡Cuán eficaz dolor traspasaría
Esas puras entrañas y sinceras!
¡Oh para ti aciago y triste día,
Y oscura y larga noche la que esperas,
Ora lo veas con la luz y vivo,
Ora ya muerto y con horror esquivo!

"En esta lamentable desventura,
Que has de mirar con lastimados ojos,
La que te dio suavísima dulzura
Abriendo al predicar sus labios rojos,
Al doble pagarás con pena dura,
Y con más que gravísimos enojos,
¡Oh Madre antes alegre, ya afligida,
Que para muerte tal guardas la vida!"

Así hablaban, su dolor ansioso 112
Mostrando con palabras imperfetas,[56]
Y el discurso rompiendo congojoso
Con voz oculta y lágrimas secretas;
Cuando el Rey de los cielos poderoso
Llegó, y notó sus almas inquietas
Y en llorarle sin orden ocupadas,
Y si piadosas bien, pero engañadas.

Y levantando el rostro humilde y grave
El autor del bien a males hecho,
Y aquélla, que antes era voz suave,
Les reveló su daño en su provecho;
Y abriendo así con la dorada llave
De su divina ciencia el hondo pecho
De su buen Padre, sabiamente dijo
De la Virgen y Dios el parto e Hijo:

Jesús les dirige unas palabras a las mujeres: advertencia de la caída de Jerusalén

"¡Oh de Jerusalén hijas piadosas,
Que celebráis con lágrimas ardientes
Mi dura muerte y penas dolorosas,
Nacidas de otras causas eminentes;
No lloréis sobre mí tan cuidadosas;
Llorad sobre vosotras más prudentes,
Y sobre vuestros hijos desgraciados
A grandes justos males condenados![57]

"Porque tiempo vendrá que se prediquen
Y honren los vientres que jamás parieron,
Y por dichosos con razón publiquen
Los pechos que con leche nunca hirvieron;
Y con tanto furor se multipliquen
Trabajos que otra vez hombres no vieron,
Que aún a los montes digan: —¡Oh vosotros,
Altos montes, caed sobre nosotros![58]

"Que si en este madero verde y santo 116
Se emprende tan veloz y airado fuego,[59]
En él dispuesto a las centellas, ¿cuánto
Se encenderá si no lo atajan luego?
Aquí gastad el lastimoso llanto,
Y el triste encaminad y humilde ruego."
Así hablaba y esto les decía,
Porque a Jerusalén ardiendo vía.[60]

Las mujeres continúan su camino

Y ellas su gravedad noble y serena
Notando y sus palabras admirables,
Su natural siguieron, justa pena,
Con voces y gemidos implacables:
Tal la pasión de oculta gloria llena
Celebró con endechas memorables
La gente simple que miraba a Cristo,
Y antes le había de otra suerte visto.

Y tú también entonces, Berenice,[61]
Dejaste al vivo impresa la alta historia
Deste paso a la Iglesia, que bendice
Hoy tu nombre y conserva tu memoria.
¡Oh pía osadamente! ¡Oh tú felice,
Que en tanta pena lumbres de su gloria
Hurtaste al afligido Dios, oculto
En una estampa del humano bulto!

Una mujer limpia el rostro de Jesús

Esta mujer en medio de la calle
Salió a mirar a Cristo lastimado,
Y viendo un hombre de tan lindo talle
Con tan graves tormentos fatigado,
El rostro con piedad llegó a limpialle,[62]
Y en lienzo tan fiel quedó estampado,
Que hoy muestra Roma en él su origen vivo,
Y el pecho de la dueña compasivo.

Octavas 120-144
María anda en busca de su Hijo

Mas en tanto la Madre casta y pura 120
Deja su celestial recogimiento,
Y con pena y dolor, peso y cordura,
Trabadas en divino ligamento,
A la calle se va de la Amargura,
Por ver del Hijo amado el vil tormento,
De Juan acompañada y de María,
La Magdalena y otra honesta y pía.[63]

La acompañan Juan y Magdalena

Ansioso el corazón, le da latidos
Agudos en el pecho alborotado,
Aspecto de la Virgen
Y ella de rato en rato unos gemidos
Pequeños, cual de espíritu cansado:
Los ojos lleva de un color teñidos,
Como cuando amanece el sol nublado,
Que da hermosa luz, pero luz triste,
Porque de cierta oscuridad se viste.

Y robada en las cándidas mejillas
La encendida bellísima escarlata,
Mas no que se haya vuelto en amarillas
Flores, sino en bruñida y tersa plata,
Vanle temblando siempre las rodillas,
Como quien teme el fin de lo que trata,
Y se finge en la mente un pavoroso
Suceso de algún caso prodigioso.

Y recogida en un silencio grave,
Va en el sagrado pecho revolviendo
Las cosas de la Iglesia, que ya sabe
Han de ir en siglos varios sucediendo:
Esto y la voluntad de Dios suave,
A quien se humilla y rinde sin estruendo,
De palabras medita excelsamente,
De un dolor traspasada vehemente;

María se encuentra a las mujeres que acaban de ver a Jesús y les pregunta por su Hijo

Cuando eleva sus ojos venerables, 124
Y de mujeres ve un tropel confuso,
Y en los rostros de todas miserables
Un cierto asombro y un dolor difuso:
Conoce por las señas lamentables,
Lejos del rito propio y común uso,
Que algún portento pavoroso han visto,
Y repara, y acuérdase de Cristo.

Y díceles: "¡Oh damas generosas!
¿Habéis por esas calles encontrado
Entre el polvo y las armas rigurosas
Un mi Hijo a la muerte condenado?
—¿Qué señales (responden amorosas)
Tiene aquése tu Hijo desgraciado?"[64]
Y la Virgen acude: "Es mi querido
Blanco y rojo, excelente y escogido.

María describe a Jesús

"Es su linda cabeza de oro fino,[65]
Y oro que nunca tuvo semejante;
Porque es de la sustancia y ser divino,
Y a enamorar al mismo Dios bastante:
Su cabello también es peregrino;
Que si bien es hermoso y rutilante,
Es de color de cuervo, y siempre sube,
Cual palma enhiesta, a la postrera nube.

"Sus ojos de paloma refulgente[66]
Lavada en leche pura y agua clara,
Que resplandecen en su blanca frente
Con rara honestidad y alteza rara;
Y cual jardín de flores excelente
Son las mejillas de su linda cara,
Donde cogen las gracias envidiosas
Jazmines, lirios, clavellinas, rosas.

"Son de ardiente coral sus bellos labios,[67] 128
O de roja azucena extraordinaria,
Que en mirra pura mil conceptos sabios
Envuelven de doctrina ilustre y varia.
Y a aquellas manos ¿quién les hace agravios?
O ¿qué impiedad les puede ser contraria?
Que de oro son, y de oro liberales,
Y llenas de jacintos celestiales.

"Es de limpio marfil su vientre amable,[68]
De sacra honestidad precioso archivo,
Y pretina le ciñe inestimable
De un perfecto zafir de color vivo:
Cual columna de mármol admirable
Despreciador del tiempo vengativo,
Es cada cual de sus hermosas piernas,
Y sobre basas de oro siempre eternas.

"No se levanta el Líbano empinado[69]
Con su frente graciosa y alta cima
Sobre los otros montes elevado,
Haciendo de sus cumbres poca estima,
Cuanto mi Hijo grave y descollado,
Al que entre mil millares se sublima
Excelso y grande, lleva la ventaja,
Y atrás lo deja como a cosa baja.

"Ni el cedro en fuertes ramos extendido,
Y amenazando con su copa el cielo,
Tan confiado sube y atrevido
A la esfera mayor su altivo vuelo,
Sobre los otros árboles erguido,
Mirándolos humildes en el suelo,
Cuanto mi Hijo excede en gentileza
A los demás, y en gracia y en belleza.

"Pues en divina voz ¡no se adelanta! 132
Es su divina habla milagrosa,
Y más que milagrosa su garganta,
Dulce al oído, y a la vista hermosa:
Cuando platica (¿qué será si canta?)
Suspende en suavidad maravillosa
Los grandes ríos y esforzados vientos,
Y los detiene, a su dulzura atentos.

"Es del bien esencial un mar inmenso,
De la bondad sin tasa, un hondo abismo,
Y el más perfecto ser le paga censo,
Porque es de todo el ser el centro mismo."
Así tenía, y con razón, suspenso
En un suave y santo parasismo
De aquellas hijas de Sion el coro
La virgen Madre con su boca de oro.

Respuesta de las mujeres a María

Y ellas, después que con amor la oyeron,
Y en su notable Hijo repararon,
Estas graves sentencias respondieron,
Con que más su dolor acrecentaron:
"El gran varón que nuestros ojos vieron,
Y a muerte los setenta condenaron,
No va tan bello y tan gracioso ahora,
O no es quien vos decís, noble Señora.

Las mujeres describen a Jesús en el estado lamentable en que lo acaban de ver

"Que ni es tan escogido y tan perfeto;[70]
Antes mirada bien su compostura,
Apenas de hombre le quedó el aspeto,[71]
Cuanto más tan excelsa hermosura;
Y su cabeza de oro, sin respeto
Se la han ceñido de guirnalda dura;
Y con el polvo de que va manchado,
Parece que es de lodo mal formado.

"¿Ojos, decís, que de paloma tiene 136
Bañada en leche y agua cristalina?
Esa comparación no le conviene;
Que apenas si los tiene se adivina;
Porque un tan grande arroyo se detiene
En ellos de la sangre que camina
Por la frente apretada con abrojos,
Que las lumbres le ahoga de los ojos.

"No son jardín de flores sus mejillas,
Mas seca y agastada sementera,
Tanto las lleva oscuras y amarillas;
Si fue tal, diferente es de quien era;
Ni vimos en su boca maravillas
Desa elocuencia ilustre y verdadera;
Bien que sus labios son perfectos lirios,
Mas cardenos a fuerza de martirios.

"Las manos de oro lleva casi muertas,
¿Qué belleza tendrán muertas sus manos?
Y con el frío de la noche yertas,
¿Cuál estarán sus dedos soberanos?
Las carnes de marfil precioso, abiertas
Con cinco mil azotes inhumanos,
Llagas rodean, ciñen cardenales,
No zafiros de luces inmortales.

"No son del mármol que produce Paro
Fuertes columnas sus delgadas piernas;
Que a cada paso han menester reparo,
Según las fuerzas le han faltado internas;
Ni de oro fino, o de otro metal raro
Son sus robustos pies basas eternas;
Que con la cruz tropieza por momentos.
¡Ved cuán flacos y débiles cimientos!

"Ni es como el grande Líbano ensalzado,
Ni altivo como el cedro y ponderoso;
Que al peso del madero va inclinado,
Y humilde a los demás y temeroso:
Ronca la voz, el pecho levantado,
Corto el aliento, y el hablar ansioso
Lleva, y grueso cordel a la garganta.
¿Qué dulzura tendrá si ahora canta?

"Ni mar de bienes pareció a los ojos
Tiernos de las que tristes le miramos,
Antes amargo piélago de enojos
Y penas, y por eso le dejamos;
Ni le paga tributo o da despojos
(Como decís) el ser, según notamos;
Antes como a fiador o como al centro
Del mal, todos le salen al encuentro.

No coinciden sus descripciones

"Así que, prudentísima Señora,
Si es condenado vuestro Hijo a muerte,
No es el que llevan al Calvario ahora;
Que va, cual informamos, desta suerte;
Y el vuestro maravilla y enamora,
Gracias da, glorias causa y gozos vierte,
Y es de todos estotro aborrecido:
Ved cómo puede ser vuestro querido."

María continúa su búsqueda

Dijeron; y escuchó la Virgen pura
De su Hijo el proceso doloroso,
Y con grave y dulcísima mesura
Se despidió del bando religioso;
Y mezclada su ilustre compostura
Con nuevo sentimiento lastimoso,
Se fue a buscar al Hijo deseado,
Por aliviar su cruz o su cuidado.

Camina, y a la vista se le ofrecen 144
De polvo los nublados que el sol cubren,
Y de allí a poco relucir parecen
Los hierros que en el aire se descubren.
Luego los alaridos la enternecen,
Y aunque las voces claras se le encubren,
Piensa que son suspiros o alborotos
De pechos fieros o ánimos devotos.

Octavas 145-157
Encuentro de Jesús y María

Pero después la sangre ve divina
Y el rastro que su Hijo va dejando,
Y por él y por ella se encamina,
Sus huellas y licor reverenciando;
Y al fin llega a la calle más vecina,
A donde al Hijo mira tropezando
Con el gran peso de la cruz terrible.
¡Oh de ambos gran dolor, pena insufrible!

Sus ojos fija en él la Madre casta;[72]
Su vista en ella pone el Hijo santo:
Esta luz en aquella luz se engasta,
Y éste despierta aquel precioso llanto:
Mírase el uno y otro. Amor, ¿no basta
Que con el Hijo eterno puedas tanto,
Sin que a la Madre aflijas de manera
Que, sin cruz, de la cruz pendiente muera?

Dolor de la Virgen al ver a su Hijo

Muere la Madre cuando al Hijo mira;
Más hace que morir: queda viviendo;
Y de ver que no muere, más se admira,
Porque se ve que viva está muriendo;
Ni traspasado el corazón suspira:
Que el anhélito ansioso recogiendo
Del Hijo, le detuvo el que lanzaba
Al tiempo que su vida le entregaba.

Mira mesado aquel sutil cabello 148
Que peinó tantas veces por su mano
Cuando era tierno infante y niño bello
Este Rey del imperio soberano:
Conócelo y contémplalo, y de vello[73]
Del cruel ornamento cortesano
Ceñido y apretado, las beninas[74]
Entrañas va envolviendo en las espinas.

El rostro mira y ojos agradables
De sangre llenos y en sudor teñidos,
Y aquellos dos vergeles admirables
De su faz con salivas ofendidos:
Los labios de coral inestimables
En moradas violetas convertidos;
Y luz y olor y carmesí conoce
Entre la ofensa vil que desconoce.

El cuerpo virginal mira cayendo
Entre las piedras con la cruz pesada,
Y del feroz concurso el bravo estruendo,
Y la turba en sí misma atropellada,
La voz infame del pregón horrendo,
Y el gozo de la escuela conjurada;
Y gozo y voz y gente la atormenta,
Y todo, al fin, sus penas acrecienta.

También el santo Hijo se afligía.
Mas ¿qué buen corazón no se afligiera
De ver así a la Madre honesta y pía,
Por Dios y de Dios Madre verdadera?
Quisiera, pues, hablarla, y no podía;
Que quiso no poder lo que quisiera;
Pero la Madre e Hijo se miraron,
Y con los ojos y almas se hablaron.

Jesús le habla a su Madre

"Basta que yo padezca, ¡oh Madre santa!, 152
Por el linaje ingrato infame muerte,
Sin que tanto dolor y pena tanta
Hiera tu blando pecho y alma fuerte:
Yo sólo el trigo soy que se quebranta
Y en la tierra se pudre desta suerte,
Para que nazca sementera ilustre
Que al cielo dé hartura, al mundo lustre.

"Mi sangre sola pagará la ofensa
Que contra su Señor el hombre hizo;
Que es de precio infinito y gracia inmensa,
Y a Dios nunca otra paga satisfizo:
La tuya no se pide en recompensa
De lo que en su linaje Adán deshizo.
Y así, ¿para qué vienes, Madre mía,
Si tu dolor aumenta mi agonía?

Vuélvete a la oración, y allí medita
En mi naturaleza inconmutable,
A quien la muerte humana el ser no quita,
Ni desata la vida perdurable:
O con la luz que tienes exquisita
El orden de la Iglesia incomparable
Considera, y descansa en esto ahora,
Hasta que venga tu feliz aurora."

Respuesta de María

"¿A dónde iré (la Madre le responde),
Si tú me llevas, ¡oh Jesús!, la vida?
Si a tu muerte mi muerte corresponde,
Ausente moriré contigo unida.
¿A dónde, pues, ¡oh dulce Hijo!, a dónde
De ti mi alma vivirá partida?
En tu cruz quiero ser crucificada,
Y muerta, en tu sepulcro sepultada.

"Vamos, Hijo, y en este pobre manto 156
La que tú derramares sangre pura
Recibiré, mezclada con mi llanto,
Mi mar acrecentando de amargura;
Y dese ya madero sacrosanto
(Que será para mí grande ventura)
Me cabrá alguna parte de los bienes
Que al mundo das y en él secretos tienes."

Tienen que seguir su camino

Dijo la virgen Madre al casto Hijo,
Resueltas por los ojos las entrañas;
Y aquesto apenas con la vista dijo
Entre las huestes en furor extrañas;
Y cual si fuera su hablar prolijo,
O el dividirlos ínclitas hazañas,
Los dividieron luego, y caminaron,
Y al monte del suplicio al fin llegaron.

Octavas 158-180
En el Calvario

Era elevado el monte y pedregoso;
Iba sin fuerza Cristo y sin aliento;
Con la gran carga y el subir penoso
Derribaba la cruz cada momento;
Y ardiendo el escuadrón fascinoroso
En ira, le aumentaba su tormento
Con nuevas furias, con horribles voces,
Golpes, afrentas, bofetadas, coces.

Pero subió a la cumbre, y puso en tierra
El tremolado altísimo estandarte,
Y en un peñasco de la inculta sierra
Se asentó solo y acezando aparte;
Allí el fin esperaba de la guerra
El que victorias ya en la cruz reparte.
Mas ¿de qué suerte, ¡oh corazón!, estaba
Tu Dios, que guerra tal allí esperaba?

Estaba con la mano en la mejilla 160
Y con los ojos en la tierra puestos,
Y con el diestro codo en la rodilla,
Y los pies ordenados y compuestos:
De sólo verle así, daba mancilla;
Mas los fieros con fieros mil denuestos
De nuevo le afligían desde afuera,
La muerte amenazándole severa.

Uno los duros clavos le mostraba,
Otro el martillo fuerte sacudía,
Otro el grueso madero barrenaba,
Otro la soga y el cordel crujía;
Y Cristo aquello y esto contemplaba,
Y esto y aquello humilde y manso vía;[75]
Mas llegaron en tanto dos sayones,
Y dos le dieron crudos bofetones.

Continúan maltratando a Jesús

Le ofrecen vino a Jesús pero no lo acepta

Era costumbre dar vino mirrado,[76]
Por templar el horror y pesadumbre
Al triste a muerte acerba condenado,
Y con Cristo guardaron la costumbre:
Vino de mirra, mas con hiel mezclado,
Le ofrecen, y él con grave mansedumbre
Lo toma y prueba, y déjalo al momento;
Que mitigar no quiere su tormento.

Esto debes a Dios, hombre perdido,
Que por deleites andas codicioso:
Que él, por ganarte, no dejó sentido
Sin dolor en su cuerpo generoso:
De espinas su cerebro fue herido,
Sus espaldas y rostro y cuello hermoso
Con azotes y afrentas y cordeles,
Y el gusto ahora con amargas hieles.

Los ojos agraviados con salivas, 164
Y viendo a los rebeldes fariseos,
Y notando a los pérfidos escribas
Alegres con el fin de sus deseos;
Las orejas oyendo vengativas
Torpes blasfemias y baldones feos,
Y el olfato también con el horrible
Sucio hedor de aquel lugar terrible.

Y ¿tú buscas infames invenciones
Para nadar lascivo en tus deleites,
Y por cebar tus viles aficiones
Falsa belleza finges con afeites?
¡Oh epicúreas paganas confecciones
De aguas y yerbas, ámbares y aceites!
Si es de Cristo el cristiano fiel dibujo,
¿Qué gentil a la santa Iglesia os trujo?

Jesús es despojado de sus ropas

Habiendo, pues, el buen Jesús probado
Un trago solo del ardiente vino,
Fue de sus vestiduras despojado,
Y del ornato fiero y peregrino;
Y cual árbol quedó descortezado
Su cuerpo, antes hermoso y cristalino.
¡Oh qué dolor! ¡Quitarle así el vestido
Preso a las carnes, y a la sangre asido!

¿Qué sentiste, Señor, cuando te viste
Roto el cuerpo y en partes mil abierto,
Y mirándote así tu Madre triste,
Y al cielo y tierra y aire descubierto?
Dime, ¡oh noble Jesús!, lo que sentiste
En tanto afán de todo el bien desierto;
Que sólo tú, mi Dios, decirlo puedes,
Que en el saber y en el sentir excedes.

Mas ¿qué pena y dolor no sentiría, 168
Si con tanto furor le desnudaron,
Y la túnica estaba yerta y fría,
Y pegada a las carnes la arrancaron?
¡Oh qué sangre después no llovería
De aquel cielo de amor que arrebolaron!
¡Oh cuál no pasaría helado viento
A un cuerpo tan herido y macilento!

Y ¡un cuerpo virginal y un cuerpo noble
Y atormentado con fiereza tanta!
Doble fue la crueldad, la pena doble;
Si asombra la crueldad, la pena espanta:
Rasgara un corazón de fuerte roble
Ver tiritando aquella carne santa,
Y ver tan pobre a Dios y tan desnudo,
Tan afrentado y con dolor tan crudo.

Le colocan otra vez la corona y Jesús sangra

Mas luego la canalla licenciosa
Volando vino y le cercó insolente,
Y de nuevo le puso la espantosa
Guirnalda en la herida y bella frente:
Que por otras cien partes rigurosa
Entró y rompió, y sacó sangre caliente;
Hizo y nos dio diversos agujeros,
Arcaduces de gracia verdaderos.

Lo acuestan sobre la Cruz

Y al lecho de la cruz ya preparado
Le llevan desde allí, lecho terrible,
Y mándanle acostar, y así acostado,
Manos y pies alarga el Dios pasible;
Y viéndose en el trance deseado,
Y el rostro vuelto y ánimo apacible
Al cielo, y a su Padre orando, dijo
Esto, cual obediente y sabio Hijo:

"Gracias te doy, ¡oh soberano Padre!, 172
Que al último he llegado y gran tormento;
Y porque a tu bondad inmensa cuadre,
Cumplo fiel tu sacro mandamiento:
En las puras entrañas de mi Madre
Lo recibí, y obedecí al momento;
Y hoy lo ejecuto, al fin, con eficacia:
Dale al hombre por él, Señor, tu gracia."

Dijo; y luego un ministro inexorable
La mano le pidió, la diestra mano,
Y Cristo se la dio con rostro afable,
Y la palma extendió fácil y humano;
Y en ella puso un clavo el detestable,

Jesús es clavado en la Cruz

Feroz, gentil, idólatra profano,
Y alzó el martillo, y con menudo estruendo
Dio y redobló furioso el golpe horrendo.

Pasó la blanda mano el hierro duro,
Rompió nervios, fijóse en el madero;
Y el cuerpo santo, cual batido muro,
A aquella parte se inclinó ligero;
Mas Cristo le ofreció grave y seguro
El otro brazo, y con semblante entero;
Y el sayón lo tomó para clavarlo,

Pero no pudo a su lugar llegarlo.
Y así le ató un cordel con lazo estrecho,
Y hasta ponerlo firme y extendido
Donde el otro agujero estaba hecho,
Con fuerza lo estiró y lo tuvo asido:
Y otro clavo escogió fuerte y derecho,
Y agudo y esquinado y bien fornido,
Y atravesó con él la mano santa,
Y con tanta crueldad y furia tanta.

Y de la misma suerte fue tirando 176
Los pies, que no llegaban al barreno,
Y así, los duros golpes redoblando,

Dolor de María al ver cómo clavan a su Hijo

El madero dejó de sangre lleno:
La Virgen santa, oyéndolo y mirando,
Golpes y sangre recibió en su seno;
Y por éste y aquel noble sentido
Lanzaba triste el corazón herido.

¡Oh corazón y pecho de María!
¡Amante corazón y pecho tierno,
Que con amor y con dolor porfía
Y llora, y obedece al Padre eterno!
Mas ¡oh tú, pecho helado y alma fría
Con obstinada nieve y hielo interno,
Que no te ablandas con la sangre pura
Que vierte Dios sobre la tierra dura!

Sangre derramada de Jesús

¡Sangre de Dios bañado tiene el suelo,
Pecador, y tu pecho no enternece
La blanda lluvia del supremo cielo,
Que antiguas rocas ablandar merece!
¡Oh santo, vengador, ardiente celo!
Si al que con beneficios se endurece
Castigas, cruces da de nuevo el hombre
Contra Dios que le da su sangre y nombre.

Mas ¡oh Dios derramado y Dios unido
Con sangre, y sangre y Dios y gran tesoro
Encima de la tierra aparecido!
Desde aquí con humilde faz te adoro.
¿Dónde caminas, español perdido,
Surcando mares por difícil oro,
Hallado apenas con trabajos graves,
Y alas tendidas de aparentes aves?

No pretendas riqueza transitoria;
Que la sangre de Dios tiene cubierto
El gran tesoro de la eterna gloria,
Y tesoro inmortal, seguro y cierto:
Si es digno, pues, que ocupe tu memoria
Tesoro sobre tierra descubierto,
Sangre de Dios tesoro es excelente,
Y encima de la tierra está patente.[77]

Fin del libro undécimo.

Libro XI - Notas

[1] En la curación de un paralítico, los evangelistas Marcos y Lucas coinciden en señalar que era tanta la multitud que deseaba ver a Jesús, que las personas tuvieron que abrir el tejado para presentarle a Jesús al paralítico que quería ser sanado. Mateo omite la necesidad de abrir el tejado. La historia relata que una vez que lo vio, Jesús le perdonó sus pecados y los escribas empezaron a murmurar sobre su poder para hacerlo. Entonces Jesús replicó que siendo el Hijo de Dios no sólo podía perdonar los pecados, sino que lo podía sanar con sólo ordenarle que se levantara y andara. A lo que la gente temió y glorificó a Dios. (Mateo 9, 1-8; Marcos 2, 1-12 y Lucas 5, 17-26)

[2] El milagro de los diez leprosos es narrado por el evangelista Lucas. En una ocasión en su camino a Jerusalén, Jesús pasó por los confines entre Samaria y Galilea para llegar al valle del Jordán y bajar hasta Jericó. Cuando entró en un pueblo, le salieron al encuentro diez leprosos. Ellos le pidieron su compasión y su salud, a lo que Jesús les pidió que se fueran y se presentaran a los sacerdotes. En el camino fueron curados y solamente uno de ellos se volvió glorificando a Dios. Entonces Jesús se sorprendió de que de los diez solamente uno de ellos hubiera regresado, y que ese único fuera precisamente un extranjero. (Lucas 17, 11-19)

[3] Los evangelios paralelos (es decir los de Mateo, Marcos y Lucas) coinciden en señalar que una mujer se acercó a Jesús y con sólo tocar la orla de su manto, a ella se le detuvo una hemorragia que había padecido por doce años. Al sentir la fuerza que salió de él, Jesús admitió que la había salvado únicamente su fe. (Mateo 9, 20-22; Marcos 5, 25-34 y Lucas 8, 43-48)

Al parecer, existe una gran confusión acerca de la identidad de esta mujer. Entre los griegos se le identifica como Verónica o Berenice, nombre que se menciona por primera vez en el Evangelio de Nicodemo que se localiza en los Apócrifos. De acuerdo con este evangelio, ella quería presentarse como testigo a favor de Jesús en el juicio a que fue sometido. Su testimonio fue rechazado porque entre los judíos, las mujeres no eran aceptadas como testigos. No fue sino hasta alrededor del siglo V que el nombre de Verónica se le atribuyó a la mujer que mandó a hacer una estatua de Jesús hecha en gratitud por la milagrosa curación.

Dicha estatua es mencionada por el poeta en el libro IV y se la atribuye a María Magdalena.

[4] Parábola del hijo pródigo. El texto del poema es una clara paráfrasis del Evangelio de Lucas. (15, 11-32)

[5] La parábola de la cizaña es contada por Mateo. En esta historia, Jesús les enseña a sus discípulos que el reino de los Cielos es semejante a un hombre que sembró buena semilla en su campo, pero que mientras su gente dormía vino su enemigo y sembró cizaña entre el trigo y se fue. Cuando apareció el fruto también apareció la cizaña. El sembrador dejó que ambos crecieran y sólo hasta la cosecha permitió que los segadores recogieran

primero la cizaña y la quemaran, mientras que el trigo tenían que recogerlo en su granero. (Mateo 13, 24-30)

[6] Habla de la parábola de los obreros de la viña. Compara nuevamente el Reino de los Cielos, esta vez con el propietario que salió a primera hora de la mañana a contratar obreros para su viña. Los contrató con el pago de un denario por día. Diferentes obreros empezaron a diferente hora, pero todos cobraron un denario. Ante esto, los primeros protestaron y el propietario les aclaró que no era injusto, pues los había contratado por un denario y un denario les había pagado, que como propietario él podía hacer con lo suyo lo que quería. (Mateo 20, 1-16)

[7] En los evangelios se lee textualmente:

"El que no toma su cruz y me sigue detrás no es digno de mí." (Mateo 10, 38)

"Entonces dijo Jesús a sus discípulos: 'Si alguno quiere venir en pos de mí, niéguese a sí mismo, tome su cruz y sígame.'" (Mateo 16, 24)

"Llamando a la gente a la vez que a sus discípulos, les dijo: "Si alguno quiere venir en pos de mí, niéguese a sí mismo tome su cruz y sígame."" (Marcos 8, 34)

"El que no lleve su cruz y venga en pos de mí, no puede ser discípulo mío." (Lucas 14, 27)

[8] El evangelista Juan enfatiza el acto de Jesús de tomar la cruz: "Tomaron, pues, a Jesús, y él cargando con su cruz, salió hacia el lugar llamado Calvario, que en hebreo se llama Gólgota." (Juan 19, 16-17)

[9] "La serpiente también podía vivir en los árboles." (Génesis 3) La serpiente es la encarnación del pecado en la cruz.

[10] Moisés recibió esta vara del mismo Yahvé. Cuando se la entregó, Yahvé dijo: "Toma este cayado en tu mano, porque con él has de hacer los prodigios." (Éxodo 4, 17)

[11] Egito = Egipto

[12] Con el arca, Noé pudo salvar un número determinado de parejas; con la cruz, Jesús salvará a un número infinito de almas.

[13] El árbol de la vida es uno de los símbolos cabalísticos más importantes del judaísmo. Tiene 10 esferas (sefirot) y 22 senderos, cada uno de los cuales representa un estado (sefirá) que acerca a la comprensión de Dios y a la manera en que él creó el mundo. La Cábala desarrolló este concepto como un modelo realista que representa un "mapa" de la Creación. Se le considera la cosmología de la Cábala.

Se compone de diez emanaciones espirituales por parte de Dios, a través de las cuales dio origen a todo lo existente. Estas diez emanaciones, para formar el Árbol de la Vida, se intercomunican con las 22 letras del alfabeto hebreo. Algunos creen que corresponde al Árbol de la Vida mencionado en la Biblia (Génesis 2, 9).

Dentro del simbolismo cristiano la cruz se ha convertido en el "árbol de vida" de que habla el Antiguo Testamento. En el libro de Apocalipsis encontramos: "El que tenga oídos, oiga lo que el Espíritu dice a las iglesias; al vencedor le daré a comer del árbol de la vida, que está en el Paraíso de Dios" (2, 7). Con esta fórmula concluirá cada una de las siete cartas siguientes que aparecen en el mismo libro bíblico. Recalca la función del Espíritu en las relaciones de Cristo con su Iglesia.

[14] Éste es otro episodio alegórico en donde la dama Caridad acompaña a Jesús al Calvario, hablándole tierna y suavemente con palabras de ánimo. La prolongada metáfora se asemeja a la incluída por Hernández Blasco en su Universal Redención en la que Dios envía al Amor Divino a confortar a su Hijo durante su gran sacrificio.

[15] indino = indigno

[16] El poeta aprovecha la oportunidad para hacer un recuento más de la vida de Jesús. Ya se ha visto la misma relación en labios de la Oración personificada cuando sube hasta el Padre para pedirle que lo salve de la muerte. (Libro II)

La Caridad ha permanecido junto a Jesús desde su nacimiento, su circumcisión, su huída a Egipto y en la ocasión en que sus padres lo perdieron en el templo mientras él se encontraba dialogando con los sabios.

[17] La Caridad lo ha acompañado también en su bautismo, en su vigilia de cuarenta días en el desierto y mientras predicaba su mensaje evangélico.

[18] Por Caridad es que Jesús se ha sometido a sus enemigos sin protestar.

[19] En la oración que eleva a su Padre desde el Huerto de Getsemaní. (Libro I)

[20] Después de haber sido apresado, Jesús ha sido el blanco de burlas e injurias; lo han coronado de espinas y él ha aceptado cargar su cruz.

[21] El recuento de la vida de Jesús concluye al llegar al punto de los acontecimientos actuales que se están presenciando en el poema.

[22] El estandarte de Publius Cornelius Lentulus es el ejército romano, un ejército pagano y corresponde al estandarte del ejército de la Impiedad

Se conocen hasta la fecha los escritos de Léntulo, quien trabajaba para el senado romano, y tenía el encargo de seguir los pasos de Jesús. En una de sus descripciones dice: "Jesús tiene los ojos azules, es alto, corpulento, habla con autoridad, no le he visto reír, a veces sonríe, su mirada es especial, llena de ternura, se dice a sí mismo Hijo de Dios, dicen que hace milagros, le sigue mucha gente..."

[23] La caída de Lucifer.

[24] La caída de Adán.

[25] Jesús tiene siempre presente su Pasión. Aparece varias veces anunciada en los evangelistas Mateo (16, 21-28; 20, 17-19) y Marcos (9, 30-32; 10, 32-34).

[26] Dentro de las horas latinas "lubricán" es la palabra que indica el crepúsculo, es "el momento en que no se distingue el lobo del can."

[27] perfeto = perfecto
[28] afeto = afecto

[29] conceto = concepto

[30] No fue sino hasta 1731 que el Vía Crucis recibió un orden definido, dado por el papa Clemente XII. La secuencia actual es:

I	Jesús es sentenciado a muerte.
II	Jesús carga su cruz
III	Jesús cae por primera vez
IV	Encuentro con la Virgen
V	Simón de Cirene ayuda a Jesús con la cruz
VI	Verónica limpia el rostro de Jesús
VII	Jesús cae por segunda vez
VIII	Jesús consuela a las hijas de Jerusalén
IX	Jesús cae por tercera vez
X	Jesús es despojado de sus vestiduras
XI	Jesús es clavado en la cruz
XII	Jesús muere en la cruz
XIII	Jesús yace en los brazos de su madre
XIV	El cadáver de Jesús es puesto en el sepulcro

Se observa que para algunos hechos Hojeda utiliza una secuencia diferente:

V	Simón de Cirene le ayuda a Jesús con la cruz
VIII	Jesús habla con las mujeres de Jerusalén
VI	Verónica limpia la cara de Jesús
IV	Jesús se encuentra con su madre.

[31] Simón de Cirene fue requerido para llevar la cruz de Jesús (Mateo 27, 32; Marcos 15, 21 y Lucas 23, 26). Se han propuesto dos soluciones para armonizar los datos de los evangelios sinópticos: o bien Simón se situó detrás de Jesús y llevó con él la cruz, o bien Jesús llevó primero la cruz todo el tiempo que pudo y lo sustituyó luego Simón.

[32] vía = veía

[33] Ibid

[34] San Marcos. Siglo I. Comúnmente se admite que el autor del segundo Evangelio y el Marcos primo de Bernabé, de quien se habla en el libro de los Hechos y en las

Epístolas, son el mismo personaje. Si esta identificación es verdadera, entonces puede decirse que Marcos y María, su madre, vivían en Jerusalén. Su casa servía de lugar de reunión para los primeros cristianos. Fue ahí en donde San Pedro encontró a todo un grupo en oración, cuando escapó de la prisión en la que lo había encerrado Herodes Agripa. Les relató cómo el ángel del Señor lo liberó, después huyó en busca de mayor seguridad y llegó a Cesárea. Marcos volvió a ver a Pedro con frecuencia.

También se mantuvo en contacto con San Pablo. Cuando Pablo se encontraba en su primer cautiverio (63) Marcos estaba en Roma y en su segundo cautiverio es el mismo Pablo quien le pidió a Marcos que lo ayudara a convertir a los paganos de la Ciudad eterna.

Otras versiones aseguran que después de eso, Marcos fue a predicar el Evangelio a Alejandría.

[35] San Antonio de Padua. Nacido de familia noble cerca de Lisboa y muerto en Padua (Venecia, Italia) en 1231.

Recibió el nombre de Fernando en el bautismo. Se unió a la orden de los Cánones Regulares a edad temprana, pero en 1221 se incorporó a los franciscanos. Recibió el hábito religioso en el convento de San Antonio de Coimbra y asumió el nombre de Antonio en honor del gran ermita santo de Egipto. Su deseo por el martirio lo llevó a África, pero debido a enfermedad y tormentas tuvo que volver a Italia, donde bajo la guía de San Francisco, comenzó su maravillosa carrera como orador y hacedor de milagros. Murió en Padua en 1231 y fue canonizado por el papa Gregorio IX al siguiente año. Se le representa de varias maneras, pero principalmente con el niño Jesús en sus brazos.

[36] San Pacomio. Nacido hacia 286 cerca de Esneh (Egipto) y muerto en Tabene en 346. A los veinte años de edad se encontró con unos cristianos tan caritativos que quiso informarse de su religión. Se fue a Chenoboskion (Kares-Sayad, Egipto) en donde un sacerdote le reveló el Evangelio y le administró el bautismo. Ahí conoció a un santo ermitaño llamado Palamos, de quien se hizo discípulo. Tras vivir siete años con él, escuchó una voz que le decía: "Pacomio, ve a ponerte al servicio de tus hermanos." El santo comprendió que se trataba de los anacoretas a quienes debía servir haciéndolos cenobitas. No fue fácil lograr su obra, pero con insistencia y fervor fundó varios monasterios. La regla que redactó para ellos era tan inteligente y revelaba tal conocimiento del corazón humano, que inspiró todas las que se elaboraron después.

[37] San Basilio el Grande (330-379), San Gregorio de Nacianzo (Nacianceno, 329-389) y San Juan Crisóstomo (339-407) forman la tríada de los "doctores ecuménicos" de la Iglesia ortodoxa. Sus mejores años fueron los que pasaron juntos en las escuelas de Atenas, y más tarde, en el monasterio de Anessi, fundado por el mismo Basilio, donde vivió solamente cerca de 5 años. Cuando San Basilio se convirtió en obispo de Cesárea (370) fue con el papa de Roma con quien tuvo que discutir y hacer negociaciones para reestablecer la unidad en la Iglesia. Sin embargo, debido a su salud arruinada por la penitencia, sucumbió bajo el peso de los trabajos y de las penas. Murió a la edad de 49 años.

[38] San Romualdo. Nació en Ravena (Emilia, Italia) y murió en Valdi Castro (Marches, Italia) en 1027. Romualdo se convirtió, después de llevar una vida libertina,

el día en que vio a su padre Sergius Honesti, de los duques de Ravena, matar a uno de sus parientes en un duelo. Primero viajó enormemente para reformar a los monjes que no querían ser reformados, y para fundar monasterios que tenían casi inmediatamente necesidad de reforma. En esta tarea sufrió muchas persecuciones; le ocurrió a él, en su calidad de padre abad, ser encerrado por sus religiosos en la prisión del convento; ser echado a la calle de su abadía, tras haber sido flagelado y hasta tener que huir para que no lo mataran. No fue sino hasta 1012, en Camaldoli (Toscana, Italia) donde logró fundar el tipo de monasterio con el que soñaba. Los camaldulenses, como les llamó, formaban dos grupos de monjes, unos viviendo en comunidad y los otros llevando una vida eremítica, por lo que sólo se encontraban juntos en la iglesia.

Murió solo, muy viejo y en una celda apartada donde hacía meses guardaba silencio.

[39] San Bernardo. Fundador de la Orden Cisterciense. (Libro V)

[40] perfeta = perfecta

[41] San Bruno. Fundador de la Orden Cartuja. (Libro V)

[42] Santo Domingo. Fundador de la Orden de los Dominicos (OP). (Libro IV)

[43] San Francisco de Asís. Fundador de la Orden de los Hermanos Menores. (OFM) Nacido en Asís, Italia en 1182 y muerto en 1226.

Después de una juventud disipada en diversiones, se convirtió, renunció a los bienes paternos y se entregó de lleno a Dios. Abrazó la pobreza y vivió una vida evangélica, predicando a todos el amor de Dios. Dio a sus seguidores unas sabias normas, que luego fueron aprobadas por la Santa Sede. Inició también una Orden de monjas y un grupo de penitentes que vivían en el mundo, así como la predicación entre los infieles. Llegó a ser conocido como el Pobre de Asís por su matrimonio con la Pobreza, su amor por los pajarillos y por toda la naturaleza. Lo que refleja un alma en la que Dios lo era todo sin división, un alma que se nutría de las verdades de la fe católica y que se había entregado enteramente a Cristo crucificado.

[44] El doctor de Dalmacia es San Jerónimo. (Libro V)

[45] San Pedro Nolasco. Fundador de la Orden de Nuestra Señora del Rescate. Véase la nota 85 del libro V.

[46] San Raymundo de Peñafort. (Libro V)

[47] Ángel de Jerusalén. Nació en Jerusalén en 1145; murió en Sicilia en 1220. San Ángel, de padres judíos, fue uno de los primeros frailes ermitaños del Monte Carmelo. Fue comisionado para obtener la aprobación del Papa Honorio III para la regla escrita por San Alberto en 1206, para uso de los nuevos frailes. San Ángel se dirigió a Roma y poco después fue a Sicilia a predicar.

Según una leyenda, fue asesinado en Licate o Leocata, Sicilia por el Conde Berenger cuyo incesto con su hermana había denunciado el fraile. A la hermana la convirtió de su escandalosa vida, pero San Ángel fue colgado y y su cuerpo fue rematado con flechas. Se le atribuyen muchos milagros principalmente en Leocata y Palermo, donde es venerado.

En arte se le representa de muy diversas maneras. Como carmelita con un cuchillo en su cabeza. Con una espada en su pecho, sosteniendo un libro, una palma y tres coronas. Con un ángel trayéndole tres coronas. Con lilas y rosas cayendo de su boca como símbolo de su elocuencia. Y por último, atado a un árbol con flechas en el cuerpo.

[48] San Patricio. Nació alrededor del año 387, en Escocia, en Bennhaven Taberniae. Murió en Irlanda alrededor del 461. No se conocen con exactitud los datos cronológicos del Apóstol de Irlanda.

Se supone que era de origen romano-bretón. Su padre Calpurnio era diácono y oficial del ejército romano; su madre era familia de San Martín de Tours; su abuelo había sido sacerdote ya que en aquellos tiempos no se había impuesto aún la ley del celibato sacerdotal en todo el occidente. Se afirma que fue alrededor del año 403, a la edad de 16 años, que cayó prisionero de piratas junto con otros jóvenes para ser vendido como esclavo a un pagano del norte de Irlanda llamado Milcho. Lo sirvió cuidando ovejas. Trató de huir varias veces sin éxito.

Después de seis años en tierra de Irlanda y una noche soñó que una voz le mandaba salir huyendo y llegar hasta el mar, donde un barco lo iba a recibir. Huyendo, caminó mas de 300 kilómetros para llegar a la costa, desde donde fue llevado hasta Francia.

Los primeros biógrafos del santo dicen que Patricio pasó varios años en Francia antes de realizar su trabajo de evangelización en Irlanda. Existen pruebas firmes de que pasó unos tres años en la isla de Lérins, frente a Canes, y después se radicó en Auxerre durante quince años más. Durante este tiempo se ordenó como sacerdote.

Algunos historiadores sostienen, que en esa época hizo un viaje a Roma y que, el Papa Celestino I fue quien le envió a Irlanda con una misión especial, y para lograrla se consagró obispo a Patricio. Se afirma que, a su arribo a tierras irlandesas, San Patricio permaneció una temporada en Ulster, donde fundó el monasterio de Saúl. Utilizaba un lenguaje sencillo al evangelizar. Por ejemplo, para explicarles acerca de la Santísima Trinidad, les presentaba la hoja del trébol, diciéndoles que así como esas tres hojitas forman una sola verdadera hoja, así las tres personas divinas, Padre, Hijo y Espíritu Santo, forman un solo Dios verdadero.

En la evangelización, San Patricio puso mucha atención en la conversión de los jefes, aunque parece ser que el mismo rey Laoghaire no se convirtió al cristianismo, pero sí varios miembros de su familia. Consiguió el amparo de muchos jefes poderosos, en medio de dificultades y constantes peligros, incluso el riesgo de perder la vida en su trato con aquellos bárbaros. No obstante los contratiempos, el trabajo de la evangelización de Irlanda, siguió firme. En varios sitios de Irlanda, construyó abadías, que después llegaron a ser famosas y alrededor de ellas nacieron las futuras ciudades. San Patricio, en el transcurso de 30 años de apostolado, convirtió al cristianismo a "toda Irlanda". El propio santo alude, más de una vez, a las "multitudes", a los "muchos miles" que bautizó y confirmó.

[49] San Francisco de Paula. Fundador de la Orden de los Mínimos. Nacido en 1416 en Paula (Calabria, Italia.) Muerto en 1507 en Plessisles-Tours, Francia. Llamó "mínimos" a los religiosos que fundó porque debían ser, según san Francisco, "los más pequeños de todos" (minimi), conformándose a la palabra del Salvador que recomienda a los suyos ponerse en último lugar. Los numerosos milagros que operaba, los atribuía a

los rosarios que él mismo distribuía. Gravemente enfermo y muy temeroso de la muerte, Luis XI rogó al rey de Nápoles que le enviase a Francisco, que era súbdito suyo. Francisco se conformó con enviar uno de sus rosarios que, esta vez, no surtió efecto. Se precisó que el papa Sixto IV interviniera para obligarlo a ir con el rey de Francia. Permaneció con él durante 16 meses predicándole la resignación y ayudándole a morir. Entonces Francisco se quedó en Francia y estableció casas de su orden. A petición de Luis XII y de su hija, la princesa Claudia, León X lo beatificó en 1513 y lo canonizó en 1519.

[50] San Ignacio de Loyola. Fundador de la Compañía de Jesús. Nacido en Loyola (Azpeitia, España) hacia 1491 y muerto en Roma en 1556.

La ocasión de su conversión fue una bala de cañón francesa que le rompió las piernas en el sitio de Pamplona en 1521. Las vidas de los santos que leyó durante su convalescencia lo inspiraron a convertirse él mismo en santo. Una vez restablecido, pasó largos meses en retiro en Maresa, Cataluña, abrumado de pruebas y colmado de favores celestiales. Se cree que fue entonces que el Espíritu Santo le comunicó que debía construir su doctrina espiritual. Durante la peregrinación que hizo el año siguiente a Tierra Santa, le afligió encontrar solamente mahometanos y consideró que su misión era convertirlos al cristianismo. Como para eso necesitaba ser sacerdote, regresó a España para estudiar. En Alcalá y en Salamanca tuvo dificultades con la Inquisición y permaneció en prisión, sin embargo una vez libre, se dirigió a París donde pudo lograr su meta. En 1534, junto con cinco amigos hizo su profesión religiosa en Montmartre y se consagraron a convertir a los musulmanes de Palestina.

Después de treinta años llegaron a Roma en donde Ignacio trabajó dos años (1537-1539) en las Constituciones de lo que sería la Compañía de Jesús.

San Ignacio es autor de una obra de valor incomparable que lleva por título Ejercicios espirituales para vencerse a uno mismo y ordenar su vida sin decidirse por ningún afecto que sea desordenado.

[51] Santa Teresa de Ávila. Reformadora de su Orden de las Carmelitas. Nacida en Ávila en 1515 y muerta en Alba de Tormes (España) en 1582. Teresa de Cepeda y Ahumada perteneció a una familia de doce hijos. Entró al carmelo de Ávila a los 20 años.

Su conversión data de 1556 y desde entonces, su existencia fue un milagro continuo, lleno de visiones, éxtasis, persecuciones demoníacas y apariciones de Nuestro Señor. Tuvo como guía espiritual a Pedro de Alcántara quien se le apareció incluso después de muerto. Alcántara fue uno de los grandes místicos españoles y creó en su orden franciscana una nueva rama, los "descalzos" o "alcantarinos." Fue él quien inspiró a Santa Teresa a instituir en su orden una reforma análoga a la que había realizado él en la suya.

A partir de 1562 Santa Teresa fundó por toda España dieciocho conventos pequeños y pobres en donde las carmelitas, llamadas "descalzas", pueden llevar una vida dedicada a la oración, totalmente separadas del mundo. Quince años más tarde, inspirado y ayudado por ella, su amigo Juan de la Cruz, comenzó a hacer lo mismo con los carmelitas varones.

[52] vían = veían

[53] Jesús se encuentra a las mujeres. Según la costumbre, algunas mujeres distinguidas de Jerusalén, -el poeta les llama "matronas excelentes," preparaban brebajes calmantes y se los llevaban a los condenados para aminorar su dolor a la hora de la ejecución. Solamente

el evangelista San Lucas menciona este encuentro. (23, 27-30)

[54] aspeto = aspecto

[55] conceto = concepto

[56] imperfetas = imperfectas

[57] Jesús les contesta a las mujeres al ver que se lamentan por él. "Jesús se volvió hacia ellas y les dijo: 'Hijas de Jerusalén, no lloréis por mí; llorad más bien por vosotras y por vuestros hijos." (Lucas 23, 28)

[58] Continúa Jesús: "Porque llegarán días en que se dirá: ¡Dichosas las estériles, las entrañas que no engendraron y los pechos que no criaron! Entonces se pondrán a decir a los montes: ¡Caed sobre nosotros! Y a las colinas: ¡Sepultadnos!" (Lucas 23, 29-30)

[59] Y concluye: "Porque si en el leño verde hacen esto, en el seco ¿qué se hará?" (Lucas 23, 31) Es decir, si se quema el leño verde, que no se debería quemar, en alusión al suplicio de Jesús, ¿qué no se hará con el leño seco, o sea, los verdaderos culpables?

[60] vía = veía
Jesús se lamenta la caída de Jerusalén. (Libro X)

[61] Ninguno de los cuatro evangelistas menciona este encuentro de Jesús. El nombre de Verónica o Berenice aparece en el Evangelio de Nicodemo de los Apócrifos, pero se refiere a la mujer curada por Jesús de una hemorragia. Esta mujer mandó a hacer en bronce una estatua de Jesús para mostrarle su gratitud por el milagro concedido. Véase la nota 3 de este libro.

Ya para el siglo XV la leyenda de Verónica era como la que se conoce hoy en día en la sexta estación del Vía Crucis, en la que se dice que esta mujer se apiadó de Jesús y salió a su encuentro a limpiarle el rostro para ofrecerle un consuelo en su sufrimiento.

[62] limpialle = limpiarle

[63] Solamente es en los Evangelios Apócrifos donde se cuenta que inmediatamente después de que Juan le informó a la Virgen que su hijo había sido condenado a la crucifixión, la Virgen salió y al verlo en su lamentable estado, se desmayó.

[64] María se encuentra a las mujeres. La pregunta de ellas es la que aparece en el *Cantar de los cantares:*

> "¿Qué distingue a tu amado de los otros,
> tú, la más bella de las mujeres?
> ¿Qué distingue a tu amado de los otros,
> para que así nos conjures?" (5, 9)

[65] La respuesta de la Virgen a las mujeres es también análoga al *Cantar de los cantares*:

Mi amado es moreno claro,
Distinguido entre diez mil.
Su cabeza es oro, oro puro;
Sus guedejas, racimos de palmera,
Negras como el cuervo. (5, 10-11)

[66] Continúa diciendo:

Sus ojos como palomas
A la vera del arroyo,
Que se bañan en leche,
Posadas junto al estanque.
Sus mejillas, eras de balsameras,
Macizos de perfumes. (5, 12-13)

[67] Sus labios y manos:

Sus labios son lirios
Con mirra que fluye.
Sus manos, torneadas en oro,
Engastadas de piedras de Tarsis. (5, 13-14)

[68] Su vientre y sus piernas:

Su vientre, pulido marfil,
todo cubierto de zafiros.
Sus piernas, columnas de alabastro,
Asentadas en basas de oro. (5, 14-15)

[69] Y concluye:

Su porte es como el Líbano,
Esbelto como sus cedros.
Su paladar, dulcísimo,
Todo él un encanto.
Así es mi amado, mi amigo,
Muchachas de Jerusalén. (5, 15-16)

[70] perfeto = perfecto

[71] aspeto = aspecto

[72] En los evangelios no aparece este encuentro de Jesús con María. El evangelista

Juan sólo menciona que ella se encontraba junto con otras mujeres piadosas al pie de la cruz en el momento de su muerte.

[73] vello = verlo

[74] beninas = benignas

[75] vía = veía

[76] Se refiere a la bebida que supuestamente las mujeres preparaban a los condenados para aliviar su dolor. Eso explica en parte la presencia de las mujeres piadosas en el vía crucis.

[77] Hojeda critica la búsqueda afanosa del oro en la conquista de América. Él considera que no es posible que los españoles vengan en busca de un oro falso cuando ellos son los portadores del oro verdadero, es decir, de la eucaristía misma.

Libro XII

Argumento

Es Cristo en el madero levantado
Cual divino estandarte de victoria.
Enseña y habla, en él crucificado,
Siete palabras de inmortal memoria.
Junta Miguel su ejército sagrado,
Y vengar quiere la maldad notoria
Del mundo ciego: y Cristo, en la cruz muerto,
Le descienden y entierran en el huerto.

Octavas 1-31
Jesús en la Cruz

La gran Jerusalén, ciudad divina,
Cara a Dios, y a los hombres admirable,
En medio de la fértil Palestina[1]
Su cabeza levanta venerable.
Ella como señora predomina
En excelencia y gloria perdurable
A las demás que en torno la rodean,
Su falda besan y su honor desean.

Por las rosadas cumbres del Oriente
Asia la ciñe y su valor admira,
Y por los hondos valles de Occidente
Europa con devota faz la mira:
La seca Libia y África la ardiente,
Por donde el sol más caluroso gira,
La cerca, y Citia, Armenia, Persia y Ponto,
Por do el Trión[2] se esconde en Helesponto.[3]

Ubicación de la Cruz

Desta, pues, gran ciudad poco distante,
En medio está del Norte y del Ocaso
El verdadero y soberano Atlante[4]
Y el verdadero y celestial Parnaso;[5]
El Calvario,[6] que tuvo a Dios triunfante,
Y en alta cruz desnudo al cielo raso,
Bañado con las fuentes que salieron
Del mismo Dios y llagas suyas fueron.

Y es cierta fama y tradición segura 4
Que el santo padre de la fe sagrada,
Para ofrecer a Isaac en hostia pura,
Aquí la mano alzó y vibró la espada; [7]
Y en esta de Jesús viva figura
La muerte vio de Cristo dibujada;
Vídola, y alegróse; porque vido
A Dios, de amor, no de pasión, vencido.

Y es antigua opinión de caso cierto,
E historia entre los sabios verdadera,
Que en él mandó enterrar después de muerto
El viejo Adán su anciana cadavera, [8]
Y donde fue para la cruz abierto
El ya felice hoyo estaba entera;
Que quiso Dios regar con su sangre justa
Del primer pecador la frente adusta.

Y en aquel tiempo aquí se justiciaban
Los condenados a la muerte odiosa;
Aquí a los caballeros degollaban,
Pena de gente ilustre y generosa:
Aquí a los homicidas obligaban
A padecer en cruz muerte afrentosa, [9]
Y aquí estaba clavado en un madero
Del mismo Dios el Hijo verdadero.

Mas ¡oh tú, Verbo, que sin voz formada,
Cual divina palabra inteligible,
Dibujas de la máquina criada
Lo hecho, lo futuro y lo posible!
Una devota voz de ti abrasada
Y encendida en tu luz inaccesible
Me da, que muerte en Dios, callando dice
Que palabra de Dios la solemnice.[10]

Tú, que para enseñar la ruda gente 8
Abriste de tu boca el rico labio,
Y el tesoro escondido eternamente
Comunicaste de tu pecho sabio;
Para decir en forma conveniente
Tu celo, tu pasión, tu amor, tu agravio,
Archivo ilustre de la ciencia de oro,
Dame una parte de tu gran tesoro.

Mas ¿quién dirá la muerte de la vida?
¿Quién contará la pena de la gloria,
Y la victoria en una cruz vencida,
Y que vencida, lleva la victoria?
Tú, palabra de humana voz vestida,
De tu voz y palabra mi memoria
Viste; que cantar quiero en dulce llanto
Lo que sintiendo llora el mismo canto.[11]

Ya estaba en el madero, inestimable
Por ser lecho de Dios, Cristo enclavado,
Y el cuerpo al mismo cielo venerable
Con desigual rigor descoyuntado;
Cual agua turbia el óleo saludable
De Dios vertido y sin temor hollado;
Los huesos desatados parecían,
Y estirados los nervios se veían;

La Cruz es levantada

Cuando en alto subieron el hermoso
Árbol con esta ofrenda refulgente,
Y en el hoyo con ímpetu furioso
Lo dejaron caer pesadamente:
Fijóse el estandarte victorioso
En tierra, enarbolado y eminente;
Estremecióse el cuerpo al golpe fiero;
Gimió la peña y retembló el madero.[12]

Abriéronse las llagas de las manos, 12
De los pies se rasgaron las heridas,
Y los arroyos dellas soberanos
Crecieron con las grandes avenidas;
Y con nuevos dolores inhumanos
De los huesos las carnes desasidas,
No el pecho solo, palpitar se vieron,
Y de la cruz al golpe resurtieron.

Así fue levantada en el desierto
La gran serpiente de metal robusto, [13]
Para el pueblo fiel remedio cierto
Contra el castigo de su culpa justo;
Así alzaban en alto descubierto
El sacrificio grato al sabio gusto
De Dios, y así, de tierra levantado,
Cristo se llevó el mundo en sí elevado.

Mas ¿por qué, ¡oh buen Jesús!, morir quisiste
En cruz subido y de la cruz pendiente?
Dime las conveniencias que tuviste,
Si es doctrina el saberlas conveniente;
Y pues tú, vida eterna, padeciste
Muerte tan vil con pecho tan clemente
Y sabio por mi bien y por tu gloria,
Hazme tu ciencia y tu bondad notoria.

Quiso morir en cruz porque no había
Género de tormento formidable
De más afrenta ni de más porfía,
Ni más terrible en sí ni más durable.
Y con él declararnos pretendía
Su ardiente caridad, su amor afable;
Que quien por el amado así padece,
Su pecho abierto en su pasión le ofrece.

Y en medio quiso de la tierra y cielo 16
Estar, como agradable sacrificio,
Entre el cielo mediando y entre el suelo;
Que fue su empresa ilustre y noble oficio;
Y uniendo en sacra paz, con santo celo
Y con este bellísimo artificio,
Lo ínfimo y lo sumo a Dios y al hombre,
Del mundo el bien, la gloria de su nombre;[14]

Quiso las enemigas potestades,
Que en el aire quedaron detenidas,
Y poderosas eran en maldades,
A los infiernos arrojar vencidas,[15]
Y reprimir sus fieras majestades,
En que adoradas fueron y temidas;
Y así, entonces rugiendo los demonios,
De horror daban forzados testimonios.

Quiso también, ¡oh pecador!, mirarte
De aquel lugar con vista cuidadosa,
Y con hilos de sangre a sí llevarte
Preso en su caridad maravillosa;
Y los tendidos brazos enseñarte,
Y de su ilustre amor la insignia honrosa,
Y esculpido en sus manos siempre verte,
Buscarte con sus pies y detenerte.

Y quiso que tú alzases la cabeza
De cuerpo y alma a su divina cumbre,
Y mirando su cruz pieza por pieza,
Tu vista se aclarase con su lumbre;
Y en el sol que sus rayos endereza
A ti, ya por amor y por costumbre,
Desde la esfera de la cruz ardiente,
Te derritieses dulce y blandamente.

Y darte quiso el corazón suave 20
En sangre y agua y caridad resuelto,
Y con él de su tierno amor la llave,
Y a ti el costado dulcemente vuelto;
Y así de vida y muerte el duro y grave
Trabajo, con su vida y muerte envuelto,
Vida de cruz, de cruz muerte terrible,
Blando y leve hacerlo y apacible.

Mas ¡oh de los perversos fariseos
Astucia fiera, pertinaz malicia!
Entre dos viles condenados reos
Colgaron al autor de la justicia:[16]
Dos ladrones los ínclitos trofeos
Que daban de su honor clara noticia
Fueron. ¡Oh santo Dios! ¿quién sospechara
Que Dios entre ladrones expirara?

Jesús es colgado entre dos ladrones

¡Entre ladrones Dios, entre ladrones
El que difuso y liberal reparte
Al cielo bienes, a la tierra dones
Con que su gusto cebe y su sed harte!
Mas Lucifer con estas invenciones
El arte de engañar probó, y del arte
Por do engañar al mundo pretendía,
Sabio ladrón fue Dios por otra vía.

Entre ladrones en la cruz estuvo
Para significar por este medio
Que entre los pecadores siempre anduvo,
Con piedad negociando su remedio,
Y que su Padre el gran furor detuvo
De su saña inmortal, por verle en medio,
Fiador, aunque inocente, del pecado,
Y de la cruz como ladrón colgado.

Posición de la Cruz de Jesús

Ordenaron también que al Occidente, 24
Cual hombre oscuro y pecador notable,
Tuviese vuelta la sagrada frente,
Figura de su historia lamentable:
Que así dio las espaldas al Oriente
Y a la ciudad infausta y miserable,
Y con ello cumplió las profecías,
Del Rey santo y del sabio Jeremías.[17]

Aquél dijo que Dios sus blandos ojos
En las gentes pondría occidentales,
Con su vista acabando sus enojos;
Que es la vista de Dios fin de los males;
Y éste vido que Dios daba en despojos
Al gran furor de ardientes vendavales
Su pueblo, a quien volvía las espaldas,
Si bien él le tiraba de las faldas.

Casos entonces con verdad cumplidos,
Que allí las gentes alumbradas fueron,
Y los de Dios ejércitos lucidos
Su lustre y gloria y claridad perdieron:
Éstos de Dios están aborrecidos.
Y en el amor aquéllos sucedieron;
Unos por las espaldas, no mirados,
Le ven, y otros su faz dél regalados.

Se le coloca un letrero en tres lenguas

De tal manera, pues, en la cruz puesto,
Se puso en ella el nombre poderoso
De Jesús en las tres lenguas compuesto,
Y el título de Rey maravilloso,[18]
Aunque por grave culpa y vil denuesto
Notándole de infame y alevoso;
Mas trazó la escritura desta suerte
Dios por mostrar la causa de su muerte.

Que cual perfecto Salvador moría 28
Por el hombre que así le atormentaba,
Y el nombre de Jesús lo descubría,
Que en el principio y con razón estaba;
Y el Nazareno, porque allí María
Lo concibió, lo mismo declaraba;
Que Nazaret es flor, y él escogido
Pimpollo, de la cruz árbol florido.

Y Rey también que en la suprema silla
De la sagrada cruz reina triunfante,
Y de su sangre (extraña maravilla)
La púrpura se viste rutilante;
Y a Lucifer desde su trono humilla,
Firme en sufrir, y en padecer constante,
Y la tirana posesión del suelo

Le quita, y su gran corte sube al cielo.
Y vino a ser, y príncipe jurado
De los judíos era; mas no quiso
El pueblo a pertinacia condenado
Verdadero hacer su compromiso;
Y quedóse por ello desterrado
Del celestial eterno paraíso,
Y del que tuvo acá feliz imperio;
Que éste fue de aquel título el misterio.

Mas ellos del honor sacro envidiosos,
Lo quisieran mudar y lo intentaron,
Y a Pilato acudieron querellosos;
Pero el fin pretendido no alcanzaron;
Y así fijos los rótulos honrosos
En la cruz para siempre se quedaron;
Que respondió el juez, según su rito:
"Lo que escribí escribí: quédese escrito."

Octavas 32-51
Agonía de Jesús

Jesús en tanto, de la cruz pendiente, 32
A hablar comenzó: tal cisne puro
Bate la pluma y canta dulcemente
Entre las aguas, de su fin seguro:
Que ni la voz le turba el mal presente;
Antes como si fuera bien futuro,
Con pasos lo celebra de garganta,
Y al Caistro suspende cuando canta:[19]

Y tal padre amoroso en blando lecho,
Si bien cercano a la precisa muerte,
Con noble sangre y con hidalgo pecho
Instruye a su familia excelso y fuerte:
Su daño avisa, nota su provecho,
Grave y piadoso el bien y mal le advierte,
Y más que de sus penas afligido,
De sus varios sucesos condolido.

Aquél, pues, que ante fieros tribunales
Sabio calló, y aún asombró, callando
Con prudente valor, pechos reales,
Por tu causa en la cruz está hablando:
Óyelo; que dirá palabras tales,[20]
Que dellas quedes con razón temblando;
Y amándole también de ver dulzura
Tan blanda entre pasión tan agra y dura.

Estaba en cruz, de espinas coronado:
Si allí arrimaba la cabeza noble,
De rigurosas puntas penetrado,
Doble era su dolor, su pena doble;
Si descansar quería, sustentado
Firme en los clavos y en la cruz enmoble,
Desgarrábase más, y si movía
Los pies o manos, más rigor sentía.

Si a la cruz se llegaba, la corteza 36
Della y los reventados gruesos nudos
A lastimar se entraban con fiereza
A los huesos de carne ya desnudos;
Y el ánima también de una tristeza
Más grave y de tormentos más agudos
Atravesada estaba, y en cruz viva
De otra pasión oculta y más esquiva.

Que las culpas del mundo innumerables,
Con rigurosas invisibles puntas
Y cual horrendas sombras espantables,
El alma le enclavaban todas juntas:
Si ellas son, ¡oh mi Dios!, tan formidables,
Y tú en formado ejército las juntas
Contra ti mismo, ¡cuántos clavos fuertes
Tendrá esta cruz y cuántas duras muertes!

La ruina también, la gran ruina
De su querido pueblo, y tan querido,
Que ya miraba en él con luz divina,
Como si allí estuviera ya oprimido:
El alma santa de piedad benina,[21]
Y el pecho amable de pasión herido
Le tenía, y en cruz nueva enclavado,
Y dos veces por él crucificado.

Y de su Padre Dios la justa gloria,
Que él procuraba con ardiente celo,
Y por la deste mundo transitoria,
Triste vía[22] hollada por el suelo:
Era otra excelsa cruz menos notoria
Al vulgo vil, pero admirable al cielo,
Como perfecta cruz de un alma pía,
Y honra del gran madero en que moría.

En estas cruces, pues, tan graves puesto,
Que pechos quebrantara de diamante,
El crudo pueblo, a todo mal dispuesto,
Le blasfemaba fiero y arrogante;
Que ni su rostro en tanto afán modesto,
Ni en padecer tal pena tan constante,
Ni en tan grande varón tan grande mengua,
Le refrenaban la furiosa lengua.

Sigue recibiendo insultos y burlas

Así los sacerdotes le afrentaban,
Las perversas cabezas sacudiendo;
Los escribas alegres dél burlaban
Con risa falsa y mofador estruendo;
Los plebeyos donaires le cantaban,
Y éstos y aquéllos a una voz diciendo:[23]
"Si él es Hijo de Dios, hoy lo veremos;
Descienda de la cruz, y le creeremos.

"En Dios confía: líbrele su Padre
Si como a hijo natural le quiere;
Su libertad con su esperanza cuadre,
Y si no, sus engaños considere:
Contra nosotros como perro ladre
Ahora que en la cruz rabiando muere.
¡Bah!, que salvó a los otros, y a sí mismo
Salvar no puede deste hondo abismo.

"¿Es éste quién derriba el templo santo,
Y en tres días no más lo reedifica?
¿El templo que duró en hacerse tanto,
De traza tan gentil y obra tan rica?
¡Ved quién nos puso con decirlo espanto!
¡Quién por omnipotente se predica,
Y muere en cruz!" Así lo despreciaban
Aún los que en el camino se paraban.

Y él, padeciendo así, la faz hermosa 44
Fijó en el cielo y dijo claramente:
"Perdónalos tú, Padre."[24] ¡Oh voz piadosa,
Y a conquistar infiernos suficiente!
¡Oh palabra del Verbo generosa!
¡Oh de aquel cisne música excelente!
Que cuando muere canta con más brío
En el de su pasión sangriento río.

Jesús pide perdón por las acciones de los hombres

"Perdónalos tú, Padre, porque ignoran
Lo que hacen." ¡Oh dulces bellos labios,
Que mudos a los simples enamoran,
Y hablando suspenden a los sabios!
Labios que culpas tan horribles doran,
Y así excusan tan pérfidos agravios,
Los cielos, que la estima suya saben,
Y éstos que los infaman los alaben.

¿Qué mirra derramáis ahora dellos,
Cual dijo vuestra esposa honesta y pura?
No hallo mirra en esos labios bellos:
Que es símbolo, ¡oh Señor!, de la amargura:
Almíbar hallo celestial en ellos,
Y un mar de gloria, un río de dulzura,
Y eterno río de dulzura inmensa
Que el alma tiene en santo amor suspensa.

Cuando los enemigos insolentes
Os crucifican ya crucificado,
Y os hieren con sus lenguas inclementes
El espíritu en cruces mil clavado,
Destiláis vos suavísimas corrientes
De ambrosía dulce y néctar regalado.
¡Bendita el alma noble de quien salen,
Y la persona por quien tanto valen!

Si amoroso a los fieros enemigos 48
Y a los contrarios hoy tan agradable
Os mostráis, buen Jesús, a los amigos
¡Cuán amigo, seréis y cuán amable!
Y si enemigos son de amor testigos,
Y de amor tal, ¿qué pecho tan afable
Y qué amor guardaréis y qué secretos
A los amigos firmes y perfetos?[25]

Rogad por mí, Señor, y a vuestro pecho
Me llegad blandamente, y embriagadme
En ese vino para fuertes hecho,
O con leche, cual niño, sustentadme.
¿Qué amigo me será de más provecho
Y más honra que vos? ¡Oh Rey!, tratadme
Cual rey y cual amigo, pues quisistes

Al hombre así tratar que redimistes.
Mas ¡ay dolor!, que habiendo así tratado
A aquellas bestias hombres, que las fieras
Hubieran en piedad y amor trocado
Las entrañas selváticas y fieras;
Ellos con alma esquiva y obstinado
Corazón proseguían las severas
Y atroces obras y palabras duras,
En vez destos regalos y ternuras.

Se reparten las ropas de Jesús

Los soldados también le blasfemaban;
Sus nobles ropas entre sí partían;
Sobre la principal suertes echaban,
Y lo anunciado por David cumplían;[26]
Y aún de los dos, que en cruces dos estaban
Y por sus culpas graves padecían,
Él un ladrón, mofando de su pena,
Le dijo así con voz de oprobios llena:[27]

Octavas 52-67 Jesús entre dos ladrones: habla el primer ladrón

"Si eres tú Cristo Rey, sálvate ahora, 52
Y a nosotros también." ¡Oh loco y ciego!
Salvando el munto está, si bien lo ignora
El mundo y hace dello burla y juego:
De tu salud y bien el tiempo y ora
Es ésta; deja el injurioso ruego,
Y al compañero escucha de tu muerte,
Que así te dice y de tu mal te advierte:

Habla el segundo ladrón

"¿Ni tú temes a Dios, aún condenado?
¡Oh! Basta que los otros no le teman:
Reverénciale tú crucificado,
Y no sigas a aquéllos que blasfeman,
Y contra el Rey que tienes a tu lado
En ira se arden y en furor se queman:
Que ellos para el perdón que los convida
A penitencia tienen larga vida;

"Y tú no, que con él estás muriendo,
Y le baldonas con tu lengua injusta:
Advierte, pues, que entrambos padeciendo,
En cruz morimos por sentencia justa;
Mas éste nunca hizo mal viviendo,
Y aquí ofendido, a la razón se ajusta,
Y ruega por los mismos ofensores
Que arman de injurias nuevas sus dolores."

Así dijo, y callando el compañero,
El rostro humilde y ánimo piadoso
Volvió al santo de Dios manso Cordero,
Que atento le escuchaba y amoroso;
Diciéndole: "¡Oh Rey justo y verdadero,
Cuando estés en tu reino poderoso,
Acuérdate de mí, que a ti me ofrezco,
Si tu memoria, ¡oh buen Señor!, merezco!"

Esto dijo. ¿Quién tal imaginara, 56
Que con esfuerzo tal dijera tanto
Un hombre tal y en ocasión tan rara?
Y díjolo bañado en tierno llanto:
¡Que al tiempo que la oculta fe causara
A un valiente jayán horrible espanto,
Llamase un hombre vil públicamente
Señor, a Cristo, y Rey omnipotente!

Sagaz ladrón de la inmortal riqueza
Que no sintió jamás sutil polilla,
¿Qué majestad, qué pompa, qué grandeza,
Qué ornato viste en él, qué trono y silla,
Que, confesando su real nobleza
A quien el mismo cielo se arrodilla,
Le pediste favor como vasallo,
Y aún te juzgaste indigno de alcanzallo?

¿Entre que zarza, pero no punzado,
Como le vio Moisés en fuego ardiente,[28]
Le viste tú? De espinas coronado
Está, mas con tormento vehemente,
¿Sobre qué adobes de zafir sentado,
Y con inmensa luz resplandeciente
Le miraste? Que en una cruz esquiva
Y en clavos tres su santo cuerpo estriba.[29]

¿En qué pomposo tribunal subido,
Y cercado de ilustres serafines
Que de santo le dan el apellido,
Que unió del mundo los distantes fines?
¿En qué propiciatorio esclarecido,
Do le miran y admiran querubines,
Le hallaste adorado, pues le viste
Fijo en un palo, lastimado y triste?

Mas ¡oh Dios! ¡Cuánto con tu gracia puede
Una baja y pequeña y vil criatura!
¡Cuánto a los mismos ángeles excede
Si en ella tu virtud asienta y dura!
Y ¡cuán poco valor se le concede
A la que de sí propia se asegura,
Y sobre sí empinada se levanta
A fijar en el cielo mano y planta!

Estaba de los hombres despreciado
Cristo, y de su discípulo vendido,
Y de Pedro con vil temor negado,
Y puesto en cruz, y en ella aborrecido;
Del pueblo y sacerdotes blasfemado,
Preso por los gentiles y escupido;
Y ¡un ladrón (mirad quién) por Dios lo estima!
¡Oh gracia catedrática de prima!

Con tu sacra lección todos aprenden,
Con tu perfecta luz todos atinan,
Con tu gran ciencia todos comprenden,
Con tu guía feliz todos caminan:
Sin tu lección los doctos no se entienden,
Y sin tu luz los sabios desatinan,
Y sin tu ciencia yerran los maestros,
Y piérdense en el mar, sin ti, los diestros.

Tú al ladrón la riqueza soberana
De la divina cruz le descubriste;
Tú en la humildad, la alteza más que humana
De aquella gran persona le leíste:
Tú los misterios de la fe cristiana
En el devoto pecho le escribiste,
Y por ti, enamorado de su alma,
Cristo le dio de buen ladrón la palma.

Jesús le responde al segundo ladrón

Y así le dijo: "Por quien soy te juro 64
Que conmigo en eterno paraíso
Hoy estarás, de mal libre y seguro."[30]
Muere alegre con este dulce aviso:
Bañóse de un licor honesto y puro,
De tierno llanto el regalado viso
Del ya justo ladrón, y hablar quisiera;
Pero calló, y sintió desta manera:

"¡Oh feliz hora! ¡Oh tiempo venturoso,
En el que sentenciado fui contigo
A sufrir el tormento riguroso
Desta suave cruz, que ya bendigo!
¡Oh pecado (si puede ser) dichoso,
Que a ser me trajo de tu cruz testigo,
Pues a tu sombra vi la inmensa lumbre
De tu bondad, sin que ella me deslumbre!

"En la de abrojos ínclita corona
Que te ciñe, Señor, tu reino veo,
Y tu vertida sangre me aficiona;
Que ser vertida por mis culpas creo;
Y en tus llagas adoro la persona
De Dios, como fiador, no como reo;
Que, queriendo pagar por mí, padece
Lo que el linaje vil de Adán merece.

"Tal conozco, mi Dios. Mas ¿qué ventura
Me trajo a que tus ojos me mirasen,
Y esas llagas, ¡oh fuentes de dulzura!,
De luz y de dulzura me bañasen,
Y esos brazos de inmensa hermosura,
Si bien por mí estirados, me abrazasen?
¿Qué viste en mí, Señor, qué distinguiste
A mí de aquél? Mas ¿qué digo? Quisiste."

Octavas 68-80
La Virgen María contempla dolorosamente a su Hijo en la Cruz

Pensó; y esto miraba cuidadosa, 68
Los ojos puestos en el Hijo santo,
La Madre Virgen y la sierva esposa,
Con asombro y horror, con pena y llanto;
Mas de una fortaleza milagrosa
Armada el invencible pecho, tanto,
Que ni el dolor a la razón vencía,
Ni al dolor la razón freno ponía.

Mirabа triste el cuerpo desangrado,
Que tan lindo parió, y crió tan bello,
Y de su casta leche sustentado,
Se alegró veces mil de sólo vello;
Y entre espinas miraba enmarañado
El que ella ensortijó rubio cabello
Cuando al niño Jesús peinaba llena
De gozo, como ahora está de pena.

La faz miraba, aquella faz doliente
Que tantas veces a su rostro amable
Llegó, y la dulce boca y limpia frente
Que besó tierna y abrazó agradable;
Y el mirar grave y el hablar prudente,
Y aquel florido pecho y siempre afable
Contemplaba; mas ¡ay! que lo hallaba
Otro en la cruz, del que ella contemplaba.

Miraba (y era su dolor terrible)
Al Hombre Dios en cruz y entre ladrones;
Y al que, de luz vestido inaccesible,
Reina en la gloria, lleno de aflicciones;
Y en desigual pasión y muerte horrible,
Con mofa y juego, afrentas y baldones,
En tierra despreciado al Rey del cielo,
Que por salvar el mundo vino al suelo.

Esto miraba y desto se dolía, 72
De amor herida y en dolor suspensa:
¡Gran dolor y amor grande de María,
Inmenso afán y caridad inmensa!
Quien tanto amaba ¡cuánto sentiría
En su amado y su Hijo tal ofensa,
Y siendo el Hijo Dios, y ella tan Madre,
Y de Hijo que acá no tuvo padre!

Amor de hijo es el amor más vivo,
Y si es único el hijo, es más interno,
Y si es hermoso y bueno, es excesivo:
Pues ¿qué será el de Hijo tal y eterno?
Y el dolor de su mal es compasivo
Más, cuanto el gozo de su bien más tierno,
Y más fuerte el amor. ¡Ay, Virgen pura!
¡Cuál fue tu compasión y tu ternura!

Hubo en la Madre Virgen tres amores:
El natural de madre, el adquirido
Con el trato de Cristo y sus favores,
Y el de la caridad más encendido;
Y así, su corazón con tres dolores,
Y todos en el grado más subido
Que imaginar se puede, traspasado
Fue; mas tuvo paciencia en igual grado.

¡Oh cuántas veces levantó los ojos
Para ver a su Hijo, y al momento,
Por no dar pena y recibir enojos,
Los bajó triste y no siguió su intento!
Y ¡cuántas quiso abrir sus labios rojos,
Y la voz muerta, helado el pensamiento,
Y ella en su gran dolor se quedó absorta,
Liberal en sentir, y en hablar corta!

Juan está con María

Así estaba, y estaba Juan con ella, 76
Mirando al Hijo y viendo así a la Madre
Transelevado en él, pendiente della,
Y al fin atento del eterno Padre;
Y la hermosa en cuerpo, en alma bella,
Ya porque una beldad con otra cuadre,
Allí también a Cristo y a María
Dolorosa miraba y tierna vía.[31]

Palabras de Jesús a María y a Juan

Cuando el Señor miró a su Madre, y dijo
En cruz de compasión interna puesto:[32]
"Mujer, presente tienes a tu Hijo,"
Señalando al discípulo modesto;
Y a Juan, que en Cristo el alma y rostro fijo
Tenía, y alma y corazón dispuesto
A su obediencia, dijo: "Ésa es ahora
Tu madre, madre ya quien fue señora."

Y desde entonces como a madre nueva
Y su antigua señora venerable
Juan la amó y respetó, haciendo prueba
De su respeto y de su amor notable;
Y los firmes propósitos renueva
Por este beneficio inestimable,
Que le quedó estampado en la memoria,
De servir a los dos en pena y gloria.

Habiendo, pues, tan grandes cosas hecho
El Rey del cielo en cruz menospreciado,
Y en ella, como en blando y rico lecho,
Su grave testamento ya ordenado;
Sacó una fuerte voz del hondo pecho,
Y a su buen Padre dijo lastimado:
"¿Por qué a tu Hijo, ¡oh Dios!, desamparaste,
Y el consuelo en tal muerte le quitaste?"[33]

Por los pecados, ¡oh mi Dios!, del mundo
Y por mis culpas, Hombre verdadero,
Con gran consejo y con saber profundo
Os dejó vuestro Padre en mal tan fiero;
Y en él yo mi derecho ilustre fundo
A todo el bien; que todo el bien espero
Por ese mal de pena tan terrible
Que sufrís, Hombre y Dios por mí pasible.

Octavas 81-122
Miguel y sus escuadrones celestiales

En tanto los alados escuadrones[34]
Que andan gloriosos por el ancho cielo,
Desde aquellas altísimas regiones
Do sin mezcla de afán vive el consuelo,
De su Rey Dios miraban las pasiones
Que le causaba el morador del suelo,
Hombre, por quien Dios Hombre padecía;
Y en ira se encendieron justa y pía.

"¡Que a nuestro Dios así atormente el hombre!
¡Que el hombre a nuestro Dios así atormente,
Y el cielo de mirarlo no se asombre,
Y haga que él se asombre y escarmiente;
Y habiendo el mismo Dios tomado nombre
De Salvador, y oficio conveniente
Al nombre sacrosanto que él se puso,
En un palo colgado esté y confuso!

Los convoca a defender a Jesús

"¡Al arma, al arma! Basta lo sufrido:
No más, no más," clamaban dando voces,
Y llamando al ejército lucido
De los ángeles fuertes y veloces;
Y Miguel, capitán esclarecido,
Contra los insolentes y feroces
Que son demonios y eran serafines,
Mandó tocar al arma sus clarines.

Al punto, pues, las trompas resonaron,[35] 84
Y los cielos al son estremecieron,
En el aire espantosas retumbaron,
Y los hondos abismos removieron;
Y a su voz obedientes se aprestaron
Los ángeles, que en partes mil la oyeron,
Los que rigen los orbes, y en la tierra
Al caos, por defendernos, hacen guerra.

Cual palomas que en pastos diferentes
Estaban por el campo entretenidas,
Si las nubes con truenos vehementes
Las mieses amenazan, encogidas
Dejan los pastos, vuelan diligentes,
Y a las torres acuden conocidas,
Desocupando al punto el verde suelo,
Y alzándose con pluma osada al cielo;

O cual dulces abejas ocupadas
En despuntar melífluas bellas flores,
Del villano sagaz alborotadas
Al ronco son de agrestes atambores,
Se parten a su rey medio cargadas,
Dejando al fresco prado sus olores,
Y presurosas van a las colmenas,
Más de cuidado que de flores llenas;

O como los espíritus vitales
Por todo el cuerpo humano repartidos,
Y ocupando los miembros principales,
Varios en varias partes divididos,
Dejan sus ministerios naturales
Suspensos de sus obras, y atraídos
En breve tiempo al corazón doliente,
Si le aflige algún súbito accidente:

Tal los nobles espíritus, oyendo 88
La resonante trompa que los llama,
Reconocido el belicoso estruendo,
Al cielo suben como ardiente llama;
Y lo que estaba cada cual haciendo
Deja a la voz que en guerra los inflama,
Y acuden a Miguel, y él los compone
A la batalla justa que dispone.

Aquellos cortesanos celestiales,
Y de otra suerte ilustres caballeros,
No se visten de cuerpos materiales,
Ni son, cuando los forman, verdaderos:
Mas hácenlos algunas veces tales,
De los aires más puros y sinceros,
Que asombran o regalan variamente,
Según es a su efecto conveniente.[36]

Ahora, pues, que al mundo miserable
Batalla pronostican espantosa,
Todos de la materia más durable
Fingen cuerpos con arte milagrosa;[37]
Y aspecto les infunden admirable
Envuelto en cierta luz maravillosa,
Que deslumbra mirada, y estremece
La vista y corazón a quien se ofrece.

Y por vestirse de armas importantes
A su justa venganza y digna guerra,
A las atarazanas rutilantes
Van, do el celo de Dios armas encierra:[38]
Arneses allí lucen de diamantes,
Que no crió jamás ni vio la tierra:
Y escudos cuelgan de otro acero fino,
Que para sí forjó el poder divino.

Allí penachos tremolando al viento, 92
Que bravo sopla y espantable suena,
Penden, y el sonador hueco instrumento
Que el aire con horrible voz atruena;
Allí el valor está y el ardimiento,
El mal de culpa no, mas el de pena,
Aunque la permisión también se halla
Bien, con que al pertinaz da Dios batalla.

Y allí se ven las armas ofensivas
Que esgrimió la justicia soberana
Cuando excelsa holló frentes altivas
De fin perverso y pretensión profana;
Y las armas no menos defensivas
De que el humilde con razón se ufana,
Que en amparo vibró de los pequeños
La que deshace justa indignos ceños.

Y allí el tremendo y hórrido tridente[39]
Que tuvo al mundo en lluvias anegado,
Del rico y grande techo está pendiente,
Bravo instrumento del furor sagrado;
Allí de fuego vivo el rayo ardiente,
Que otros mil escupió, jamás cansado,
Contra la torre de Nembrot superba,
Agudo y coruscante se conserva.

Allí viven las llamas vengadoras
Que las torpes ciudades abrasaron,
Y las plagas de Egipto triunfadoras
Que horror y asombro y confusión causaron;
Y allí las tempestades tronadoras
Que a Jonás en el piélago lanzaron,
Y los carros de fuego que ceñían
Los montes, y a Elíseo defendían.

Y allí los instrumentos invisibles 96
Que arman guerras, infunden pestilencias,
Y sacuden con ímpetus sensibles
Las asombradas pérfidas conciencias;
Y al fin, todas las armas invencibles
Que imperios, majestades y potencias
Han deshecho, se ven allí colgadas
Y al intento de Dios aparejadas.

Allí, pues, se vistieron de lucidas
Armas todos los ángeles dichosos,
Y para el grande hecho apercibidas
Manos llevaron y hombros poderosos:
Aquéllas con espadas encendidas,
Y aquéstos con arneses luminosos;
Y en nueve ilustres órdenes compuestos,
Más que gallardos van, pero modestos.

Suenan tambores, vuelan estandartes
Por el campo del cielo cristalino;
Marchan cual sacros verdaderos Martes
Por el de estrellas celestial camino:
Gimen los polos, tiemblan en mil partes
Los orbes santos, y los más vecinos
Elementos al grande peso tremen,
Y los infiernos nuevo espanto temen.

Los ángeles llegan hasta el Padre

Llegan a Dios, que en trono venerable
De majestad inmensa está sentado,
Y la misericordia favorable
Al mundo tiene a su derecho lado,
Y al siniestro la excelsa y formidable
Justicia con su estoque desvainado,
Y ambas en pie, haciendo reverencia
A las personas tres en una esencia.[40]

Todos, pues, los magníficos guerreros
Al soberano Padre se humillaron,
Y a su trono postrados los aceros,
Devotos las cabezas inclinaron;
Y Miguel, capitán de los primeros,
Que "Quién es como Dios" apellidaron,
Una rodilla sola, a fuer de guerra,
En el cielo hincó, si no en la tierra.

Estaba del robusto arnés ceñido
Con que a Luzbel ganó la gran victoria,
Y de la espada con que al ángel vido[41]
El rey David postrar su vanagloria,[42]
La misma que al soberbio y fementido
Senaquerib[43] por su maldad notoria
Asombró, degollando de sus gentes
Ciento y ochenta y cinco mil valientes.

Y en el escudo de inmortal diamante
Que muchos reinos defender podía,
Sutilmente, así mismo semejante,
Él mismo dibujado parecía;
Y a sus pies aquel fiero y arrogante
Que ángel fue, y es dragón, preso tenía,
Que en un joven hermoso comenzaba
Su imagen, y en serpiente se acababa.[44]

Miguel solicita autorización al Padre para defender a Jesús

Desta manera, pues, dijo humillado:[45]
"Padre y Señor, tu Hijo verdadero,
Si bien cual hombre, está crucificado
Por hombres, como ves, en un madero;
Y el cielo, en noble ardor desto abrasado,
Pretende castigar hecho tan fiero
Si tú le das licencia; y así viene
A ti, y las armas en la mano tiene.

"Danósla, pues, Señor, y el impío mundo 104
Sacrílego a su Dios acabaremos,
O sacando las aguas del profundo,
Que ahoguen, como ciñen sus extremos,
O ardiendo en fuego vivo el suelo inmundo
Que huellan los atroces y blasfemos,
O sacudiendo con furor la tierra,
O haciéndoles en cuerpos mortal guerra."

Responde la Justicia

Dijo, esperó; y al punto la Justicia,[46]
Provocada por Dios, habló celosa:
"Por la primera original malicia
Muerte mereció el mundo rigurosa,
Y tuvo, en fin, a tu bondad propicia
Y a tu misericordia generosa,
Y no se aprovechó perverso, tanto,
Que en lluvias le anegaste y en espanto;[47]

"Mas ocho conservándole almas puras
Que sus grandes ruinas restaurasen,
Y con el arco, tu señal, seguras
De otras lluvias, las tierras habitasen;[48]
Las que destas nacieron gentes duras,
Antes que tu palabra y fe faltasen,
Torre fundaron empinada y fuerte
Do librarse pudiesen de agua y muerte.[49]

"Derribaste su torre, y esparcidas
Por varias partes de la tierra, esentas,
Y en diferentes lenguas divididas,
A falsos dioses han estado atentas:
De sus raíces con verdad podridas,
Que, por ser tú quien eres, alimentas,
Sacaste un Abraham, excelso padre[50]
De éstos, y a Sara, ilustre y santa madre.

"Hicístelos tu pueblo, y no por eso 108
Te obedecieron como pueblo justo;
Dísteles santa ley con pacto expreso,
Y siguieron, dejándola, su gusto:[51]
Para cerrar del todo su proceso
A tu Hijo enviaste, Rey augusto,
Que les hiciese bien, y está en un palo.
¿Puede ser ya más que esto el mundo malo?

"Con razón pide tu justicia santa,
Y suplica Miguel que a más no aguardes:
Su orgullo rinde, su furor quebranta;
Pues ellos lo merecen, tú no tardes:
Tu ejército animoso se adelanta,
De su celo y virtud haciendo alardes;
Déjale, ¡oh grande Dios!, que los castigue
O a conocer su culpa los obligue."

Responde la Misericordia

Dijo; y la Misericordia blandamente
Y en breve comenzó, por Dios mandada:[52]
"Todo aquello es verdad, Padre clemente;
Con razón tu justicia está irritada;
Pero también está con la presente
Ofrenda de tu Hijo, bien pagada;
Que si el mundo en su muerte culpas hace,
Él más que peca el mundo satisface.

"Y así debe quedarse el mundo entero;
Porque si el hombre al Hombre Dios da muerte,
El Hombre Dios, muriendo en un madero
Por sus culpas, te paga desta suerte;
Y más que te desplace el acto fiero
Del matador, te agrada el acto fuerte
De tu Hijo en perder manso la vida
Por el hombre, su siervo y su homicida."

Responde el Padre

Habló; y el Padre, en la justicia recto, 112
Y en la misericordia siempre amable,
Dijo a Miguel: "Vuestro celoso afecto
Y muestra, ¡oh capitán!, me es agradable;
Mas el que pretendéis último efecto
No ha sido a mi bondad tan aceptable,
Porque impide a mi sabia providencia
Esta unión de justicia y de clemencia.

"Es gran justicia demandar terrible
Por infinita culpa inmensa paga;
Pero es clemencia igual dar apacible
Al Hijo, que por ella satisfaga;
Y aquesta unión reluce convenible,
En que él llagado esté por quien le llaga,
Y yo le dé piadoso, y justiciero
Le permita que muera en un madero.

Mandato del Padre a Miguel y los ángeles

"Mas sepa el mundo que mi Verbo santo,
Su Hacedor, está en la cruz muriendo,
Y sépalo con justo y nuevo espanto,
Grandes prodigios de su horror sintiendo."[53]
Dijo a Miguel el padre sacrosanto,
Y abrió su hondo pecho así diciendo:
Y lo que le mandó le mostró él mismo
En sí, de bien perfecto inmenso abismo.

Miguel y sus ángeles se dirigen cumplir las órdenes del Padre

Y el capitán, obedeciendo, al punto
Desbarató su ejército glorioso,
Que estaba de diversas partes junto,
Y despachólo a todas cuidadoso:
Unos se hallaron en Salén a punto
Para la muerte del Señor piadoso,
Y en el mar otros, y otros en la tierra
Para hacerle justa y blanda guerra.

Prodigios realizados por los ángeles

Estaba el sol entonces coronado 116
De largas puntas de diamantes finos,
Y en medio de su curso levantado,
Los montes abrasaba palestinos:
Miguel, viendo a su Dios crucificado,
Desnudo ante los bárbaros indinos,[54]
Con hidalga vergüenza y noble celo
Bajó del cielo empíreo al cuarto cielo.

Y a los fuertes caballos rutilantes,
Que echaban fuego por las bocas de oro,
Las ruedas volteando coruscantes
Que dan al mundo nuevo el gran tesoro,
Los encendidos frenos radiantes,
Sin guardar al planeta más decoro,
Asió con la una mano valerosa,
Y con otra la máquina espantosa.

Y el carro así parado, alzó los ojos
Al sol, que con mil ojos le miraba,
Y fulminando por la vista enojos,
El fin de sus intentos aguardaba:
Abriendo, pues, Miguel sus labios rojos,
Con voz le dijo resonante y brava,
Increpando al planeta excelsamente
Porque daba su luz resplandeciente:

Miguel le habla al Sol

"¿Es posible, inmortal noble criatura,
Que miras a tu Dios en cruz desnudo,
Y ofreces luz a aquella gente dura
Que sin miedo en la cruz ponerlo pudo?
Cubre tu clara faz de noche oscura,
Con razón fiero y con verdad sañudo:
Desate el mundo así sus gruesas nieblas,
Y a su criador conozca en tus tinieblas."[55]

El Sol se oculta avergonzado

Dijo; y el sol, avergonzado luego,
Sus rayos en sí propio recogidos,
Negó su bella lumbre al mundo ciego,
Por dejar a los hombres confundidos:
Espantóse el romano, admiró al griego,
Ambos en esta ciencia esclarecidos,
Ver un eclipse tal; y el crudo hebreo
Se quedó pertinaz en su deseo.[56]

¡Oh Dios! Cuando tu luz no resplandece,
Ni la luz sirve, ni aprovecha el día
Para que el hombre ciego no tropiece
Y ciego se despeñe en su porfía;
Ni el quitarle la luz más luz le ofrece:
Que quien bañado en luz la luz no vía,[57]
¿Qué hará en las tinieblas sumergido?
Dormir en noche oscura y torpe olvido.

Miguel y sus ángeles se enfrentan a Lucifer

Bajó Miguel después triste al Calvario
Con su escuadrón de ardientes serafines,
Do temblaba Luzbel, su gran contrario,
Con otro que lo fue de querubines;
Y estuvo allí asistiendo al santuario
De Dios con sus trompetas y clarines,
Tambores destemplados y banderas,
Y otros mil instrumentos y armas fieras.

Octavas 123-135
Agonía final y muerte de Jesús

Mientras esto pasaba, el Rey sagrado,
Ardiendo el corazón, secas las venas,
Y por las cuatro llagas desangrado,
Fuentes de nuestra gloria y de sus penas;
Con sed del cuerpo y almas abrasado,

Tiene sed y le ofrecen vinagre

Pero con luces claras y serenas,
"Sed tengo," dijo; y con feroz denuedo
Uno a beber le dio vinagre acedo.[58]

¡Esponja de vinagre a Dios, que muere, 124
Y muriendo la pide! ¡Oh tigre ircano!
¿Agua le niega a Dios (cuando la quiere,
Y su sangre le da) el linaje humano?
Mas ¿qué mucho, si él mismo así le hiere
Los pies y el pecho y una y otra mano?
¡Oh Dios por todas partes afligido
Por el hombre, y por él de amor herido!

Habiendo, pues, probado el rey eterno
La esponja de vinagre, dijo al punto,
Y díjolo con paz y gozo interno,
Por haber ya venido al postrer punto:
"Acabóse." Y con rostro humilde y tierno,
Grave en aspecto y en color difunto,
Mirando al cielo y a su Padre santo,
Quiso dar fin a su divino canto.

Mas como al padre en cuyo ser consiste
El bien de su familia generosa,
Cuando él se muere, con cuidado asiste
Ella junta a su muerte dolorosa;
Y atenta mira, y considera triste;
Pendiente de su faz y temerosa
De su fin, a sus nuevos movimientos
Y a sus más delicados sentimientos;

O cual sucede cuando en noche oscura
Algún cometa infausto se aparece
Con fiero aspecto y hórrida figura,
Que más terrible por instantes crece;
Espantada la gente y mal segura
Del daño que futuro resplandece
En su cola y su crin, quedar suspensa
De su casi amenaza y furia inmensa:

Tal a su Padre Dios, que ya quería, 128
No en lecho, en cruz morir, notando estaba
El asombrado mundo, que le vía[59]
Los varios sentimientos que mostraba;
Y un grande y nunca visto mal temía
Del prodigio espantoso que miraba,
Su muerte recelando, desta suerte,
En la que a Dios se daba horrible muerte.

Pues los gloriosos ángeles atentos
Y de la boca de su Dios colgados,
Sus alas desplegaban a los vientos,
Más en horror que en ellas elevados:
Los demonios, con rostros macilentos
Y con ojos y pechos asombrados,
Dudosos aguardaban y encogidos,

Callando en sí, de miedo, sus gemidos.
La tierra, que a los fieros insolentes
Sustentaba, sudando al grave peso
Y gimiendo con ansias vehementes,
Comprimida esperaba el gran suceso:
Mudó el mar sus menguantes y crecientes
Soberbias, detenidas al exceso
Singular del espanto jamás visto;
Servía con un sordo pasmo a Cristo.

Los cuatro vientos en sus hondas cuevas,
Como apretada esponja en fuerte mano,
Pedían oprimidos fuerzas nuevas,
Dejando sin su aliento el verde llano;
Y el fuego helado daba ilustres pruebas
De temor y obediencia al Dios humano,
Y el sol, sin luz mirándose, temía
Que, en muriendo su Dios, él moriría:

La Muerte llega hasta Jesús

Cuando llegó la muerte, de sagrada[60] 132
Estola revestida y de admirable
Y santo resplandor y luz bañada,
Y al mismo Dios, con ser quien es, amable,
Pero humilde, llegó y arrodillada,
Y pidiendo a la vida inconmutable
Licencia para entrar; y recibida,
Al Hombre Dios entró y quitó la vida.

Y así murió diciendo: "¡Oh Padre mío!
En tus manos mi espíritu encomiendo."
Y con tan grande fuerza y tanto brío,
Voz tan alta y gemido tan tremendo,
Que mostró bien su eterno señorío
Sobre la propia muerte así muriendo;
Y el alma despidió y dejó suave
La cabeza inclinada al pecho grave.[61]

Cual repentino y espantoso trueno
Toca el oído, y hiere juntamente
La vista perspicaz de lleno en lleno,
Y aún antes, el relámpago luciente,
Y abrasa la cabeza y arde el seno
Del hombre al mismo punto el rayo ardiente,
Sin que prevenga el último desmayo
Que el trueno da, el relámpago y el rayo:

Tal de Cristo la voz maravillllosa
Cual trueno, y cual relámpago su vista,
Y como rayo el alma poderosa,
Sin encontrar poder que le resista,
Hiere de la canalla pavorosa,
E hiriéndola acaba la conquista,
Oídos, ojos y cabeza y seno,
Gran rayo, gran relámpago y gran trueno.

Octavas 136-151 Acciones de Miguel y los ángeles

Miguel y su ejército celestial hacen huir a Lucifer y su escuadrón infernal

Y Lucifer, volviendo las espaldas, 136
Huye con sus vencidos escuadrones:
Y va Miguel pisándole las faldas
Con parte de sus ínclitas legiones:
Éstos ya van ceñidos de guirnaldas,
Y tremolando alegres sus pendones;
Y esótros, los cabellos erizados,
Cobardes, confundidos y asombrados.

Cual las nocturnas aves más pequeñas,
En chupar dulce sangre detenidas,
En viendo del aurora las risueñas
Sienes en blanca y pura luz teñidas,
El aire dejan y a las rotas peñas
Acuden, deslumbradas y corridas
Quizá de verse, procurando, oscuras,
Do esconderse agujeros y roturas;

Así huyen aquellos infernales
Espíritus con miedo, recelando
Del sacro sol los rayos celestiales,
Y su infelice oscuridad buscando;
Y tras ellos Miguel, con inmortales
Fuerzas y su bendito y noble bando,
Siguen su alcance bravos y ligeros
A fuer de victoriosos caballeros.

Y blandiendo una gruesa y dura lanza
De dos hierros que limpios centellean,
Muestra el ángel gallardo su pujanza
En los que pertinaces aún bravean;
Y como a los soberbios más venganza
Es decirles quién son, porque se vean
Les va diciendo: "Caminad, mezquinos,
Al caos, de aficionar el aire indinos.[62]

"Id confusos, bramando, al fuego eterno,
A donde os despeñó vuestra malicia;
Y muriendo, vivid en el Infierno,
Verdugos fieros de la gran justicia;
Que ya en la Cruz perdistes el gobierno
Del mundo; ya la intrépida milicia
Del Dios crucificado os abandona,
Y él os juzga, os condena y aprisiona.

"Ni en Delfos engañéis al mundo ciego,
Ni oráculos finjáis en otra parte,
Ni al romano ambicioso y fácil griego
Representéis a Júpiter o Marte:
Allá, malditos, entre hielo y fuego,
Asombro y noche, vuestra sed se harte,
Vuestra insaciable sed de mal ajeno;
Allá bebed y allá escupid veneno."

Hablando así Miguel, acompañaba
Al ánima de Cristo al Verbo unida
Con una tropa de su gente brava,
Para grandes hazañas escogida;
Y otra, que cerca de la cruz estaba,
La dejó en el Calvario entretenida,
Porque con pompa funeral y espanto
Invisible sirviese al cuerpo santo.

Los ángeles también que en tierra y cielo
Aire y mar esperaban obedientes,
En muriendo su Dios, con vivo celo
Efectos mil hicieron diferentes:[63]
Uno del templo antiguo el sacro velo
Presto rompió con fuerzas vehementes
En dos partes, de arriba hasta abajo,
Con sentimiento más que con trabajo.[64]

Y por la fortaleza valerosa 144
Y virtud de los otros admirable,
Se estremeció la tierra temerosa,
Palpitando con ímpetu espantable;
Y el mar pasó la raya rigurosa
Que Dios le puso, y bravo y formidable,
Con los bramidos atronaba el cielo,
Y con las ondas azotaba el suelo.

Los ángeles realizan fenómenos naturales para anunciar la Muerte de Jesús

Los vientos de sus cóncavos y oscuros
Calabozos rugiendo se arrojaron,
Y levantados torres y altos muros
Y enhiestos graves montes derribaron:
Unos con otros los peñascos duros,
Y las menudas piedras se encontraron,
Y a golpes sacudidas se partieron:
Tanto la muerte de su Dios sintieron.

Y los archivos con verdad fieles,
Que guardan en depósito a los muertos,
Sin ser a sus tesoros infieles,
Se mostraron al caso atroz abiertos;
Y el capitán de aquellos cien crueles
Que cercaban la cruz, y otros, despiertos
De su sueño mortal, con voz doliente
A Dios glorificaban claramente.

Las almas reconocen la inocencia y la divinidad de Jesús

"Él era justo, Hijo de Dios era,"
Aclamaban en lágrimas deshechos.
"¡Oh! ¿Quién usó con él maldad tan fiera?"
Proseguían, hiriéndose los pechos;
Y otros a la ciudad más que severa,
De los terribles a matanzas hechos
De profetas y santos, se volvían,
Y las mismas palabras repetían.

Seguid, seguid los míseros lamentos; 148
Alzad, alzad las penitentes voces;
Que aún no se han declarado los intentos
De Dios contra esos ánimos feroces:
Tiempo vendrá cuando veréis portentos
Que os amenacen, pérfidos atroces,
Y se cumplan horribles y estupendos,
Si no con tantos ímpetus y estruendos.

Mas ¡oh tú, pecador!, ves aquí, ¡oh triste!,
Muerto a tu Dios por ti y en cruz difunto,
Y mira que tú mismo le pusiste
Con tus pecados en tan recio punto:
Haz penitencia desto que hiciste,
Pues todo el universo armado y junto
Ponerlo no pudiera en cruz clavado,

Sino él de amor, y tú de culpa armado.
Murió Dios; pero tú, gentil, advierte
Que en la naturaleza inaccesible
De Dios no padeció la cruda muerte
Y viles penas; que eso no es posible:
Sufrió la cruz y agravios manso y fuerte
En la carne que a sí juntó, pasible,
Y por ser hombre y Dios ya una persona,
De Dios lo que del hombre se pregona.

En un peral está manzano injerto;
Como peral, produce fértil peras,
Y cual fértil manzano, está cubierto
Y lleno de manzanas verdaderas:
Vive Dios como Dios, y en la cruz muerto
Cual hombre está, porque a tus culpas mueras
Tú, que le ves; y Dios muere afligido,
Por ser Dios Hombre a cuerpo y alma unido.

Octavas 152-173
Descendimiento y sepultura de Jesús

Estaba, pues, así cuando llegaron, 152
Y a los ladrones que con él estaban
Los verdugos las piernas les quebraron,
Porque los sacerdotes lo mandaban;
Y a Cristo para el mismo fin miraron,

Los soldados llegan a romperle las piernas a los crucificados

Y al tiempo que los crudos le miraban
Vieron que ya era muerto; mas hicieron
Otra crueldad mayor que la que vieron.[65]

Longinos penetra el costado de Jesús con su lanza

A Longinos, en cuyo seno duro
La impiedad se quedó depositada,
Ordenaron que al pecho santo y puro
Diese con mano fiera una lanzada:
Dióla y rompió con ella el sacro muro
Que el alma excelsa tuvo en sí guardada,
Y el costado le abrió, fuente de vida,
Y agua y sangre salió por la herida.

Y los siete divinos sacramentos[66]
Della manaron, celestial tesoro,
Y de la gracia nobles instrumentos
Que hoy a la Iglesia dan fuerza y decoro,
Pues ¡oh hartura de ánimos sedientos!
Llaga y fuente de gloria, yo te adoro,
Te bendigo y te alabo: éstame abierta
Siempre, de Dios y el bien camino y puerta.

José de Arimatea solicita permiso para tomar el cuerpo de Jesús

Al fin, siendo ya tarde, un caballero,[67]
José llamado, que al Señor seguía,
A Pilato con ánimo sincero
Entró y con singular y alta osadía;
Y el cuerpo del mansísimo Cordero
Que, muerto, el mundo como Dios regía,
Le pidió; y preguntando si era muerto,
Lo concedió, sabiéndolo de cierto.

Fue José con aquésto al gran Calvario, 156
Donde halló a la Virgen Soberana
Y a sus devotos junto al relicario
Que encierra al mismo Dios en carne humana:
Llegó y apercibió lo necesario
Ya con ternura y caridad cristiana,
Cuando vino el gravísimo maestro
En ciencia claro, en enseñarla diestro;

José y Nicodemo descienden a Jesús de la Cruz

Nicodemus,[68] que cien libras preciosas
De mirra y áloes trajo consigo,
Y adorando primero las piadosas
Llagas del buen señor y dulce amigo,
Con pecho humilde y manos religiosas,
Y tierno llanto, de su amor testigo,
De la cruz alta a Cristo descendieron,
Y en lugar conveniente le pusieron.

La Virgen les pide que la dejen abrazar a su Hijo

La Madre, que vio cerca al Hijo amado,
Con lágrimas, con vista y con razones
Pidió que antes de verlo sepultado
Le dejasen gozar de sus pasiones:
Gozo con llanto y con dolor mezclado,
Pero debido a tristes corazones,
Que más se quietan cuando más se cansan,
Y su mismo dolor creciendo amansan.

Los dos varones dársele temían,
Y también de quitársele dudaban:
Su vehemente pena conocían,
Y por no la aumentar no se le daban;
Y la razón por otra parte vían[69]
De más dolor, si al fin se le quitaban:
Venció, pues, la razón, como era justo,
Y este le concedieron triste gusto.

Imagen de La Piedad: Jesús en los brazos de su Madre

Y ya en su virginal regazo puesto,[70]
Comenzó a remirar el cuerpo santo
Con ojos graves y ánimo compuesto,
Pero con digno y valeroso espanto;
Y el bello contempló rostro modesto
Con tanta ofensa y con desprecio tanto
Herido, y parecía que en su cara
Se transfundía aquella ofensa rara.

La Virgen contempla el cadáver de su Hijo

Y viendo la corona, sus espinas
Le iban el corazón atravesando,
Y aquellas luces, de respeto dinas,[71]
Le abrasaban su injuria contemplando:
Los corales y perlas peregrinas
De boca y labios, su beldad notando
Antigua y ya su pálida tristeza,
También le marchitaban su belleza.

Consideraba aquellos lindos brazos,
Y allí se le ahogaba el alma entre ellos,
Si bien le fueron siempre amigos lazos,
Prisiones dulces y collares bellos:
Ceñíalos con tiernos mil abrazos,
Mas el retorno le faltaba dellos;
Y esta visible mortandad penosa
Le eleva sangre y alma y faz hermosa.

A las manos llegaba, y con sus manos
Tocaba las heridas blandamente,
Y sin sentir los hierros inhumanos,
Otro dolor sentía vehemente:
Miraba aquellos miembros soberanos
Del cuerpo más que el sol resplandeciente
Y le quedaban los distintos huesos
Y azotes crudos en el alma impresos.

Vino al fin a la llaga del costado, 164
A la preciosa llaga descubierta,
Para mirar el corazón sagrado
Como por ancha y venerable puerta:
Viólo y dejólo en lágrimas bañado,
Y otra llaga en el suyo vido abierta;
Llaga espiritual y llaga viva,
De la llaga del muerto compasiva.

Así la gran pasión del santo Hijo
Con agudo buril de tierno afeto[72]
Y obra cansada de dolor prolijo
En su amor esculpió y en su conceto;[73]
Y estas razones generosas dijo,
De alma tan fuerte digno y sabio efeto:[74]
"¡Que ame Dios tanto al hombre, que le ofrezca
Su mismo Hijo que por él padezca!

"Y ¡que llegue a tal punto la malicia
Del hombre, que a su Dios así atormente;
Y que pida esta pena la justicia;
De Dios en el fiador y el inocente!
Y ¡que vuestra piedad fue tan propicia
Al hombre, ¡oh Hijo!, que de cruz pendiente
Muriésedes por él y dél maldito!
Alábeos cielo y tierra, ¡oh Dios bendito!"

Magdalena besa nuevamente los pies de Jesús

Esto decía, pero más pensaba;
Y la triste y hermosa Magdalena,
Que los pies del Señor besando estaba,
Así le dijo, de congoja llena:
"En éstos, ¡oh Maestro!, yo arrojaba
Mi bien, mi mal y mi consuelo y pena,
Y mi mal en mi bien se convertía,
Y mi pena en consuelo y alegría.

"En estos pies mi vida pecadora 168
Dejé resucitada a vida nueva;
En éstos, que mi alma triste adora,
Vi de vuestra bondad la mayor prueba;
En éstos, do la vida se atesora
Y do muerta la vida, se renueva,
Para mi hermano la pedí animosa,
Y la alcancé y la vi tierna y gozosa.

"De Marta en estos pies me defendistes,[75]
Y vuestra ciencia en ellos me enseñastes;
De vuestra voz colgada me tuvistes,
Y a vuestro cielo atenta me elevastes.
Mas ¡oh divinos pies!, ¿qué no hicistes
Con esta pecadora que sanastes,
Dejándola tocar con sus cabellos
Los pies de Dios y ser honrada dellos?

"¿Adónde verterán, mis pies amados,
Adónde verterán agua mis ojos?
Y ¿a qué pies mis ungüentos regalados
Daré, como vencida, por despojos?
Y ¿cuáles otros pies, de mí abrazados,
Me quitarán suaves mis enojos?
¿Qué otros pies besará mi triste boca,
Sino estos pies que con sus labios toca?"

Palabras de Juan

Juan, que miraba a su Señor atento,
Dijo: "¡Oh si el sueño en que me vi dormido,
En ese pecho ya roto y sangriento,
El sueño de la muerte hubiera sido!
No hubiera padecido el gran tormento
Que viendo a Hijo y Madre he padecido."
Dijera más: que más decir quería;
Y atajóle la noble compañía.

José y Nicodemo le piden el cuerpo de Jesús a María

José y Nicodemus, que pidiendo 172
A la piadosa Madre el Hijo santo,
Y sus miembros purísimos ungiendo,
De un blanco lo cubrieron limpio manto;
Y su pompa los ángeles siguiendo,
Y todos con devoto y mudo espanto

Lo llevan al sepulcro

Al huerto fueron donde en peña dura
Estaba de José la sepultura.

El cuerpo de Jesús es sepultado

Llegando allí con reverente aspeto,[76] 173
Manos humildes y almas temerosas,
Y lágrimas nacidas de respeto
Y compasión suaves y copiosas;
A Dios, que a muerte quiso estar sujeto,
Entre dos enterraron blancas losas;
Y cuando estos misterios acabaron,
Tristes en el sepulcro le dejaron.[77]

Fin del libro duodécimo.

Libro XII - Notas

[1] Palestina. El nombre de Palestina designa generalmente "el país bíblico por excelencia. Es una región del Oriente Medio, entre Líbano al norte, el mar Muerto al sur, el desierto de Siria al este y el Mediterráneo al oeste. En el siglo IV tras la conversión de Constantino, Palestina adquirió para los cristianos el carácter de Tierra Santa.

[2] Trión es la constelación conocida como la Osa Mayor.

[3] Helesponto. Antiguo nombre del estrecho de los Dardanelos, en Turquía, entre Europa, (península de los Balcanes) y Asia, (Anatolia) que comunica el mar Egeo y el mar de Mármara. Tiene 60 km. de longitud y de 7 km. a 1270 m. de anchura. El conjunto formado por el Bósforo y los Dardanelos se denomina los Estrechos.

[4] Atlante es el titán que se rebeló contra los dioses y fue condenado por Zeus a cargar sobre los hombros la bóveda del cielo. Es la tercera vez que el poeta lo compara con Jesús. Aparece antes en los libros III y VIII.

[5] Parnaso. En griego Parnassós, montaña de Grecia, al noreste de Delfos, de 2457 m. En la antigüedad, el Parnaso era el monte de las Musas y estaba consagrado a Apolo.

[6] En la versión de la biblia *Vulgata* aparece el término "calvario", "calvarium" y las traducciones posteriores conservan, además de esta palabra, el equivalente griego de "golgotha," Gólgota, que quiere decir "cráneo." Proviene del arameo gûlgûlta. Interpretado por los evangelistas como "topos kraniou" o "lugar del cráneo." Es el lugar de la crucifixión de Jesús. Su nombre debe provenir de su forma, que recuerda vagamente un cráneo, más que del hecho de que estuvieran enterrados allí el cráneo de Adán o de otros ajusticiados. Está situado fuera de las murallas de Jerusalén, y desde la época de Constantino se le localiza en el sitio en que se levanta actualmente la iglesia del Santo Sepulcro. El Gólgota y sus alrededores inmediatos servían de cementerio, como lo indican las tumbas judías que hasta la fecha son visibles. El emperador Adriano enterró el lugar bajo el foro de Aelia Capitolina, pero Constantino hizo desenterrarlo y edificó la iglesia mencionada.

[7] En realidad no se conoce con precisión el lugar del sacrificio de Isaac. En Génesis, Yahvé le ordena a Abraham que tome a su hijo y que se vaya al país de Moria para ofrecerlo en holocausto en el monte que le va a indicar. En el libro segundo de Crónicas (3, 1) se identifica a Moria con la colina en que se levantará el templo de Jerusalén. Aunque la tradición posterior aceptó esta localización, el texto habla de un país de Moria, cuyo nombre no aparece en ninguna otra parte.

[8] De acuerdo con la versión de Orígenes, éste es el mismo lugar donde se encuentra sepultado Adán.

[9] Tradicionalmente era el sitio donde se ejecutaban las sentencias de muerte de los criminales.

[10] El tesoro de Jesús es su palabra. El poeta ataca la idea de buscar tesoros en el Nuevo Mundo cuando son ellos los que lo traen a través de la evangelización.

[11] Invocación para el último canto.

[12] El madero es presentado como estandarte de victoria. En griego profano, el término madera tenía ya, como instrumento de suplicio, un sentido peyorativo. En todo caso, el sentido de "cruz", en el madero de la cruz, que sólo se encuentra en el Nuevo Testamento, está en relación con el uso de madera en el sentido de "horca." La cruz es incluso madero de maldición según la epístola a los Gálatas: "Cristo nos rescató de la maldición de la ley, haciéndose él mismo maldición por nosotros, pues dice la Escritura: Maldito el que cuelga de un madero." (3, 13)

[13] Nejustán, una serpiente de bronce que era objeto de culto. (2 Reyes 18, 4) El nombre propio alude a la materia del objeto, nejošet "bronce" y a su figura de serpiente, najaš. La imagen pasaba por ser la que Moisés había hecho en el desierto (Números 21, 8-9) y recibía culto idolátrico. (Sabiduría 16, 6-7)

[14] Jesús se convierte en el intercesor entre el Padre y el hombre.

[15] La muerte de Jesús traerá el vencimiento del mal.

[16] El hecho de que Jesús muere entre ladrones lo afirman los cuatro evangelistas, (Mateo 27, 38; Marcos 15, 27-28; Lucas 23, 32 y Juan 19, 18) pero también aparece escrito en las profecías de Isaías: "Por eso le daré su parte entre los grandes y con poderosos repartirá despojos, ya que indefenso se entregó a la muerte y con los rebeldes fue contado, cuando él llevó el pecado de muchos, e intercedió por los rebeldes." (53, 12)

[17] Profecía de Jeremías:

> Ahora pues, habla a los hombres de Judá y a los habitantes de Jerusalén, y diles que así ha dicho Jehovah: 'He aquí que yo produzco contra vosotros un mal, y trazo un plan contra vosotros. Vuélvase cada uno de su mal camino, y mejorad vuestros caminos y vuestras obras.' Pero ellos dirán: 'Es inútil; pues en pos de nuestras imaginaciones hemos de ir, y hemos de realizar cada uno la porfía de su malvado corazón.' Por tanto, así ha dicho Jehovah: 'Preguntad entre los pueblos quién ha oído cosa semejante. Una cosa horrible ha hecho la virgen de Israel: ¿Desaparecerá la nieve del Líbano de los peñascos de las montañas? ¿Se agotarán las aguas frías que fluyen de lejanas tierras? Pero mi pueblo se ha olvidado de mí, ofreciendo incienso a lo que es vanidad. Les hacen tropezar en sus caminos, las sendas antiguas, para andar por senderos, por un camino no preparado, convirtiendo su tierra en una desolación, en una rechifla perpetua.

> Todo el que pase por ella quedará horrorizado y moverá su cabeza. Como el viento del oriente, los esparciré delante del enemigo. Les daré las espaldas y no la cara en el día de su desastre. (Jeremías 18, 11-17)

[18] Pilato ordena poner un letrero en la cruz de Jesús. En la explicación del letrero, el poeta se ha basado principalmente en el Evangelio de Juan porque es el que proporciona mayor información al respecto. El argumento de los evangelios paralelos son en realidad idénticos. Mateo dice: "Este es Jesús, el rey de los judíos." (27, 37); mientras que Marcos afirma: "Y estaba puesta la inscripción de la causa de su condena: 'El rey de los judíos.'" (15, 26) En Lucas se lee: "Había encima de él una inscripción: 'Este es el rey de los judíos.'" (23, 38); y finalmente obsérvese el Evangelio de Juan:

> Pilato redactó también una inscripción y la puso sobre la cruz. Lo escrito era: "Jesús el Nazareno, el rey de los judíos". Esta inscripción la leyeron muchos judíos, porque el lugar donde había sido crucificado Jesús estaba cerca de la ciudad; y estaba escrita en hebreo, latín y griego. Los sumos sacerdotes de los judíos dijeron a Pilato: "No escribas: 'El rey de los judíos', sino 'Éste ha dicho: Yo soy rey de los judíos.'" Pilato respondió: "Lo que he escrito, lo he escrito." (19, 19,-22)

[19] La agonía de Jesús es el canto del cisne que muere. En el libro VI se encuentra la mención del Caistro cuando el poeta compara al ángel Gabriel con un cisne de este río. Esta referencia aparece en el canto II de *La Ilíada*. El contraste que destaca aquí es que mientras Gabriel representa la belleza del cisne, en Jesús se alude al dolor transmitido en el canto del ave que agoniza.

[20] La agonía sufrida por Jesús se narra en el Evangelio a través de la secuencia conocida con el nombre de "Las siete palabras." El orden que se sigue en el poema es diferente al que aparece en los evangelios. La secuencia evangélica es:

1. "Por qué me has abandonado" (Marcos 15, 34b)
2. "Perdónalos" (Lucas 23, 34)
3. "He aquí a tu hijo" (Juan 19, 26-27)
4. "Conmigo en el paraíso" (Lucas 23, 43)
5. "Tengo sed" (Juan 19, 28 y Salmo 69, 22)
6. "Encomiendo mi espíritu" (Lucas 23, 46)
7. "Todo se ha cumplido" (Juan 19, 30)

[21] benina = benigna

[22] vía = veía

[23] La incredulidad de la gente aparece en los evangelios paralelos. Según el Evangelio de Mateo:

> Los que pasaban por allí le insultaban, meneando la cabeza y diciendo: "Tú que destruyes el Santuario y en tres días lo levantas, ¡sálvate a ti mismo, si eres

hijo de Dios, y baja de la cruz!" Igualmente los sumos sacerdotes junto con los escribas y los ancianos se burlaban de él diciendo: "A otros salvó y a sí mismo no puede salvarse. Rey de Israel es: que baje ahora de la cruz, y creeremos en él. Ha puesto su confianza en Dios; que le salve ahora, si es que de verdad les quiere; ya que dijo: 'Soy hijo de Dios.'" (27, 39-43)

[24] Son las palabras de Jesús que ruega por el perdón de su pueblo: "Jesús decía: 'Padre, perdónalos, porque no saben lo que hacen.'" (Lucas 23, 34) Estas palabras de Jesús recuerdan a Isaías (53, 12) e idéntica apreciación de las causas de su muerte reaparece en Hechos (3, 17; 13, 27); 1Corintios (2, 8.) El mártir Esteban orará con el mismo espíritu según se narra en Hechos (7, 60) siguiendo el ejemplo legado por Jesús a todos sus discípulos.

[25] perfetos = perfectos

[26] La profecía de David es:

Ellos me miran y remiran,
reparten entre sí mi ropa
y se echan a suertes mi túnica. (Salmo 22, 19)

Las versiones de los evangelios son: "Una vez que le crucificaron, se repartieron sus vestidos, echando a suertes." (Mateo 27, 35); "Le crucifican y se reparten sus vestidos, echando a suertes a ver qué se llevaba cada uno." (Marcos 15, 24); "Se repartieron sus vestidos, echando suertes." (Lucas 23, 34b) y:

> Los soldados, después que crucificaron a Jesús, tomaron sus vestidos, con los que hicieron cuatro lotes, un lote para cada soldado, y la túnica. La túnica era sin costura, tejida de una pieza de arriba abajo. Por eso se dijeron: 'No la rompamos; sino echemos suertes a ver a quién le toca.' Para que se cumpliera la Escritura:
> Se han repartido mis vestidos,
> han echado a suertes mi túnica.
> Y esto es lo que hicieron los soldados. (Juan 19, 23-24)

Es posible además que en la alusión a la túnica de Jesús se haga una referencia al sacerdocio de Cristo en la cruz, ya que la vestidura del sumo sacerdote no debía tener costura.

[27] El mal ladrón interpela a Jesús como "Cristo" mientras que el buen ladrón lo reconoce como "Rey." Éstos son los dos títulos, religioso y político, en torno a los cuales ha girado todo el proceso de Jesús, primero ante los judíos y luego ante Pilato.

Jesús muere entre ladrones: "De la misma manera le injuriaban también los salteadores crucificados con él." (Mateo 27, 44); "Con él crucificaron a dos salteadores, uno a su derecha y otro a su izquierda." (Marcos 15, 27) "Llegados al lugar llamado Calvario, le crucificaron allí a él y a los malhechores, uno a la derecha y otro a la izquierda."

(Lucas 23, 33). Finalmente: "y allí le crucificaron y con él a otros dos, uno a cada lado, y Jesús en medio." (Juan 19, 18)

[28] El pasaje de Moisés y la zarza ardiendo se narra en el libro VI. Así como Moisés pudo ver a Dios en medio de la zarza ardiendo sin punzarle, el ladrón lo ha visto dentro de su corona ignorando que es de espinas.

[29] Existen varias leyendas en torno al número de clavos que se emplearon en la crucifixión de Jesús. En algunas versiones se maneja que fueron tres, pero hay otras que afirman el uso de cuatro o cinco. De acuerdo con la explicación de Meyer, los autores Vida, Juan Coloma, Hernández Blasco, Cabrera y Ribadeneira en el siglo XVI siguen la tradición de que fueron tres clavos. Por otro lado, la popularidad de este hecho se hace evidente en la explicación de los españoles sobre la flor de la pasión. En el proceso de evangelización, se explicaba que esta flor era una representación de la muerte de Jesús en la cruz. Según esto, los tres tipos de retoño de la flor simbolizan los tres clavos; las cinco antenas son las cinco heridas; el pistilo es el pilar en donde fue atado; los filamentos es la corona de espinas y el cáliz es la gloria que le rodea. (188)

[30] De los evangelistas, solamente Lucas hace referencia a las palabras de los ladrones:

> Uno de los malhechores colgados le insultaba: "¿No eres tú el Cristo? Pues ¡sálvate a ti y a nosotros!" Pero el otro le increpó: ¿Es que no temes a Dios, tú que sufres la misma condena? Y nosotros con razón, porque nos lo hemos merecido con nuestros hechos; en cambio éste nada malo ha hecho." Y decía: "Jesús, acuérdate de mí cuando vengas con tu Reino." Jesús le dijo: "Te aseguro que hoy estarás conmigo en el Paraíso." (23, 39-43)

[31] vía = veía

[32] Según el Evangelio de Juan:

> Junto a la cruz de Jesús estaban su madre y la hermana de su madre, María, mujer de Clopás, y María Magdalena. Jesús, viendo a su madre y junto a ella al discípulo a quien amaba, dice a su madre: "Mujer, ahí tienes a tu hijo." Luego dice al discípulo: "Ahí tienes a tu madre." Y desde aquella hora el discípulo la acogió en su casa. (19, 25-27)

[33] Interpretación del segundo versículo del Salmo 22: "¡Dios mío, Dios mío! ¿Por qué me has abandonado?"

Tanto Mateo como Marcos aluden a este pasaje. La única diferencia radica en la palabra que según ellos dijo Jesús para referirse a su Padre. El primero emplea Elí que es la forma hebrea, mientras que Marcos emplea la forma aramea, Elahí, transcrito como Elôí quizá bajo la influencia del hebrero Elohím: "Y alrededor de la hora nona clamó Jesús con fuerte voz: '¡Elí, Elí! ¿lemá sabactaní?', esto es: '¡Dios mío, Dios mío! ¿por qué me has abandonado?'" (Mateo 27, 46)

Esta queja es un grito de angustia, no de desesperación. Es una oración dirigida hacia Dios tomada de la Escritura. En el salmo le sigue la alegre seguridad del triunfo final.

[34] El ángel Miguel y sus escuadrones celestiales. Entre los oficios que la tradición cristiana otorga a San Miguel se encuentran el rescate de las almas de los poderes del mal, especialmente a la hora de la muerte y el llamado de las almas de la tierra a su juicio.

[35] En este pasaje se destaca la presteza de Miguel para reunir a su ejército celestial que entonces se encontraba esparcido en el universo, así como su iniciativa de ayudar a Jesús ya sea deteniendo o vengando la injusticia de que ha sido víctima. Mantiene una similaridad directa con el poema de Girolamo Vida, con la única diferencia de que en éste, Miguel no acude a pedir la autorización del Padre para actuar, sino que lo hace directamente. (*Christiados*, V)

[36] Las Escrituras son notablemente reticentes con respecto a la naturaleza, vida y actividades de los ángeles. Se les ve ejecutando misiones definidas, entregando mensajes, y así como aparecen, desaparecen. El único aspecto que las Escrituras parecen distinguir es precisamente su agilidad y su libertad de movimiento en el espacio. Los ángeles pueden asumir un cuerpo y éste es etéreo, por lo tanto, pueden desaparecer.

[37] Los ángeles tiene el poder de transformación según lo explica Santo Tomás. (*Suma teológica,* I)

[38] Esta descripción detallada del arsenal divino es similar en la obra de Vida. Probablemente tiene sus orígenes en Jeremías, quien dice: "El Señor ha abierto su armamento y ha traído las armas de su ira." (1, 25)

[39] El tridente de Miguel es una referencia mitológica al tridente de Neptuno con el que agitó las aguas para inundar el globo. (*Las Metamorfosis*, I)

[40] Tanto la Misericordia como la Justicia veneran a la Trinidad, es decir, al Padre, al Hijo y al Espírtu Santo.

[41] vido = vio

[42] El arnés y la espada son las dos armas de batalla de Miguel. Con el primero venció a Lucifer, y con la segunda doblegó el orgullo del rey David.

[43] Senaquerib. Rey de Asiria (704-681 a.C.) Hijo de Sargón; no era el primogénito, sino el sobreviviente de varios hermanos muertos. De las diversas campañas de Senaquerib, la más importante para la historia bíblica fue la tercera, del año 701 a.C., en el transcurso de la cual el soberano asirio puso sitio a Jerusalén.

[44] Miguel tiene a sus pies la imagen de Lucifer derrotado, el ángel caído.

[45] San Miguel le pide al Padre que lo deje destruír el sacrílego mundo con su ejército celestial para vengar la muerte de Jesús.

[46] La personificación de la Misericordia y la Justicia se deriva de las Santas Escrituras. El Salmo 85 es una oración por la paz y la justicia:

> Amor y Verdad se han dado cita,
> Justicia y Paz se besan;
> Verdad brota de la tierra,
> Justicia se asoma desde el cielo. (11,12)

Los atributos divinos personificados vienen a instaurar el reinado de Dios en la tierra y en los corazones de los hombres. La justicia divina abre el camino: es la condición de la paz y de la felicidad.

Esta magnífica escena celestial que tiene lugar en el momento en que Jesús agoniza tiene un precedente en uno de los sermones de San Bernardo. En San Bernardo el tema del debate entre la Misericordia y la Justicia también se relaciona con la redención del hombre, la interrogativa de que si Dios debe mandar a un salvador de la raza humana o debe dejarla perecer por ser descendientes de Adán.

La diferencia radica en que Hojeda retoma el tema no en el momento en que Dios tiene que decidir si debe enviar al Salvador, si no en el momento en que este Salvador ya enviado está por cumplir su misión redentora.

[47] En apoyo a la petición de San Miguel, la Justicia inicia un recuento de pasajes bíblicos. Aquí se refiere al diluvio de 40 días y 40 noches aludiendo a la forma en que se debe acabar con la corrupción de la humanidad. (Génesis 7)

[48] El número de parejas que toma Noé consigo. La alianza de Yahvé con Noé tiene como señal el arco iris. (Génesis 9)

[49] Una vez que la tierra se repuebla, los descendientes de Noé edifican la torre de Babel, símbolo de un pecado colectivo de orgullo. (Génesis 11)

[50] Abraham representa la teología de la promesa. En este nuevo patriarca se centra una doble promesa divina de descendencia y del don de la tierra.

[51] Con los mandamientos, Yahvé le da una nueva oportunidad al hombre para que siga su ley.

[52] Por su parte, la Misericordia defiende la causa de Jesús, y por eso también solicita la piedad del Padre.

[53] Ya que la destrucción del mundo y de la raza humana es contraria a los designios del Padre en el plan de la redención, a Miguel se le niega su petición de tomar venganza. Sin embargo, se le permite realizar prodigios que atemoricen a los hombres para que

reconozcan la naturaleza divina de Jesús y el pecado que han cometido contra Dios.

[54] indinos = indignos

[55] Estas tinieblas estaban anunciadas por los profetas como señales características del "Día de Yahvé"

Sucederá aquel día
-oráculo del Señor Yahvé-
que yo haré ponerse el sol a mediodía,
y en plena luz del día cubriré la tierra de tinieblas. (Amós 8, 9)

[56] Según Mateo: "Desde la hora sexta hubo oscuridad sobre toda la tierra hasta la hora nona." (27, 45) Es decir, desde el mediodía hasta las tres de la tarde. Marcos señala: "Llegada la hora sexta, hubo oscuridad sobre toda la tierra hasta la hora nona. (15, 33) Y finalmente, Lucas refiere que "Era ya cerca de la hora sexta cuando se oscureció el sol y toda la tierra quedó en tinieblas hasta la hora nona. (23, 44)

[57] vía = veía

[58] El poema sigue más la versión del Evangelio de Juan. Es el único evangelista que alude a la sed de Jesús. A diferencia de los otros tres en los que la esponja de vinagre aparece inmediatamente después de que Jesús manifiesta sentirse abandonado por el Padre: "Y enseguida uno de ellos fue corriendo a tomar una esponja, la empapó en vinagre y, sujetándola a una caña, le ofrecía de beber." (Mateo 27, 48); "Entonces uno fue corriendo a empapar una esponja en vinagre y, sujetándola a una caña, le ofrecía de beber, diciendo: "Dejad, vamos a ver si viene Elías a descolgarle."" (Marcos 15, 36); "También los soldados se burlaban de él y, acercándose, le ofrecían vinagre y le decían: "Si tú eres el rey de los judíos, ¡sálvate!" (Lucas 23. 36-37)

En la versión de Juan tenemos:

> Después de esto, sabiendo Jesús que ya todo estaba cumplido, para que se cumpliera la Escritura, dice:
> "Tengo sed."
> Había allí una vasija llena de vinagre. Sujetaron a una rama de hisopo una esponja empapada en vinagre y se la acercaron a la boca. (19, 28-29)

También es posible hacer una correlación con uno de los salmos:

Me han echado veneno en la comida,
Han apagado mi sed con vinagre. (69, 22)

[59] vía = veía

[60] La alegoría de la muerte como tema literario se menciona en el Libro I, cuando la

Muerte se le presenta a Jesús en el huerto. El hecho de que la Muerte le pida permiso al mismo Jesús para entrar a su cuerpo es una señal más de la divinidad de Jesús.

[61] La referencia al grito la hacen los tres primeros evangelios, mientras que la inclinación de cabeza sólo es señalada por Juan: "Pero Jesús, dando de nuevo un fuerte grito, exhaló el espíritu" (Mateo 27, 50) "Pero Jesús lanzando un fuerte grito, expiró." (Marcos 15, 37) "Y Jesús, dando un fuerte grito, dijo: 'Padre, en tus manos pongo mi espíritu.' Y, dicho esto, expiró. (Lucas 23, 46) Por último: "Cuando tomó Jesús el vinagre, dijo: 'Todo está cumplido'. E inclinando la cabeza entregó el espíritu." (Juan 19, 30)

Juan hace hincapié en el cumplimiento de la obra del Padre, tal como estaba anunciada en la Escritura, y si no refiere el grito de abandono, es seguramente porque ha querido retener la serena majestad de esta muerte.

[62] indinos = indignos

[63] El rompimiento del velo en el templo, el terremoto, el maremoto y los efectos destructivos del viento fueron hechos por la intervención de los ángeles. Hojeda sigue la idea de Santo Tomás del poder angelical sobre el aspecto corporal o material del universo. (*Suma teológica,* I)

Se describen varios de estos fenómenos en los evangelios paralelos: Mateo (27, 51-54); Marcos (15, 38-39) y Lucas (24, 47). Juan no los menciona.

[64] En el templo de Jerusalén había dos cortinas principales, una delante de los santos y la otra a la entrada del templo. Algunos exegetas identifican el velo del templo que según los evangelios se rasgó al morir Jesús, con el velo interior, porque en este caso se trataría de un signo de desecración. Otros optan por el velo exterior porque la ruptura resultaba mucho más evidente al público. En Hebreos, el velo interior es el que interviene en el simbolismo del templo para expresar la entrada de Cristo como "precursor" en el santuario de los cielos. (9, 3)

[65] A los condenados se les quebraban las piernas para acelerar la muerte. Según el Evangelio de Juan:

Fueron, pues, los soldados y quebraron las perinas del primero y del otro crucificado con él. Peo al llegar a Jesús, como lo vieron ya muerto, no le quebraron las piernas, sino que uno de los soldados le atravesó el costado con una lanza y al instante salió sangre y agua. (Juan 19, 32-34)

La versión salmista es:

> Muchas son las desgracias del justo,
> Pero de todas le libra Yahvé;
> Cuida de todos sus huesos,
> Ni uno sólo se romperá. (34, 20-21)

[66] En la religión católica los siete divinos sacramentos son:

1. Bautismo
2. Confirmación
3. Reconciliación
4. Eucaristía
5. Unción de los enfermos
6. Orden sagrado (sacerdotal)
7. Matrimonio.

Al traspasarle el costado, lo que mana de Jesús es agua y sangre, según el evangelista Juan. La interpretación que se da es que la sangre atestigua la realidad del sacrificio del cordero ofrecido por la salvación del mundo, y el agua, símbolo del Espíritu, atestigua su fecundidad espiritual.

Muchos Padres de la Iglesia han visto en el agua el símbolo del bautismo; en la sangre, el de la Eucaristía y en estos dos sacramentos, el signo de la Iglesia. Es una nueva Eva (la Iglesia) que nace del nuevo Adán (Jesús).

Meyer afirma que la historia de Longino y la interpretación mística de la herida del costado de Jesús como la fuente de los siete sacramentos, se encuentran en San Buenaventura, Ludolphus of Saxony y Cabrera. (192)

[67] José de Arimatea es el mismo que participó en el juicio de Jesús como miembro del Sanedrín. Aparece mencionado en el libro III. Fue él quien después de la muerte de Jesús, pidió a Pilato el cuerpo de su Maestro y lo puso en su propia sepultura.

La tumba del rico también es aludida por el profeta Isaías: "y se puso su sepultura entre los malvados y con los ricos su tumba, por más que no hizo atropello ni hubo engaño en su boca." (53, 9)

[68] Nicodemo era otro de los miembros del Sanedrín. Véase su intervención en el libro III.

Según el evangelista Juan, Nicodemo ayudó a José de Arimatea a sepultar a Jesús. (19, 39) Es él quien proporciona unas cien libras de mirra y áloe para su sepultura.

[69] vían = veían

[70] El descenso corresponde a la décimo tercera estación del Vía Crucis. A pesar de la semejanza y familiaridad con la imagen de la Piedad que tradicionalmente se conoce, en el poema hay un punto particular que señala a Luis de Granada como posible fuente de Hojeda. Se trata del momento en que la Virgen María le pide a José de Arimatea y a Nicodemo que le permitan abrazar a su Hijo antes de que sea puesto en la sepultura. La duda y miedo de éstos se presentan de manera similar en ambos autores.

[71] dinas = dignas

[72] afeto = afecto

[73] conceto = concepto

[74] efeto = efecto

[75] En las versiones evangélicas: "Estaba allí María Magdalena y la otra María, sentadas frente al sepulcro." (Mateo 27, 61) "María Magdalena y María la de Joset se fijaban dónde era puesto." (Marcos 15, 47) "Las mujeres que habían venido con él desde Galilea fueron detrás y vieron el sepulcro y cómo era colocado su cuerpo." (Lucas 23, 55)

[76] aspeto = aspecto

[77] La colocación del cuerpo de Jesús en el sepulcro es la última estación del Via Crucis. De acuerdo al Evangelio de Juan: "En el lugar donde había sido crucificado había un huerto, y en el huerto, un sepulcro nuevo, en el nadie todavía había sido depositado. Allí, pues, porque era el día de la Preparación de los judíos y el sepulcro estaba cerca, pusieron a Jesús." (19, 41-42)

SUPLEMENTOS REFERENCIALES

Prólogo al *Parnaso antártico*
publicado por Diego Mexía y Fernangil, 1608

Discurso en loor de la poesía
"Clarinda"
(Fragmento)

Mas no pudo el Perú tanto tesoro
ganar, sino ganando a ti, ¡oh Sedeño!,
regalo del Parnaso y de su coro.

Ya el mundo espera que del grave ceño
de Glauca el pescador tuyo le cante,
mostrando el artificio de su dueño.

Con reverencia nombra mi discante
al licenciado Pedro de Oña: España,
pues lo conoce, templos le levante.

Espíritu gentil, doma la saña
de Arauco (pues con hierro no es posible)
con la dulzura de tu verso extraña.

La Volcánea horrífica, terrible,
y el militar elogio, y la famosa
Miscelánea, que al Inca es apacible;

la entrada de los Mojos milagrosa,
la comedia del Cuzco y Vasquirana,
tanto verso elegante y tanta prosa,

nombre te dan y gloria soberana,
Miguel Cabello, y ésta redundando
por Hesperia, Archidona queda ufana.

A ti, Juan de Salcedo Villandrando,
el mismo Apolo délfico se rinda,
a tu nombre su lira dedicando;

pues nunca sale por la cumbre Pinda
con tanto resplandor cuanto demuestras
cantando en alabanza de Clarinda.

Ojeda y Gálvez, si las plumas vuestras
no estuvieran a Cristo dedicadas,
ya de Castalia hubieran dado muestras.

Tal vez os las ponéis, y a las sagradas
regiones os llegáis tanto, que entiendo
que de algún ángel las tenéis prestadas.

El uno está a Trujillo enriqueciendo,
a Lima el otro, y ambos a Sevilla
la estáis con vuestra musa ennobleciendo.

Déme su ingenio Juan de la Portilla,
para que ensalce su fecunda vena
que temo con mi voz disminuilla.

La Antártica región que al orbe atruena,
con Potosí celebrará su nombre,
nombre que el cielo eternizarlo ordena. (tercetos 182-195)

PROFECÍAS MESIÁNICAS

Profecía	*Antiguo Testamento*	*Nuevo Testamento*
El Mesías había de ser la simiente de la mujer	Génesis 3, 15	Gálatas 4, 4
El Mesías había de ser la simiente de Abraham	Génesis 12, 3; 18, 18	Lucas 3, 34 Mateo 1, 2 Hechos 3, 25 Gálatas 3, 16
El Mesías había de ser de la tribu de Judá	Génesis 49, 10	Lucas 3, 33 Mateo 1, 2
El Mesías había de ser de la descendencia de Jacob	Números 24, 17, 19	Mateo 1, 2 Lucas 3, 34
El Mesías había de ser del linaje de David	Salmo 132, 11 Jeremías 23, 5; 33, 15 Isaías 11, 10	Mateo 1, 6 Lucas 1, 32-33 Romanos 1, 3 Hechos 2, 30
El Mesías había de ser un profeta como Moisés	Deutoronomio 18, 15-19	Mateo 21, 11 Juan 6, 14 Juan 1, 45 Hechos 3, 22-23
El Mesías había de ser el Hijo de Dios	Salmo 2, 7 Proverbios 30, 4	Lucas 1, 32 Mateo 3, 17
El Mesías había de ser levantado de entre los muertos	Salmo 16, 10	Hechos 13, 33-37
La experiencia de la crucifixión	Salmo 22 Salmo 69, 22	Mateo 27, 34-50 Juan 19, 28-30
El Mesías había de ser traicionado por un amigo	Salmo 41, 9	Juan 13, 18, 21
Ascensión del Mesías a los cielos	Salmo 68, 18	Lucas 24, 52 Hechos 1, 9
Grandes reyes rinden al Mesías homenaje y tributo	Salmo 72, 10-11	Mateo 2, 1-11
El Mesías había de ser sacerdote según el orden de Melquisedec	Salmo 110, 4	Hebreos 5, 5-6; 7
El Mesías había de estar a la diestra de Dios	Salmo 110, 1	Mateo 27, 64

Profecía	***Antiguo Testamento***	***Nuevo Testamento***
El Mesías, piedra desechada por los constructores, viene a ser la piedra angular	Salmo 118, 22-23 Isaías 8, 14-15 Isaías 28, 16	Mateo 21, 42-43 Hechos 4, 11 Romanos 1, 32-33
El Mesías había de nacer de una virgen	Isaías 7, 14	Mateo 1, 18-25 Lucas 1, 26-35
Galilea había de ser la primera zona del ministerio del Mesías	Isaías 9, 1-8	Mateo 4, 12-16
El Mesías había de ser manso y afable	Isaías 42, 2-3 Isaías 53, 7	Mateo 12, 18-20 Mateo 26, 62-63
El Mesías había de ministrar a los gentiles	Isaías 42, 1 Isaías 49, 1-8	Mateo 12, 21
El Mesías había de ser golpeado	Isaías 50, 6	Mateo 26, 67 Mateo 27, 26 y 30
El Evangelio según Isaías (el Mesías sufriente trae salvación)	Isaías 52, 13-53, 12	Los cuatro evangelios
El pacto nuevo y eterno	Isaías 55, 3-4 Jeremías 31, 31-33	Mateo 26, 28 Marcos 14, 24 Lucas 22, 20 Hebreos 8, 6-13
El Mesías, brazo derecho de Dios	Isaías 59, 16; 53, 1	Juan 12, 38
El Mesías como intercesor	Isaías 59, 16	Hebreos 9, 15
Doble misión del Mesías	Isaías 61, 1-11	Lucas 4, 16-21
El Mesías hará milagros	Isaías 35, 5-6	Juan 11, 47 Mateo 11, 3-6
El Mesías es llamado "el Señor"	Jeremías 23, 5-6	Hechos 2, 36
Se profetiza el tiempo de la venida del Mesías	Daniel 9, 24-26	Gálatas 4, 4 Efesios 1, 10
Belén había de ser el lugar de nacimiento del Mesías	Miqueas 5, 2	Mateo 2, 1 Lucas 2, 4-6
El Mesías entraría en el Templo con autoridad	Malaquías 3, 1	Mateo 21, 12
El Mesías había de entrar en Jerusalén montado en un asno	Zacarías 9, 9	Mateo 21, 1-10
El Mesías había de ser traspasado	Zacarías 12, 10 Salmo 22, 16	Juan 19, 34-37
El Mesías había de ser abandonado por sus discípulos	Zacarías 13, 7	Mateo 26, 31, 56

Profecía	*Antiguo Testamento*	*Nuevo Testamento*
La venida del Espíritu Santo en los días del Mesías	Joel 2, 28	Hechos 2, 16-18
Oposición por parte de las naciones	Salmo 2, 2	Apocalipsis 19, 19
Victoria final del Mesías sobre la muerte	Isaías 25, 8	1Corintios 15, 45 Apocalipsis 7, 17; 21, 4
El Mesías glorioso	Isaías 63, 1	Apocalipsis 19, 11-16
El Mesías como Rey	Salmo 2, 6-9	Apocalipsis 19, 15-16
Sumisión de todas las naciones al gobierno del Mesías	Isaías 2, 4 Miqueas 4, 1-4	
Los gentiles buscarán al Mesías de Israel	Isaías 11, 10	Romanos 11, 25

Profecías concernientes a la muerte de Cristo

Profecía	*Antiguo Testamento*	*Nuevo Testamento*
Herida de la simiente de la mujer	Génesis 3, 15	Juan 19, 18 (Gálatas 3, 13-16)
"Dios mío, Dios mío."	Salmo 22, 1	Mateo 27, 46 Marcos 15, 34
Tinieblas sobre la tierra	Salmo 22, 2	Mateo 27, 45
Despreciado por el pueblo	Salmo 22, 6	Mateo 27, 39-44
Rodeado de enemigos	Salmo 22, 7, 8, 13	Mateo 27, 39-44
Manos y pies horadados	Salmo 22, 14, 16	Juan 19, 34, 37
No se le rompió ningún hueso	Salmo 22, 17 (Ex. 12, 46; Salmo 34, 20)	Juan 19, 36
Estaban observándole	Salmo 22, 17	Mateo 27, 36
Echaron suertes	Salmo 22, 18	Mateo 27, 35
No desgarraron la túnica	Salmo 22, 18	Juan 19, 24
Entregó el espíritu en manos del Padre	Salmos 22, 21; 31, 5	Juan 19, 30
Los testigos falsos	Salmo 35, 11	Marcos 14, 56
Los amigos miraban desde lejos	Salmo 38, 11	Lucas 23, 49
Traición de Judas	Salmo 41, 9	Marcos 14, 10 Juan 13, 18-19
"Tengo sed."	Salmo 69, 3	Juan 19, 28-29
Vergüenza, oprobio	Salmo 69, 19	Mateo 27, 28-29
Hiel y vinagre para beber	Salmo 69, 21	Juan 19, 29
Meneaban la cabeza al mirarle	Salmo 109, 25	Mateo 27, 39-40
La hora exacta de la muerte	Daniel 9, 26	Juan 11, 50-52
Golpeándole y escupiéndole	Isaías 50, 6	Mateo 27, 26-30
Desfigurado por la crueldad	Isaías 52, 14	Mateo 27, 27-30
Despreciado y rechazado por los hombres	Isaías 53, 1-3	Marcos 15, 29-32
Ofrenda por el pecado	Isaías 53, 5-6, 10	Juan 19, 16 (1 Corintios 5, 7; 2 Corintios 5, 21)
No abrió la boca	Isaías 53, 7	Mateo 27, 13-14

Profecía	*Antiguo Testamento*	*Nuevo Testamento*
El Cordero de Dios	Isaías 53, 7	Juan 1, 29
En el sepulcro de un rico	Isaías 53, 9	Mateo 27, 56-60
Intercedió por los agresores	Isaías 53, 12	Lucas 23, 34
Contado entre los malhechores	Isaías 53, 12	Mateo 27, 44 Marcos 15, 27-28 Lucas 23, 33 Juan 19, 18
Treinta monedas de plata	Zacarías 11, 12	Mateo 26, 15
El campo del alfarero	Zacarías 11, 30	Mateo 27, 3-7
Lamento y duelo por Él	Zacarías 12, 10	Lucas 23, 27
Los discípulos se dispersan	Zacarías 13, 7	Marcos 14, 27, 50
Dios hiere al pastor	Zacarías 13, 7	Mateo 26, 31

CRONOLOGÍA

Año	*Europa*	*América*
1560	Regencia de Catalina de Médicis en Francia. Nicot introduce el tabaco en Francia. Dalla Porta funda la primera academia científica en Nápoles.	Pedro de Orsúa se interna en la selva al frente de una expedición. Se inicia la construcción de la catedral de Cuzco. Cervantes de Salazar: *Crónica de la Nueva España.*
1561	María Estuardo en Escocia. Iván el Terrible acaba con la orden Teutónica. Guicciardini: *Historia de Italia*. Santa Teresa: *Vida*. Tintoretto: *Bodas de Caná*	Asesinato de Orsúa. Rebelión de Lope de Aguirre tras una larga travesía por el Amazonas: es ejecutado en Barquisimeto. Llega a Lima el conde de Nieva, nuevo virrey.
1562	Paz entre el emperador Fernando I y los turcos. Edicto de san Germán en Francia; comienzan las guerras de religión. Zurita: *Anales de la corona de Aragón*	Se funda la villa de Chancay.
1563	Asesinato del duque Francisco de Guisa. Paz de Amboise. Fin de la primera guerra de los hugonotes. Termina el Concilio de Trento. Establecimiento definitivo de la iglesia anglicana en Inglaterra. Guerra entre Dinamarca y Suecia. Inicia la construcción de El Escorial. Clouet: *Retrato de Carlos IX.*	Fundación de Santiago de Miraflores y de Valverde de Ica. Aguirre: *Cristo de la Cruz*, en la ermita de La Candelaria, Antigua, Guatemala.
1564	Maximiliano II, emperador. Guerra comercial entre Inglaterra y los Países Bajos. Sepulcro de Solimán el Magnífico en Constantinopla. Primer *Indice de los libros prohibidos*, bajo el papado de Pío IV.	Perece violentamente en la ciudad de Lima el virrey Conde de Nieva. Lope García de Castro, gobernador presidente de la audiencia. Landa: *Relación de las cosas de Yucatán.*
1565	Oposición en los Países Bajos al edicto religioso de Felipe II. Los turcos atacan Malta. Aniquilamiento de los boyardos en Rusia.	Casa de Moneda en Lima. Se establecen los Corregidores de Indios. Muere el obispo don Vasco de Quiroga, Tata Vasco, en Nueva España.
1566	Los turcos en Hungría. Fallece fray Bartolomé de las Casas en Madrid.	Conspiración de Cortés en Nueva España. Audiencia de Chile en Concepción.

Año	***Europa***	***América***
1567	El Duque de Alba en los Países Bajos. Guerra civil en Escocia. Segunda guerra de religión en Francia. Schmidt: *Derrotero y viaje a España y las Indias*. Nace la *Comedia del arte.*	Mem de Sá funda la ciudad de Río de Janeiro y Diego de Losada la de Caracas. Se amotinan mestizos en Cuzco y Lima. Descubrimiento de las islas Salomón, en el Pacífico, por Alvaro Mendaña de Neira.
1568	Domina el Duque de Alba la sublevación de los Países Bajos. Renuncia de María Estuardo; Jacobo VI, rey de Escocia. Muere el príncipe don Carlos, hijo de Felipe II. Hurtado de Mendoza: *Guerras de Granada.*	Francisco de Toledo, virrey de Perú. Martín Enríquez de Almanza, virrey de Nueva España. Ejecución de Martín Cortés. Fallece Motolinía. Ataque del pirata Drake a Veracruz. Bernal Díaz del Castillo: *Historia verdadera de la conquista de la Nueva España.*
1569	Unión de Polonia y Lituania. Cosme de Médicis, gran duque de Toscana. Gerardo Mercator: *Planisferio.*	Llega a Lima el virrey Toledo. Drake se apodera de Nombre de Dios, en Panamá. Ercilla *La Araucana* (primera parte)
1570	Fin de la guerra de religión en Francia. Los turcos en Chipre. Alianza de España, el papa y Venecia contra el turco. Se funda la Bolsa de Londres. Andrea Palladio: *Los cuatro libros de arquitectura*.	Se instala el Tribunal del Santo Oficio en México y en Lima.
1571	En la batalla de Lepanto se pone fin a la dominación turca en el mar. Bloqueo comercial de los Países Bajos e Inglaterra. Incendio de Moscú por los tártaros.	**Nace Diego de Hojeda en Sevilla.** Ordena el virrey Toledo reducciones de pueblos en Perú. Se incorporan a la corona las minas de Huancavalica. Fundación de Manila por López de Legazpi. Diego Fernández: *Historia del Perú.*
1572	Sublevación de los Países Bajos: Guillermo de Orange, gobernador general "Noche de San Bartolomé": matanza de hugonotes en París. Estienne: *Tesoro de la lengua griega.* Camoens: *Los Lusíadas*.	Lucha contra los incas de Vilcabamba. Muerte de fray Pedro de Gante. Prosiguen los ataques de Drake a las posesiones españolas en América.
1573	La contrarreforma en Polonia.	Se funda la ciudad de Córdoba en Argentina. Casa de Moneda en Potosí.

Año	***Europa***	***América***
1574	Enrique III se corona rey de Francia. Abandona el duque de Alba los Países Bajos. Portugal coloniza Angola. España pierde Túnez.	Fundación de Cochabamba y Tarija. Luis Jerónimo de Cabrera es ejecutado en Santiago del Estero. Se establece la Iglesia de San Agustín en Lima.
1575	Congregación del Oratorio de San Felipe Neri. Fundación de la universidad de Leyden. Torcuato Tasso: *Jerusalén libertada.*	Fallece el arzobispo de Lima, Jerónimo de Loaysa. Concluye el virrey Toledo su visita general y regresa a Lima.
1576	Rodolfo II, emperador. Florece Tycho Brahe. Jean Bodino: *La República.*	Fundación de las ciudades de León y San Luis Potosí en Nueva España. Alonso de Molina: *Arte de la lengua mexicana y castellana.*
1577	"Edicto perpetuo" en los Países Bajos. Santa Teresa escribe *Las moradas.* Aubigné: *Los trágicos.*	Juan de la Cueva viaja de México a España.
1578	Alejandro Farnesio reconquista los Países Bajos del sur para España. Muere don Juan de Austria en Flandes. Derrota de Alcazarquivir y muerte del rey don Sebastián de Portugal. Lyly: *Eufues, anatomía del ingenio.*	Ercilla: *La Araucana* (segunda parte) Alonso de Molina: *Doctrina christiana*, en lengua mexicana.
1579	División de los Países Bajos. Sublevaciones en Irlanda. Spenser: *Calendario del pastor.*	Continúan los ataques del pirata Drake a las colonias americanas.
1580	Unión de España y Portugal con Felipe II como monarca. Montaigne: *Ensayos.*	Martín Enríquez pasa de virrey de Nueva España a virrey de Perú. Segunda fundación de Buenos Aires por Garay.
1581	Guillermo de Orange, gobernador de las Provincias Unidas en los Países Bajos. Emprenden los rusos la conquista de Siberia. Francisco Sánchez: *Que nada se sabe.*	Nace Juan Ruiz de Alarcón. Diego Durán: *Historia de las Indias de Nueva España.*
1582	Paz entre Rusia y Polonia. Reforma gregoriana del calendario. Muere Santa Teresa de Jesús. Academia de "La Crusca" en Florencia.	III Concilio provincial de Lima, convocado por el arzobispo Mogrovejo.

Año	*Europa*	*América*
1583	Primera colonia inglesa en Terranova. Expedición de Raleigh a Virginia. Escalígero: *Sobre las enmiendas del tiempo.* Fray Luis de León: *Los nombres de Cristo, La Perfecta Casada.* Tomás Luis de Victoria: *Segundo libro de misas.*	Fallece en Lima el virrey Martín Enríquez.
1584	Asesinato de Guillermo de Orange; le sucede Mauricio como gobernador. Campaña de Farnesio en las Provincias Unidas. Muere Iván el Terrible. Giordano Bruno en Londres. Juan Rufo: *La Austriada.*	Antonio Ricardo inicia la imprenta en Lima. *Doctrina christiana y Catecismo en lenguas quechúa y aymará.* Anchieta: *Historia brasileña de la Compañía de Jesús.*
1585	Alianza de Felipe II con la Liga de Francia. Inglaterra ayuda a las Provincias Unidas. Los españoles ocupan Amberes y recuperan Flandes y Brabante. Muere Ronsard. Guarini: *El pastor fiel.* Cervantes: *La Galatea.*	Alvaro Enrique de Zúñiga, virrey de Nueva España. Arriba a Perú el nuevo virrey, conde de Villardopardo. Primeras misiones jesuíticas en el Paraguay. Construcción de la catedral de Cuzco.
1586	Traslado y erección de un obelisco egipcio en Roma por Fontana. Baronio: *Anales eclesiásticos.* El Greco: *Entierro del Conde de Orgaz.*	Terremoto en la ciudad de Lima y en el Callao. Arte y vocabulario en la lengua general del Perú llamado quichua, atribuido a Juan Martínez.
1587	Ejecución de María Estuardo. Segismundo Vasa se corona rey de Polonia. La armada inglesa comandada por Drake saquea Cádiz.	Cavendish se apodera en California del galeón de Manila. Saqueo de Paita. Soares de Sousa: *Tratado descriptivo del Brasil.*
1588	Derrota de la armada española (la Invencible) en el canal de La Mancha. Asesinato de los duques de Guisa. Fray Luis de León publica parcialmente las obras de Santa Teresa de Jesús. Marlowe: *Fausto.* Molina: *Acuerdo del libre albedrío.*	La población de la saqueada Paita se traslada a San Miguel de Piura.
1589	Asesinato de Enrique III y fin de los Valois en Francia; asciende al trono Enrique IV, borbón y calvinista. Aparecen las máquinas de tejido de punto. Byrd: *Canciones sagradas.*	García Hurtado de Mendoza, nuevo virrey de Perú. Llega a América San Francisco Solano. Ercilla: *La Araucana* (tercera parte)

Año	*Europa*	*América*
1590	Enrique IV es obligado por Farnesio a levantar el sitio de París. Spenser: *La reina de las hadas.*	Luis de Velasco, virrey de Nueva España. Muere fray Bernardino de Sahagún. Acosta: *Historia natural y moral de las Indias.* **Se asume que para esta fecha, Diego de Hojeda ya se encuentra en Perú.**
1591	Primera expedición inglesa a India. Fallecen Fray Luis de León y San Juan de la Cruz.	Se fundan Rioja y Castrovirreina. Juan de Cárdeas: *Problemas y secretos maravillosos de las Indias.* **Diego de Hojeda hace sus votos de religioso en la Orden Dominica.**
1592	Segismundo Vasa, rey de Polonia y de Suecia. Termómetro de aire de Galileo.	Se promulga en el Virreinato del Perú la Real Cédula del Impuesto de Alcabala.
1593	Fallece Marlowe, dramaturgo inglés.	Se descubren los yacimientos de plata de Yauli.
1594	Se convierte al catolicismo Enrique IV. Fallecen Palestrina y Tintoretto. Peri: *Dafne*, una nueva concepción de la ópera.	Hawkins cruza el estrecho de Magallanes y es perseguido y apresado por Beltrán de Castro.
1595	Guerra entre Enrique IV y Felipe II. Caravaggio: *Entierro* (en el Vaticano).	Incendia Drake Nombre de Dios y fracasa en su ataque a Puerto Rico. Nueva expedición de Mendaña al Océano Pacífico, aventura en la que perecerá luego de descubrir las Islas Marquesas.
1596	Francia, Inglaterra y las Provincias Unidas contra Felipe II. Nace el filósofo Descartes. Shakespeare: *Sueño de una noche de verano.* Libavius: *Alquimia* (primer texto de química).	El virrey de Nueva España, Luis de Velasco, sustituye al de Perú, García Hurtado de Mendoza. Muere Drake en Portobelo, Panamá. Mendieta: *Historia eclesiástica indiana.* Pedro de Oña: *El arauco domado.* (Lima)
1597	Muere Fernando de Herrera. Shakespeare: *Romeo y Julieta; El Mercader de Venecia.* Suárez: *Disputaciones metafísicas.*	Casa de comedias de Francisco de León en México.

Año	*Europa*	*América*
1598	Paz de Vervins entre España y Francia. Edicto de Nantes. Muere Felipe II y le sucede su hijo Felipe III. Boris Gudunov, zar de Rusia. Rebelión de Carlos Vasa contra Segismundo en Suecia.	Se subleva el Arauco. Asume el mando Pedro de Vizcaya, a la muerte del gobernador García de Loyola.
1599	Nace el pintor Velázquez. Shakespeare: *Julio César*. Mateo Alemán: *Guzmán de Alfarache*. W. Gilbert: *De magnete*, primer tratado de magnetismo y de electricidad.	Los araucanos incendian Valdivia y Chillán. Francisco de Quiñones, enviado por el virrey de Perú, cruza el Bío-Bío y recupera la Imperial y Angol.
1600	Fundación de la Compañía Inglesa de las Indias Orientales. Es ejecutado en Roma Giordano Bruno. Se traslada la corte española a Valladolid. Malherbe: *Odas a la Reina*. Del Monte: *Perspectiva*	Garcilaso escribe de nuevo el capítulo sobre el nombre de Perú. Juan Ruiz de Alarcón se marcha de México a España.
1601	Los holandeses desbaratan la flota española en Gibraltar. Muere Ticho Brahe. Juan de Mariana: *Historia de España*. Caccini: *Nuevas músicas*. Shakespeare: *Hamlet*.	**Diego de Hojeda obtiene el grado de Bachiller en Teología Sagrada. Se convierte en "Presentado."**
1602	Guerra turco-persa. Fundación de la Compañía Holandesa de las Indias Orientales. Campanella: *La ciudad del sol*.	Se edita en Lima la *Miscelánea austral* de Diego Dávalos y Figueroa. Barco Centenera: *La Argentina*. **Aparece la crítica de Hojeda a la Primera parte de la *Miscelánea austral* de Dávalos.**
1603	Muerte de Isabel I de Inglaterra; Jacobo I Estuardo, rey de Inglaterra y de Escocia. Sometimiento de Irlanda. Se funda en Roma la "Academia de los Linces". Primeros intentos franceses de colonización en Canadá. Charron: *De la sabiduría*.	Juan de Mendoza y Luna, Marqués de Montesclaros, virrey de Nueva España. Bertoni: *Arte y gramática de la lengua aymará*. Torres Rubio: *Gramática y vocabulario en lengua quechua, aymará y española*.
1604	Sublevaciones protestantes en Hungría. Fundación de la Compañía Francesa de las Indias Orientales.	Se establece la Provincia Jesuítica del Paraguay. Balbuena: *Grandeza mexicana*. Juan Martínez: *Vocabulario en la lengua quechua y española*.

Año	*Europa*	*América*
1605	Cervantes: 1a. parte de *Don Quijote*. Shakespeare: *Macbeth*. F. Bacon: *Sobre el progreso del saber*. Jonson: *Volpone*.	García Ramón, gobernador de Chile, prosigue la lucha contra los araucanos. Lizárraga: *Descripción breve de toda la tierra del Perú*.
1606	Paz de Viena: Los Hagsburgo reconocen la soberanía de Esteban Bocskay, príncipe de Transilvania. Fundación de la Compañía Inglesa de Virginia.	Fundación de Oruro e Ibarra. Luis de Valdivia: *Arte y gramática de la lengua de Chile*. **Fundación del convento de Santa María Magdalena, llamado Convento de Recolección o Recoleta. Hojeda recibe el grado de Maestro de Teología Sagrada.**
1607	Los ingleses en la India.	Juan de Mendoza y Luna, marqués de Montesclaros, virrey del Perú.
1608	San Francisco de Sales: *Introducción a la vida devota*. Monteverdi: *Ariana*.	Se establece en Santiago la Audiencia de Chile.
1609	Tregua de doce años entre España y las Provincias Unidas. Libertad religiosa en Bohemia. Expulsión de los moriscos en España. Se inicia en Constantinopla la construcción de la mezquita Achmidjé. Kepler: *Astronomía nova*. Guido Reni: *Aurora*.	Insurrección de los negros en Nueva España, acaudillados por Yanga. Construcción del puente sobre el río Rimac (Lima). Echave Orio: *Aparición de Jesús y la Virgen a San Francisco* (México) Garcilaso de la Vega (el Inca) *Comentarios reales*. **Hojeda es electo Prelado de Cuzco.**
1610	Es asesinado Enrique IV y le sucede en el trono de Francia Luis XIII, bajo la regencia de María de Médicis. Descubrimientos telescópicos de Galileo. Invento del microscopio. Rubens: *Erección de la cruz*.	Fallece el gobernador de Chile García Ramón; le sucede Juan de Jaraquemada. González de Eslava: *Coloquios espirituales*. Juárez: *Aparición del Niño Jesús a San Antonio*. **Hojeda regresa a Lima para convertirse en Prelado del Convento del Rosario, posición que ocupa hasta 1612.**
1611	Gustavo Adolfo se corona rey de Suecia. Guerra entre Suecia y Dinamarca. Covarrubias: *Tesoro de la lengua castellana o española*.	Descubre Hudson el mar que lleva su nombre. **Primera publicación de la épica religiosa *La Cristiada* de Hojeda.**

Año	*Europa*	*América*
1612	Matías, emperador. Paz entre Francia y España. Boehme: *La autora naciente.*	El Inca termina la segunda parte de *los Comentarios*. Díaz de Guzmán concluye *La Argentina manuscrita*. **Hojeda es acusado injustamente dentro de su orden; es enviado sin ningún título a Cuzco y en pocos meses a Huánuco.**
1613	Paz entre Suecia y Dinamarca. Los Romanov en el trono de Rusia. Cervantes: *Las novelas ejemplares.*	Se instala en Lima el Tribunal del Consulado.
1614	Efectúa Snel van Royen las primeras triangulaciones geodésicas. Invención de los logaritmos. Muerte de El Greco. Santorio: *Estática médica*. Domenichino: *Comunión de San Jerónimo.*	Censo de la ciudad de Lima. Los holandeses fundan Nuevo Amsterdam en la isla de Manhattan. Huamán Poma de Ayala: *Nueva crónica y buen gobierno.*
1615	Cervantes: Segunda parte de *Don Quijote.*	Termina el virreinato del marqués de Montesclaros. **Diego de Hojeda muere a la edad de 45 años. Sus últimas palabras fueron: "Desventurado el hombre que dejare la penitencia para esta hora".**
1616	Dificultades de Galileo con la Iglesia por su teoría heliocéntrica. Mueren Cervantes y Shakespeare.	John Smith: *Descripción de Nueva Inglaterra.*
1617	Publicación póstuma: Cervantes, *Los trabajos de Persiles y Segismunda.*	Publicación póstuma de la segunda parte de los *Comentarios: Historia General del Perú.*
1667	John Milton: *Paraíso perdido.*	
1916		**En el Convento de Santo Domingo del Cuzco se tuvieron dos celebraciones: "El séptimo centenario de la confirmación apostólica de la Orden Dominica, y el tercero de la muerte de Fray Diego de Hojeda."**
2011		**Se realiza el Primer Congreso Internacional de Estudios sobre la Épica en conmemoración especial del cuarto centenario de la publicación de *La Cristiada*. Universidad Nacional de Cuyo en Mendoza, Argentina.**

Índice general de nombres y su localización en el poema

BIBLIOGRAFÍA

Aguirre, J.M. José de Valdivielso y la poesía religiosa tradicional. Toledo: Diputación provincial, 1965.

Albareda, Ginés de y Garfias, Francisco. Antología de la poesía hispanoamericana: Perú. Madrid: Biblioteca nueva, 1963.

Alborg, Juan Luis. Historia de la Literatura Española. Tomo I Edad Media y Renacimiento. Madrid: Gredos, 1966.

Alighieri, Dante. La Divina Comedia. Introd. y notas Francisco Montes de Oca. México: Porrúa, 1998.

Alonso, Dámaso. Poesía española: ensayo de métodos y límites estilísticos. Madrid: Gredos, 1952.

Álvarez Pellitero, Ana María. La obra lingüística y literaria de Fray Ambrosio Montesino. Valladolid: Universidad Departamento de Lengua y Literatura Española, 1976.

Álvarez Perca, Guillermo. O.P. Historia de la Orden Dominicana en el Perú (Siglos XVI y XVII). Lima: 1997.

Aquino, Santo Tomás de. Summa Theologiæ. Volume 9. Angels. Cambridge: Blackfriars, 1968.

Arce, Joaquín. Tasso y la poesía española. Repercusión literaria y confrontación lingüística. Barcelona: Planeta, 1973.

Arellano, I. y Rodríguez Garrido, J.A. Edición y anotación de textos Coloniales Hispanoamericanos. Madrid: Iberoamericana, 1999.

Aristóteles. Arte poética. Trads. José Goya y Muniain y Francisco de P. Samaranch. México: Porrúa, 1999.

Arriola Paz, Felícitas. "Valoración literaria de La Cristiada." Tesis. Lima, 1940.

Bartas, Guillaume de Saluste du. La création du monde ou La première sepmaine in The Works of Guillaume de Saluste Sieur du Bartas. 3 vols. Edit. U.T. Holmes, J.C. Lyons, and R.W. Linker. Chapel Hill: 1935-38.

Benedictine Monks of St. Augustine's Abbey, Ramsgate. Compiladores. The Book of Saints. New York: MacMillan, 1934.

Beristáin, Helena. Diccionario de retórica y poética. México: Porrúa, 1998. Biblia de Estudio Ryrie. Chicago: Moody Press, 1960.

Biblia de Jerusalén. México: Porrúa, 1998.

Biblia, La. Texto íntegro traducido del hebreo y del griego. Madrid: San Pablo y Verbo Divino, 1999.

Bokenkotter, Thomas. A Concise History of the Catholic Church. Garden City: Image Books, 1979.

Bulfinch, Thomas. Bulfinch's Mythology. New York: Gramercy, 1979.

Cabrera, Fray Alonso de. Predicadores de los siglos XVI y XVII, I; Sermones del P. Fr. Alonso de Cabrera de la Orden de Predicadores. Tomo III. Madrid: NBAE , 1960.

Calderón de Cuervo, Elena. "La Christiada de Fray Diego de Hojeda: Una ventana a la América Virreinal." Anales de la Fundación Francisco Elías de Tejada. Año V. (1999): 235-242.

Calderón de la Barca, Pedro. La cena del rey Baltasar. New York: Gruyter, 1971.

Cárcel, Vicente. Historia de la Iglesia. III. La Iglesia en la Epoca Contemporánea. Madrid: Palabra, 1999.

Catecismo de la Iglesia Católica. New York: Doubleday, 1997.

Cayuela, Arturo A. "Nuestro poema de la redención." Razón y Fe. CIII, 1933. 99-127.

Cervantes Saavedra, Miguel de. El Ingenioso Hidalgo Don Quijote de la Mancha. México: Porrúa, 1998.

---. Novelas ejemplares. Madrid: Espasa-Calpe, 1962.

Collard, Andrée. Nueva Poesía: conceptismo y culteranismo en la poesía española. Madrid: Castalia, 1967.

Colombí-Monguió, Alicia de. Petrarquismo Peruano: Diego Dávalos y Figueroa y la Poesía de la Miscelánea Austral. London: Támesis, 1985.

Corcoran, Mary Helen Patricia. Introducción. Diego de Hojeda. La Christiada. New York: AMS Press, 1935.

Davis, Elizabeth B. "La naturaleza del narrador en La Christiada." Actas del Congreso de la Asociación Internacional de Hispanistas. Barcelona: PPU. (1992): 885-892.

---. Myth and Identity in the Epic of Imperial Spain. Columbia and London: Univ. of Missouri Press, 2000.

Diccionario Enciclopédico de la Biblia. Barcelona: Herder, 1993.

Diel, Paul. Los símbolos de la Biblia. La universalidad del lenguaje simbólico y su significación psicológica. México: Fondo de Cultura Económica, 1994.

El Cantar de Mío Cid. Barcelona: Fama, 1955.

El Cantar de Roldán. Trad. Felipe Teixidor. México: Porrúa, 1999.

Englebert, Omer. La Flor de los Santos o Vida de Santos para cada día del año. México: Ideal, 1985.

Ercilla, Alonso de. La Araucana. México: Porrúa, 1998.

Evangelios Apócrifos. México: Porrúa, 1999.

Fidelis, Mary and Charitas, Mary. Sisters. S.S.N.D. Character Calendar. Milwaukee: Bruce P., 1931.

Fiestas centenarias. R.C. Diego de Ojeda. Autor de "La Cristiada." París: Unión, 1921.

Franco, Jean. "La cultura hispanoamericana en la época colonial." Historia de la Literatura Hispanoamericana. Epoca Colonial. Tomo I Ed. Luis Iñigo Madrigal. Madrid: Cátedra, 1982. 35-53.

Garibay K., Angel María. Mitología griega. México; Porrúa, 1998.

González Torres, Yólotl. El sacrificio humano entre los mexicas. México: Fondo de Cultura Económica, 1994.

Guignebert, Charles. El cristianismo medieval y moderno. México: Fondo de Cultura Económica, 1993.

Hendricks, Rhoda A. Translator. Classical Gods and Heroes. New York: Morrow Quill, 1974.

Hernández Blasco, Francisco. Universal Redención. Madrid: Alianza, 1978.

Hojeda, Diego de. La Christiada. Edit. Elena Calderón de Cuervo. Mendoza: Nueva Hispanidad, 2008.

---. La Christiada. Edit. Sister Mary Helen Patricia Corcoran. New York: AMS Press, 1935.

---. La Cristiada. Edit. Frank Pierce. Madrid: Anaya, 1971.

---. La Cristiada. Edit. Rafael Aguayo Spencer. Lima: P.T.C.M., 1947.

Homero. La Ilíada. México: Porrúa, 1998.

---. La Odisea. México: Porrúa, 1993.

Icaza, Francisco A. de. Edit. La Danza de la Muerte. Madrid: J. Esteban, 1981.

Iñigo Madrigal, Luis. Historia de la Literatura Hispanoamericana. Tomo I Epoca

Colonial. Madrid: Cátedra, 1982.

Jensen, Joseph. God's Word to Israel. Collegeville: The Liturgical Press, 1970.

Jerónimo, San. Biblia Vulgata. Madrid: Biblioteca de Autores Cristianos, 1994.

Josephus. The Jewish War. Trans. G. A. Williamson. England: Penguin Books, 1981.

Kurtz, Leonard P. The Dance of Death and the Macabre Spirit in European Literature. New York: 1934.

León, Fray Luis de. De los nombres de Cristo. CEE: PML, 1994.

Lodi, Enzo. Saints of the Roman Calendar. New York: Alba House, 1992.

Lucan. Pharsalia. Trans. Jane Wilson Joyce. Ithaca: Cornell University Press, 1993.

Martín, Francisco. Historia de la Iglesia. II. La Iglesia en la Epoca Moderna. Madrid: Palabra, 2000.

Mays, James L., ed. Harper's Bible Commentary. San Francisco Harper & Row, 1988.

McGinn, Bernard. The Doctors of the Church. Thirty-Three Men and Women Who Shaped Christianity. New York: Crossroad, 1999.

Menéndez Pelayo, Marcelino. Historia de la Poesía Hispano-Americana. Edit. Enrique Sánchez Reyes. Madrid: Aldus, 1948.

---. Historia de los Heterodoxos Españoles. México: Porrúa, 1998.

Merino, Félix. Poesía épica de la Edad de Oro. Ercilla, Balbuena, Hojeda. Zaragoza: Ebro, 1961.

Meyer, Sister Mary Edgar. The Sources of Hojeda's La Cristiada. Ann Arbor: University of Michigan Press, 1953.

Milton, John. The Complete English Poetry of John Milton. Ed. John T. Shawcross. New York: University Press, 1963.

Miró, Gabriel. Figuras de la Pasión del Señor. México: Porrúa, 1980.

Moreno Gálvez, Leonor. "Fray Diego de Hojeda y La Cristiada." Tesis. Lima: 1938.

Ochoa, Eugenio de. Introducción. Tesoro de los poemas españoles épicos, sagrados y burlescos. París: Baudry, 1840.

Oña, Pedro de. Arauco Domado. Santiago de Chile: Imprenta Universitaria, 1917.

Orlandis, José. Historia de la Iglesia. I La Iglesia Antigua y Medieval. Madrid: Palabra, 1998.

Orozco Díaz, Emilio. Introducción al Barroco. Granada, 1988.

---. Lope y Góngora frente a frente. Madrid: Gredos, 1973.

Ovidio Nasón, Publio. Las metamorfosis. Introd. Francisco Montes de Oca. México: Porrúa, 1999.

Paredes, J. y otros. Diccionario de los papas y concilios. Barcelona: Ariel, 1999.

Pierce, Frank. "Diego de Hojeda." Historia de la Literatura Hispanoamericana. Época Colonial. Tomo I Ed. Luis Iñigo Madrigal. Madrid: Cátedra, 1982. 225-234.

---. The Heroic Poem of the Spanish Golden Age: Selections. New York: Oxford University Press, 1947.

---. "The poetic hell in Hojeda's La Christiada: Imitation and Originality." Estudios dedicados a Menéndez Pidal. Tomo IV. Consejo Superior de Investigaciones Científicas. Patronato Marcelino Menéndez y Pelayo. Madrid: S. Aguirre Torre, 1953. 469-508

Piñero Ramírez, Pedro. "La épica hispanoamericana colonial." Historia de la Literatura Hispanoamericana. Época Colonial. Tomo I Ed. Luis Iñigo Madrigal. Madrid: Cátedra, 1982. 161-203.

Prescott, William H. Historia de la Conquista del Perú. Trad. Nemesio Fernández Cuesta. Itsmo: Oviedo, 1986.

Quasten, Johannes. Patrología I, II y II. Madrid: Biblioteca de Autores Cristianos, 1995.

Rada y Gamio, Pedro José. La Cristiada. Discurso leído en el Ateneo de Madrid el 8 de diciembre de 1917. Madrid: Clásica española, 1917.

Ramos, Marcos Antonio. Nuevo diccionario de religiones, denominaciones y sectas. Miami: Caribe, 1998.

Reyes Carrillo, Isabel. "El espíritu que informa La Cristiada." Tesis. Lima, 1947.

Riva-Agüero, José de la. "El Padre Diego de Hojeda." Por la Verdad, la Tradición y la Patria. (Opúsculos) Tomo II. Lima: Torres Aguilar, 1938. 445-483

Rodríguez Moñino, Antonio. La transmisión de la poesía española en los siglos de oro. Barcelona: Ariel, 1976.

Rops, Daniel. Introducción. Evangelios Apócrifos. México: Porrúa, 1999.

Rorem, Paul. Biblical and Liturgical Symbols within the Pseudo-Dionysian Synthesis. Toronto: Pontifical Institute of Mediaeval Studies, 1984.

Saints. Index of. Saint Patrick Church. 13 June 1999. <http://users.erols.com/saintpat/ss/ss-index.htm>.

Senior, Donald, ed. The Catholic Study Bible. New York: Oxford University, 1990.

Tasso, Torcuato. Il mondo creato. Primo giorno, Poemi minori. Edit. Angelo Solerti. Bologna: 1891.

---. Jerusalén Libertada. Trad. José Ma. Claramunda. México: Porrúa, 1998.

Throckmorton, Burton H. Jr., ed. Gospel Parallels. A Comparison of the Synoptic Gospels. Nashville: Thomas Nelson Publishers, 1992.

Urbano, Luis D. "La poesía de la fe." Ateneo. Madrid. (1911): 378-387.

Valbuena Prat, Angel. Estudios de Literatura Religiosa Española. Epoca Medieval y Edad de Oro. Madrid: Afrodisio Aguado, 1964.

---. Historia de la Literatura Española. Tomo II. Los Siglos de Oro. Barcelona: Gustavo Gili, 1953.

Valdivielso, José de. Romancero Espiritual. Edición, introducción y notas J. M. Aguirre. Madrid: Espasa-Calpe, 1984.

Vega y Carpio, Lope de. La dragontea. Prólogo de Gregorio Marañón. Burgos: Imprenta Aldecoa, 1935.

Vida, Marco Girolamo. The Christiad. Trans. Gertrude C. Drake and Clarence A. Forbes. Southern Illinois University Press: Carbondale and Edwardsville, 1978.

Virgilio. Eneida. México: Porrúa, 1997.

Voragine, Jacobus de. The Golden Legend. Trans. William Granger Ryan. Princeton: Princeton University Press, 1993.

Ward, Maisie. Saints Who Made History. The First Five Centuries. New York: Sheed and Ward, Inc., 1959.

Wellek, René y Warren Austin. Theory of Literature. Madrid: Gredos, 1962.

Wilhelmsen, Elizabeth. Cantores del Corpus Christi: Antología de Poesía Lírica Toledana. New York: Peter Lang, 1996.

Whyte, Florence. The Dance of Death in Spain and Catalonia. Baltimore: 1931.

Yates, Frances. El arte de la memoria. Trad. Ignacio Gómez de Liaño. Madrid: Taurus Ediciones, 1974.

Yorba-Gray, Galen Beckwith. "La Christiada in its Colonial Context." Hispania 85.1 (March 2002): 1-11.

---. "Venga tu reino: The Kingdom of God in Spanish Epic Poetry." Diss. Texas Tech University, 1997.

www.ingramcontent.com/pod-product-compliance
Lightning Source LLC
LaVergne TN
LVHW091643100826
845152LV00006B/146/J

* 9 7 8 1 6 1 0 1 2 0 2 4 1 *